WESTEND

MONIKA STEMMER

STAAT MACHT GELD

Modern Monetary Theory oder das Ende der schwarzen Null

WESTEND

Mehr über unsere Autor:innen und Bücher:
www.westendverlag.de

Die Deutsche Nationalbibliothek verzeichnet diese Publikation in der Deutschen Nationalbibliografie; detaillierte bibliografische Daten sind im Internet über http://dnb.d-nb.de abrufbar.

FSC
www.fsc.org
MIX
Papier | Fördert gute Waldnutzung
FSC® C014889

ISBN 978-3-86489-368-1

Umschlaggestaltung: Buchgut, Berlin
Satz: Publikations Atelier, Dreieich
Druck und Bindung: Pustet, Regensburg
Printed in Germany

Inhalt

Gewidmet meinen Freundinnen,
die keine Bücher über Wirtschaft lesen,
es aber trotzdem immer wissen wollen.

Vorneweg

Dieses Buch stützt sich auf die Forschung, die MMT-Ökonom:innen seit den 1990er Jahren geleistet haben, darunter L. Randall Wray, Warren Mosler, Stephanie Kelton und Pavlina Tcherneva in den Vereinigten Staaten sowie Bill Mitchell in Australien. Insbesondere stütze ich mich auf die Arbeit von Dirk Ehnts, dem wichtigsten Vertreter dieser Strömung in Deutschland. Aus seinem Buch *Geld als Kredit: eine €-päische Perspektive* habe ich die Darstellung in Form von T-Konten zur Illustration einiger Phänomene übernommen, ebenso wie das kanadische Beispiel als einfachste Form staatlicher Geldschöpfung. Darüber hinaus hat Dirk Ehnts dieses Projekt mit seiner Bereitschaft, offene Fragen zu beantworten und einige Zweifel auszuräumen, freundlich unterstützt, wofür ich ihm ganz herzlich danke. Schließlich greift das vorliegende Buch auf die Erkenntnisse zahlreicher weiterer postkeynesianischer Autor:innen zurück, die unsere Wirtschaft im Gegensatz zur neoklassischen Mainstream-Ökonomik als ein dynamisches und krisenanfälliges System zur Kenntnis nehmen und empirisch beschreiben. Besonderer Dank gilt Ulrike Herrmann, die auch dort weiterdenkt, wo das Wirtschaftswachstum aus ökologischen Gründen enden muss und die meisten Postkeynesianer:innen der Mut verlässt.

Einleitung
Geld ist der Schlüssel zum Verständnis von Wirtschaft, Krisen, Wachstum und Verteilung

Woher kommt das Geld? Wieso ist es meist knapp, aber in Krisen auf einmal schier unbegrenzt verfügbar? Woher nimmt die Bundesregierung in der Corona-Pandemie und der Energiepreiskrise auf einmal Hunderte Milliarden von Euro? Wer schöpft dieses Geld – Regierungen, Zentralbanken oder Banken? Könnten sich unsere Gesellschaften auch in normalen Zeiten mehr leisten? Und wenn ja, wie viel? Unter welchen Umständen entsteht Inflation und wie geht man gegen sie vor? Müssen unsere Kinder die Staatsschulden von heute später einmal zurückzahlen? Erstaunlich wenige Menschen haben Antworten auf diese Fragen, obwohl Geld eine so wichtige Rolle in der Wirtschaft spielt und ebenso im Leben von uns Einzelnen. Das vorliegende Buch schafft Abhilfe, indem es unser Geldsystem als Ganzes, mit all seinen Akteuren analysiert, nach den neusten empirischen Erkenntnissen der »Modern Monetary Theory«, kurz MMT.

Diese Moderne Geldtheorie ist ein wunderbarer, nachvollziehbarer Einstieg in wirtschaftliche Zusammenhänge, auch für all diejenigen ohne ökonomische Vorbildung. Sie liefert eine solide Basis, von der aus sich viele politische Fragen besser verstehen lassen, wie zum Beispiel: Wieso muss der Staat die Privatwirtschaft immer wieder retten? Wieso hat die Corona-Krise die Reichen reicher gemacht? Wieso ist die Privatisierung der Rente eine schlechte Idee? Wieso haben sich in Italien die Rechtspopulist:innen durchgesetzt? Wieso ist die EU durch den Euro nicht zusammengewachsen, sondern tiefer gespalten denn je? Aber auch was den Elefanten im Raum – die Klima-Krise – angeht, ist ein grundlegendes Verständnis unseres Geldsystems absolut unverzichtbar. Denn es zeigt, dass hinter dem Wachstumszwang mehr steckt als individuelle Gier oder kollektive Bequemlichkeit. Das Geld hilft uns, die Funktionsweise und Dynamik unserer kapitalistischen Wirtschaft zu begreifen. Und nur mit diesem Verständnis haben wir eine Chance, sie sinnvoll zu steuern – ohne unkontrollierte ökonomische und gesellschaftliche Zusammenbrüche zu erzeugen.

Egal was uns also persönlich besonders umtreibt – soziale Gerechtigkeit und demokratische Teilhabe, die Angst vor Arbeitslosigkeit, Inflation, die Sorge um das europäische Friedensprojekt oder die Bedrohung durch den Klimawandel –, dieses Buch versucht, die wirtschaftlichen Hintergründe zu vermitteln sowie aufzuzeigen, was der Staat mit den ihm zur Verfügung stehen Instrumenten leisten könnte – und wo seine Grenzen liegen.

Außerdem ermöglicht die Geldperspektive, sich eine eigene Meinung zu bilden, oder für die Vorgebildeten, die eigenen ökonomischen Annahmen zu überdenken. Denn Geld ist keine Ansichtssache, sondern kann empirisch erforscht werden: Es entsteht und bewegt sich (mit Ausnahme des Bargelds) in Bilanzen. Gesetze und Bilanzierungsvorschriften regulieren die Geldschöpfung von Banken und Zentralbanken. Die Beschreibung des Geldsystems, wie die MMT sie vornimmt, ist daher falsifizierbar – ein absolutes Alleinstellungsmerkmal bei Wirtschaftstheorien. So erzählt die amerikanische Ökonomin und einflussreiche MMT-Vertreterin Stephanie Kelton folgende Geschichte: »Als mir ein Kollege vor vielen Jahren bei einer Dinnerparty zum ersten Mal von moderner Geldtheorie erzählte, dachte ich: Der spinnt! Dann habe ich mir von der Regierung und der Fed alle Zahlen besorgt und angefangen, einen wissenschaftlichen Aufsatz zu schreiben mit dem Ziel, die Thesen des Kollegen zu widerlegen. Das Problem war nur, dass ich am Ende feststellen musste: Der Mann hat recht.«[1] Dagegen zeigt sich, dass die neoklassische Mainstream-Geldtheorie, die nach wie vor in vielen Ökonomie-Lehrbüchern steht, praxisfremd und in ihren elementarsten Annahmen schlichtweg falsch ist. Diese Einschätzung kann man auch den Publikationen der Zentralbanken selbst entnehmen.[2]

Das Verständnis von Geld verhilft uns somit auch zu einem Beurteilungsmaßstab für die unterschiedlichen ökonomischen Schulen, die jeweils weitreichende politische Konsequenzen haben: höhere oder niedrigere Steuern auf Einkommen oder Gewinne, mehr oder weniger Sozialleistungen, die Höhe von Bildungsausgaben und Subventionen, die Entscheidung zwischen privaten oder öffentlichen Gesundheits- und Rentensystemen, zwischen regulierten oder unregulierten

Finanzmärkten. Die jeweils gültigen ökonomischen Glaubenssätze wirken national wie global und haben weitreichende Folgen für Wohlstand, Verteilung, Entwicklung und Nachhaltigkeit, die uns alle in irgendeiner Form betreffen. Volkswirtschaftliche Theorien sind daher nicht nur etwas für verschrobene Nerds, sondern für alle, denen die Entwicklung unserer Gesellschaft am Herzen liegt.

Ältere Leser:innen erinnern sich noch an den großen ökonomischen Paradigmenwechsel Anfang der 1980er Jahre und die darauf folgende langsame Durchlöcherung sozialer Errungenschaften. Damals wurde der Wirtschaftswunder-Keynesianismus von der Neoklassik abgelöst. Der wichtigste Streitpunkt zwischen diesen beiden großen Schulen ist die Frage, in welchem Verhältnis Markt und Staat zueinanderstehen. Seit bald 100 Jahren ringen die marktgläubigen, neoliberalen »rechten« Neoklassiker:innen und die eher staatsgläubigen »linken« (Post-)Keynesianer:innen[3] um die Deutungshoheit.[4] Viele von uns haben instinktive Sympathien für die eine oder andere Seite. Aber die allerwenigsten von uns können die unterschiedlichen ökonomischen Modelle kompetent beurteilen.

Die hier vorgestellte Modern Monetary Theory steht in der keynesianischen Tradition. Doch da sie sich der Volkswirtschaft von der Geldseite nähert, muss niemand irgendwelche Behauptungen unbesehen glauben. In einem rein deskriptiven Ansatz haben die MMT-Ökonom:innen in den letzten Jahrzehnten im Detail erforscht, wie Geldschöpfung, Staatsanleihen und Besteuerung in verschiedenen Ländern und Währungsräumen organisiert sind.

Vor allem zeigt uns die MMT, dass der Staat mehr Spielraum bei der Verfolgung seiner politischen Ziele hat. Denn er erzeugt über sein Geld- und Steuersystem einen Kreislauf, durch den er die ganzen Ressourcen des Landes nutzbar machen kann. Geld ist für den Staat nicht knapp: Alles, was mit den verfügbaren Materialien, Rohstoffen und Arbeitskräften real umgesetzt werden kann, lässt sich auch finanzieren. Die Grenze ist nicht das Geld, sondern die materiellen Ressourcen. In Wahrheit handelt es sich »bei den meisten Zwängen, von denen Regierungen gegenwärtig annehmen, sie kämen von internationalen Märkten, in Wirklichkeit um selbst auferlegte Beschränkungen [...], die auf einem falschen Verständnis der Natur von Staatsdefiziten beruhen«,[5] so der MMT-Ökonom L. Randall Wray. Denn wichtig sind allein die Phänomene Arbeitslosigkeit und Inflation, die erstaunlich unabhängig von der Staatsschuld auftreten.

MMT-Ökonom:innen sind auch die Einzigen, die sich in den letzten Jahrzehnten intensiv mit den Themen Inflation und Preisstabilität auseinandergesetzt haben. Dabei haben sie normative Vorschläge zur besseren Steuerung der Geld- und Fiskalpolitik entwickelt. Einer davon ist die fast schon utopisch klingende Arbeitsplatzgarantie als ergänzendes Sozialsystem, finanziert über das staatliche Währungsmonopol und realisiert auf der Ebene der Kommunen. So würden Konjunktur und Arbeitsmarkt in beide Richtungen abgepuffert sowie Nachfrage und Preise stabilisiert. Natürlich hätte ein garantiertes Recht auf Arbeit zudem weitreichende soziale Folgen: Menschen müssten weniger Angst vor der Zukunft haben, Gesellschaften würden wieder solidarischer, in den Kommunen und in abgehängten Regionen bekämen die Zivilgesellschaften erstaunliche Gestaltungsspielräume. Auf europäischer Ebene würde eine solche Jobgarantie zu Ausgleich und Befriedung führen, als das fiskalische Element, das dem Euro seit seiner Gründung fehlt. Zudem könnte sie in Zukunft dabei helfen, den Übergang in eine Wirtschaftsordnung jenseits der Wachstumslogik abzufedern.

Aber hier sind wir bereits knietief im Bereich der politischen Zukunftsvisionen, die man teilen kann – oder auch nicht. Alle, die es weniger utopisch mögen, können aus der vorgelegten Analyse des Geldsystems ihre eigenen Schlussfolgerungen ziehen. Ganz allgemein gesprochen enthält dieses Buch eine gute Nachricht: Wenn unsere Regierungen ihr eigenes Geldsystem nur richtig verstehen und steuern, besitzen sie beachtliche Handlungsspielräume: in der jeweils akuten globalen Krise, im Falle von Inflation oder Arbeitslosigkeit, bei der Gestaltung des Euros und sogar bei der Umstellung auf ein nachhaltiges Wirtschaftsmodell.

Staaten sind nun einmal in Anbetracht der globalen Herausforderungen die einzigen wirkungsmächtigen Akteure, sofern wir das Spielfeld nicht den transnationalen Konzernen überlassen. In demokratischen Gesellschaften können wir zumindest auf die Richtung, die wir nehmen wollen, Einfluss nehmen. In diesem Sinne wünsche ich mir, dass das vorliegende Buch möglichst vielen Menschen hilft, die volkswirtschaftlichen Hintergründe der Probleme, die uns umtreiben, besser zu verstehen. So lässt sich die ganze Bandbreite der pragmatischen und utopischen Maßnahmen überblicken, die wir Wähler:innen sinnvollerweise von unseren Regierungen fordern können – auf dass wir unsere demokratischen Gestaltungsmöglichkeiten voll ausschöpfen und die besten Lösungen für die kommenden Herausforderungen und Krisen finden mögen.

I Die vier Grundtatsachen unseres Geldsystems

1. Wir haben ein staatliches Währungsmonopol. Der Staat legt seine eigene Währung fest und nur er darf sie herausgeben. Heutige Währungen sind nicht mehr an einen externen Wert wie Gold gebunden und daher theoretisch unbegrenzt schöpfbar.
2. Der Staat tätigt mittels seines Geldschöpfungsprivilegs Ausgaben und holt sich sein Geld dann über Steuern (größtenteils) zurück. Erst die Steuern machen die Währung verbindlich und stabil.
3. Unser Geldsystem ist zweistufig. Die Zentralbank schöpft die staatliche Währung und die Geschäftsbanken schöpfen ein Geld zweiter Ordnung, das Giralgeld. Es entsteht durch die Kreditvergabe und leitet seinen Wert von der staatlichen Währung ab.
4. Geld wird erschaffen, indem Zentralbanken und Geschäftsbanken es vorschriftsgemäß in Bilanzen eintragen. Dabei müssen sich Guthaben und Schulden stets die Waage halten. Geld entsteht also immer mit einer gleich hohen Schuld.

Dies sind die Grundregeln moderner Währungen, wie sie in den meisten Staaten heute üblich sind. Dennoch sind sie erstaunlich unbekannt und stehen vielleicht sogar in Widerspruch zu dem, was einige Leser:innen bisher über Geld zu wissen glaubten. Diejenigen werden auf den nächsten Seiten vielleicht immer wieder einmal den Kopf schütteln und denken: »Aber das stimmt doch nicht ... Die Zentralbank ist doch unabhängig ... Aber es gibt doch Staatsanleihen ... Das trifft doch auf die Eurozonen-Staaten gar nicht zu ... Und was ist mit dem Bankrott Griechenlands, was mit den Finanzierungsproblemen Italiens?« Im Falle derartiger Zweifel möchte ich um etwas Geduld bitten. Denn natürlich spielen in der Praxis noch weitere Faktoren eine Rolle. Vor allem aber wird die Geldschöpfung in verschiedenen Ländern und insbesondere in der Eurozone durch zusätzliche Regeln erschwert. Denn auch das ist ein Vorrecht der Staaten und ihres Währungsmonopols: die Geldschöpfung so kompliziert wie möglich zu gestalten.

Es ist wie mit demokratischen Verfassungen: Sie haben einerseits gemeinsame, unverrückbare Grundprinzipien, andererseits sind sie unterschiedlich und zum Teil sehr komplex in ihrer institutionellen Ausgestaltung. Und so verhält es sich auch bei Währungen: Die Grundregeln sind überall gleich, aber die Abläufe und Zuständigkeiten variieren. Mit den Besonderheiten in verschiedenen Ländern beschäftigen sich die nächsten Kapitel, und natürlich insbesondere mit der vertrackten Lage, die sich die Eurozone selbst geschaffen hat. Auch die Rolle von Staatsanleihen behandle ich erst später ausführlich, denn sie ist weniger wichtig, als allgemein angenommen. Wir beginnen stattdessen mit dem Fundament, auf dem alle modernen Währungen ruhen und das ist das staatliche Geldschöpfungsmonopol. Um die überragende Rolle des Staates sichtbar zu machen, unterscheide ich zunächst auch nicht zwischen Finanzministerium, Zentralbank oder Eurozonenbeschlüssen, sondern spreche meist ganz allgemein vom Staat. Wir starten also aus der Vogelperspektive und zoomen im Laufe des Buches immer weiter hinein in die verschiedenen Währungen, Institutionen, technischen Details und politischen Konsequenzen.

1. Der Staat hat das Währungsmonopol und schöpft unbegrenztes Fiatgeld

Wir haben ein staatliches Währungsmonopol. Der Staat legt seine eigene Währung fest und nur er darf sie herausgeben. Heutige Währungen sind nicht mehr an einen externen Wert wie Gold gebunden und daher theoretisch unbegrenzt schöpfbar.

Währungsmonopol und Kompetenz-Kompetenz

Der Staat kann sich selbst eine eigene Währung geben, die nur er allein schöpfen darf. Alle anderen, die es versuchen, wandern wegen Geldfälschung ins Gefängnis. Dieses Währungsmonopol behält sich der Staat ebenso exklusiv vor wie Gesetzgebung, Justiz, Verteidigung und Bildung. Erst diese sogenannten Hoheitsrechte erlauben es ihm, funktionierende Institutionen aufzubauen. Die staatliche Geldschöpfung wiederum macht es möglich, diese Institutionen auch sicher zu finanzieren, wodurch der Staat erst souverän wird. Gerade eine Demokratie braucht einen handlungs- und zahlungsfähigen Staat, der in der Lage ist, den Willen seiner Bürger:innen praktisch umzusetzen. Andernfalls wären die schönsten demokratischen Prozesse und Beschlüsse nichts wert.

Die genauen Regeln rund um die Geldschöpfung legt der Staat also selbst fest: Parlament, Regierung und Zentralbank – wer muss welche Rolle spielen und welche Kompetenzen bekommen? Wer darf zu welchem Zweck neues Geld erzeugen oder erzeugen lassen? Wie unabhängig soll die Zentralbank sein? So entsteht ein System, in dem sich verschiedene staatliche Institutionen bei der Geldschöpfung gegenseitig kontrollieren. Außerdem wird festgelegt, welche Rechte und Pflichten die privaten Banken, sogenannte Geschäftsbanken, bekommen und wie sie kontrolliert werden.

Der Staat entscheidet auch, ob und wie er den Wert seiner Währung zusätzlich stabilisieren will. Früher haben Staaten ihr Geld oft an Gold oder Silber gebunden. Aber sie können sich auch entscheiden, ihre Währung an eine andere zu binden oder einem Währungssystem beizutreten. So wurde zum Beispiel im Bretton-Woods-Abkommen der Nachkriegsordnung ein Großteil der Währungen zu fixen Kursen an den Dollar gebunden, dessen Wert als einziger den Krieg unbeschadet überstanden hatte.[1] Ebenso durften sich die europäische Staaten Jahrzehnte später entscheiden, ihre eigenen Währungen aufzugeben und stattdessen gemeinsam den Euro einzuführen. Wenn sie wollen, können sich Staaten in ihrer Geldschöpfung auch freiwillig im Vorhinein limitieren, indem sie sich Schuldenbremsen in die Verfassung schreiben, so wie es Deutschland 2009 getan hat. Allerdings sind Parlament und Regierung in der Lage, solche Gesetze später wieder aufzuheben – wie es beispielsweise gerade diskutiert wird.

Schwieriger ist die Situation in der Eurozone, wo es nur allen Staaten gemeinsam möglich ist, die Regeln in den Verträgen zu ändern. Allerdings könnte ein sehr unzufriedener Staat zur Not die Eurozone verlassen und sich wieder eine eigene nationale Währung geben, bei der er allein die Regeln macht. Der Staat hat – rechtlich gesprochen – die Kompetenz-Kompetenz: Er teilt die verschiedenen Rollen und Rechte zu – seinen eigenen Institutionen sowie auch anderen Akteuren.

MYTHOS 1
Geld ist ein knappes Gut.
Unsere modernen Währungen werden als sogenanntes Fiatgeld herausgegeben, das durch keinen äußeren Wert, wie zum Beispiel Gold, begrenzt wird. Der Begriff leitet sich vom lateinischen Wort *fiat* für »es werde« ab. So wie Gott im biblischen Anfang rief: »Es werde Licht«, so werden auch unsere modernen Währungen sozusagen durch einen Sprechakt ins Leben gerufen. Und zwar ist es der Staat mit seinem Währungsmonopol, der allein rufen darf: »Es werde Geld« – und dann ist da Geld. Eine Begrenzung ergibt sich nur aus den Regeln, die der Staat sich selbst gibt.[2] Das Fiatgeld kann dagegen seiner Natur nach nicht knapp sein. Zumindest Zentralbanker wussten das schon immer. So sagte der damalige Chef der amerikanischen Zentralbank Alan Greenspan in einer Befragung 1997 unter Eid über die US-Regierung: »Es gibt nichts, was die Bundesregierung davon abhält, so viel Geld zu schöpfen, wie sie will, und es an irgendjemand auszuzahlen.«[3]

Moderne Fiatwährungen sind unbegrenzt schöpfbar

Unsere staatlichen Währungen werden bereits seit 1971 ganz offiziell als gänzlich ungesichertes Fiatgeld herausgegeben, das an keinen äußeren Wert wie Gold mehr gebunden ist. Wir können zwar Gold zum jeweiligen Kurs kaufen, aber die Banknote garantiert uns schon lange nicht mehr die Auszahlung einer immer gleichen Menge durch die Zentralbank. Bis 1971 gab es noch einen symbolischen Rest von Goldbindung: Im Rahmen des internationalen Bretton-Woods-Systems versprach die amerikanische Zentralbank, kurz Fed, den anderen beteiligten Zentralbanken, je eine Unze Gold für 35 Dollar auszuzahlen. Als die Europäer aber drohten, ihre angesammelten Dollar einzutauschen, hoben die Amerikaner dieses Versprechen kurzerhand auf.[4] Weltweit nutzten die Menschen ihre Währungen, ohne mit der Wimper zu zucken, weiter wie zuvor – obwohl sie soeben ganz offiziell zu reinem Fiatgeld erklärt worden waren. Daraus lässt sich schlussfolgern, dass es auch vorher nicht das Gold war, das den Währungen ihren Wert verliehen hatte. Was aber dann?

2. Die Steuern geben der staatlichen Währung ihren Wert

Der Staat tätigt mittels seines Geldschöpfungsprivilegs Ausgaben und holt sich sein Geld dann über Steuern (größtenteils) zurück. Erst die Steuern machen die Währung verbindlich und stabil.

Steuern nötigen zur Verwendung der Währung

Damit sich die staatliche Währung auf Dauer durchsetzt, reicht es nicht, das Geld per Gesetz zum alleinigen Zahlungsmittel zu erklären. Es muss auch tatsächlich von möglichst allen Menschen für alle Zahlungen akzeptiert und genutzt werden. Um das zu gewährleisten, hat der Staat zusätzlich zur Geldschöpfung ein weiteres durchschlagendes Privileg: Er allein kann uns besteuern und tut es auch. Damit nötigt der Staat die Bürger:innen regelmäßig zu Zahlungen in der Landeswährung. Die brauchen dementsprechende Einkünfte und werden das staatliche Geld daher auch voneinander akzeptieren.

Dieses Prinzip zeigte sich immer wieder auf grausame Weise in der Kolonialgeschichte. Die Einheimischen sahen keinen Grund für die Kolonialisten zu arbeiten, nur weil diese ihnen einen Lohn in einer fremden, bedeutungslosen Währung boten. In vielen Fällen lösten die Europäer ihr Problem, indem sie eine Kopf- oder Hüttensteuer erhoben, versehen mit einer durchschlagenden Strafandrohung. Und auf einmal hatten die Einheimischen einen zwingenden Grund für das fremde Geld zu arbeiten.[5] Dies ist ein sehr drastisches Beispiel dafür, wie effektiv Steuern eine Währung durchsetzen können, und auch dafür, wie der Staat dank der Besteuerung dafür sorgen kann, dass die Bevölkerung Arbeitsleistungen für ihn erbringt.

Als der Euro eingeführt wurde, war Europa längst eine durchmonetarisierte Gesellschaft. Die Menschen arbeiteten sowieso schon für Geld und mussten nicht durch Strafandrohung dazu genötigt werden. Dementsprechend machten wir uns bei der Euro-Einführung auch keine Gedanken über den Zusammenhang von Währung, Besteuerung und Strafandrohung. Die Umstellung war erfolgreich, weil wir darauf vertrauten, dass die neue Währung funktionieren würde, so wie vorher die D-Mark, der Gulden, der Franc und die Lira. Vor allem haben wir aber mitgemacht, weil alle anderen auch mitgemacht haben. Geld ist schließlich eine kollektive und keine individuelle Entscheidung. Was hätte es genutzt, sich seine ganzen D-Mark von der Bank zu holen und unter die Matratze zu legen, wenn sie demnächst niemand mehr haben will? Doch auch wenn in unseren demokratischen Gesellschaften der Zwang hinter der staatlichen Währung sehr viel weniger sichtbar ist, existiert er durchaus. Wer seine Steuern nicht bezahlt, wird bestraft, vielleicht sogar mit Freiheitsentzug. Die Macht zur Besteuerung ist der tieferliegende Grund, warum wir uns kollektiv vom Staat und nicht von irgendjemand sonst die Währung diktieren lassen und warum private Währungen nie konkurrenzfähig sein werden.[6] Denn nur der Staat kann einen Kreislauf erzeugen, indem er erst Geld erzeugt, es dann ausgibt und schließlich über Steuern zurückholt.[7]

MYTHOS 2
Der Staat muss erst Steuern erheben, bevor er Ausgaben tätigen kann.

Die meisten gehen (unbewusst) davon aus, dass der Staat erst Steuern erhebt und dann Geld ausgibt. Dabei handelt es sich aber um einen kollektiven Logikfehler. Denn wenn man das staatliche Währungsmonopol zur Kenntnis nimmt, dreht sich die Reihenfolge um.[8] Bei der Einführung einer brandneuen Währung ist das ganz offensichtlich: Der Staat muss sie zunächst unter die Leute bringen, bevor er die ersten Steuern erheben kann. Aber auch die Corona-Pandemie und die Energiepreiskrise sind praktische Beispiele für die Reihenfolge: erst ausgeben, dann besteuern. In den drei Krisenjahren 2020, 2021 und 2022 wurden insgesamt rund 485 Milliarden Euro an zusätzlichen Staatsausgaben beschlossen.[9] Es war aber keineswegs so, dass die Finanzminister Scholz und Lindner dafür zunächst hektisch die Steuern erhöht und eingetrieben hätten, sondern sie konnten diese riesigen Geldmengen einfach per Beschluss mobilisieren. Drei Jahre lang wurde allenfalls diskutiert, ob und wie man eventuell zu einem späteren Zeitpunkt die Steuern erhöhen müsste.

Steuern erhalten den Geldwert

Der Staat erzeugt also einen Kreislauf aus Geldschöpfung und Besteuerung. Dabei besteuert er uns nicht, weil er sonst kein Geld hätte – schließlich könnte er jederzeit neues schöpfen. Der Staat besteuert uns stattdessen, weil das die Währung nicht nur verbindlich, sondern auch stabil macht. Denn wollte er jeden Jahreshaushalt allein über Geldschöpfung finanzieren, würde die Geldmenge viel schneller wachsen als die Produktivität der Wirtschaft. Die Menschen würden mit dem vielen Geld in die Geschäfte gehen und Waren und Dienstleistungen nachfragen, die in dieser Menge gar nicht zur Verfügung stünden. Daraufhin würden die Verkäufer:innen die Preise anheben, es käme also zu Inflation.

Um einen solchen ständigen Anstieg von Geldmenge und Nachfrage zu verhindern, gibt es die Steuern. Das staatliche Geld ist so stabil, weil immer wieder der Großteil der Ausgaben zurückgesteuert wird. Über Geldschöpfung und Besteuerung hat der Staat also gleich zwei Hebel, um die Nachfrage an die produktiven Möglichkeiten des Landes anzupassen: Mittels Geldschöpfung für Investitionen kann er die Produktionskapazität erhöhen, während die Besteuerung den Zweck erfüllt, die Nachfrage zu reduzieren.[10] Darüber hinaus ermöglicht dieser Kreislauf es dem Staat, in jedem Moment für so viel Umverteilung und sozialen Ausgleich zu sorgen, wie politisch gewünscht ist. Im Rahmen der Haushaltspolitik wird entschieden, wer durch (höhere) Staatsausgaben begünstigt und wer durch (höhere) Steuern zur Kasse gebeten wird. Der Staat kann so das Ergebnis von wirtschaftlichen Prozessen immer wieder über seinen Geldkreislauf korrigieren. Der MMT-Ökonom Dirk Ehnts fasst es so zusammen: »Das Geldsystem erfüllt einen bestimmten Zweck. Es ermöglicht die Produktion von Gütern und Dienstleistungen und deren sinnvolle gesellschaftliche Verteilung.«[11]

Die Ressourcengrenze und die Inflation

Dank seines Geldschöpfungsprivilegs hat der Staat immer genug Geld, um seine Politik auch praktisch umzusetzen und zu finanzieren. Er muss nur darauf achten, dass die Währung dabei stabil bleibt. Die große Frage ist natürlich: Wie hoch darf das jährliche Haushaltsdefizit sein, wie viel zusätzliches Geld kann der Staat also jedes Jahr schöpfen, bevor die gefürchtete Inflation einsetzt? Wie gesagt: Steigt die Nachfrage stärker als die Gütermenge, erzeugt das Inflation. Es kommt also auf die Entwicklung beider Faktoren an. Wenn die Regierung zusätzliches Geld schöpft und ausgibt, die Empfänger das Geld nicht sparen, sondern ihrerseits ausgeben, dann erhöht sich die Nachfrage. Das hat aber noch nicht per se einen inflationären Effekt, denn nun versuchen die Unternehmen ihren Output zu erhöhen, um an der zusätzlichen Nachfrage zu verdienen. Die Gütermenge wächst und es stellt sich ein neues Gleichgewicht ein.[12]

Das funktioniert allerdings nur, solange es noch Fabriken gibt, die freie Kapazitäten haben, genügend zusätzliche Arbeitskräfte und ausreichende Rohstoffe. Wenn dagegen die allermeisten Menschen einen Arbeitsplatz haben, Produktionsanlagen und Rohstoffe fehlen – dann wird die Menge an Waren und Dienstleistungen zwangsläufig stagnieren. Ab jetzt führt zusätzliche Nachfrage nur noch zu steigenden Preisen und zu höheren Inflationsraten.[13] Es gibt also eine materielle Grenze für die staatliche Geldschöpfung und das sind die tatsächlich verfügbaren Ressourcen. Wenn die Wirtschaft wächst und dieses Limit in vielen Branchen erreicht ist, sollte die Regierung die Steuern erhöhen oder die Staatsausgaben senken. Im Umkehrschluss heißt das aber auch: Der Staat kann ohne Schaden neues Geld schaffen, um brach liegende Ressourcen im Land zu aktivieren, und dazu gehört auch die Arbeitskraft von unfreiwillig arbeitslosen Menschen. In den 20 Jahren nach der Euro-Einführung herrschten zunächst in Deutschland und dann im Rest Europas Arbeitslosigkeit und eine deflationäre Tendenz. Statt in den Krisenjahren zu sparen, hätten die Mitgliedsstaaten problemlos Geld schöpfen und in ihre Volkswirtschaften stecken können.

Wie der Staat am besten auf Inflationen wie die der jüngsten Zeit reagiert, sehen wir uns in Kapitel 5 und 6 noch ausführlich an.

Zwei Sorten staatlicher Geldschöpfung: Die Zentralbank …

Theoretisch könnte die Erzeugung der Währung auch im Finanzministerium erfolgen. Das zeigt sich etwa daran, dass es bis heute die Finanzministerien sind, die in den meisten Ländern die Münzen herausgeben.[14] Aber im Sinne der Gewaltenverschränkung ist vor allem die staatliche Zentralbank dafür zuständig, die Währung ganz praktisch zu erzeugen. Sie veranlasst das Drucken der Banknoten. Außerdem schöpft sie das unbare Zentralbankgeld, bei dem es sich letzten Endes nur um Zahlen handelt, die die Zentralbank in die Konten auf ihrem Computer eingibt. Zusätzliches Guthaben erzeugt sie einfach, indem sie das entsprechende Zentralbankkonto in ihrer großen Excel-Tabelle[15] per Tastendruck erhöht.[16] Dementsprechend kann eine Zentralbank auch nicht pleitegehen – ihr können schließlich nicht die Zahlen auf der Tastatur ausgehen. Und auch eine gesetzliche »Schuldenbremse« existiert für Zentralbanken nicht.[17] Dennoch ist natürlich streng geregelt, wer für wen die Zahlen, die unsere Währung verkörpern, erhöhen darf und wie genau das bilanziell zu geschehen hat.

Grundsätzlich gibt es zwei unterschiedliche Sorten staatlicher Geldschöpfung. Die eine darf die Zentralbank auf eigene Faust betreiben. Dabei schöpft sie aber kein Geld, das je auf unseren privaten Konten landen würde, denn dafür fehlt ihr die demokratische Legitimation. Die Aufgabe der Zentralbank ist es vielmehr mit ihrer Geldschöpfung ausschließlich die Geschäftsbanken und das Zahlungssystem funktionsfähig zu halten, wie wir später noch ausführlich sehen werden.

... und die demokratische Geldschöpfung

Politisch interessanter ist die andere Form der staatlichen Geldschöpfung, die von Parlament und Regierung ausgeht. Wobei nur die zentralen Institutionen des Bundes das Geldschöpfungsmonopol ausüben, nicht aber Länderregierungen und regionale Parlamente. Lediglich die zentrale Regierung samt Parlament kann im Rahmen eines Haushaltsgesetzes Defizitausgaben beschließen, die nicht durch die jährlichen Steuereinnahmen gedeckt sind – und die Zentralbank schöpft im Hintergrund dann das dafür nötige Geld. Das Prozedere ist unterschiedlich komplex, schließt aber in der Regel den Verkauf von Staatsanleihen ein und auch den Banken wird meist eine Rolle zugewiesen. In Kanada ist diese Form der Geldschöpfung besonders unkompliziert, wie wir gleich sehen werden, und in der Eurozone wurde sie maximal verkompliziert. Dennoch ist das Ergebnis immer dasselbe: Die Zentralbank schöpft das neue Geld, das benötigt wird, um die im Haushaltsgesetz beschlossenen Ausgaben zu bezahlen. Das frisch geschaffene Geld wird im Rahmen der Staatsausgaben auf private Konten geschickt, zum Beispiel an Bürger:innen, die Elterngeld erhalten, oder an Unternehmen, die der Regierung Waren oder

Dienstleistungen verkaufen. Diese Sorte Geldschöpfung wird selten als solche bezeichnet, stattdessen sprechen wir in diesem Zusammenhang nur von den Schulden, die der Staat macht. Tatsächlich handelt es sich bei dieser Zusammenarbeit von Regierung, Parlament und Zentralbank aber um die originäre Ausübung des Währungsmonopols, ja, man könnte sogar sagen: um die Mutter aller Geldschöpfungen.

Im besten Fall finanziert eine demokratisch gewählte Regierung auf diese Weise sinnvolle Politiken, die möglichst vielen Menschen zugutekommen. Wenn der Staat in sein Bildungs- und Gesundheitssystem investiert, in Infrastruktur, Parks, öffentliche Schwimmbäder, eine Grundsicherung oder Mindestrente, dann hat die ganze Bevölkerung etwas vom staatlichen Währungsmonopol. Auch die Corona-Pandemie und die Energiepreiskrise sind eindrückliche Beispiele für die Nützlichkeit einer unbegrenzt schöpfbaren Währung, denn dank ihr ist der Staat im Notfall sofort handlungsfähig: Parlament und Regierung beschließen ein Haushaltsgesetz mit hohen Defizitausgaben – und wenig später fließt neues Geld auf die Konten gebeutelter Bürger:innen und Unternehmen.

3. Banken schöpfen ein Geld zweiter Ordnung, das Geld auf unseren Girokonten

Unser Geldsystem ist zweistufig. Die Zentralbank schöpft die staatliche Währung und die Geschäftsbanken schöpfen ein Geld zweiter Ordnung, das Giralgeld. Es entsteht durch die Kreditvergabe und leitet seinen Wert von der staatlichen Währung ab.

Zentralbankgeld und Giralgeld

Außer dem Staat gibt es im Geldsystem auch noch die privaten Akteure, die Geschäftsbanken, im Weiteren der Einfachheit halber meist »Banken« genannt. Damit sind alle Geldinstitute gemeint, die keine staatliche Zentralbank sind, also Aktiengesellschaften wie die Deutsche Bank, aber auch städtische Sparkassen oder Genossenschaftsbanken. Diese gewöhnlichen Banken schöpfen ebenfalls Geld, und zwar indem sie Kredite an Privatpersonen und Unternehmen vergeben.

Entgegen einer verbreiteten Auffassung verleihen sie dabei nicht die Einlagen ihrer Sparer:innen weiter. Was Banken vielmehr von allen anderen Wirtschaftsteilnehmer:innen unterscheidet, ist ihr Recht, selbst Geld herstellen zu dürfen.

Wie aber passt diese Geldschöpfung der Banken zum staatlichen Währungsmonopol? Die Antwort ist, dass wir in einem hierarchischen Geldsystem leben, das sich historisch entwickelt hat[18] und mit zwei Sorten Geld operiert: dem Geld der staatlichen Zentralbank und dem ihm untergeordneten Giralgeld der Banken. Der Staat schöpft sein Geld mittels der Zentralbank. Dafür, dass dieses staatliche Geld relativ unbekannt ist, hat es erstaunlich viele Namen. Es wird Währung, Zentralbankgeld, Reserven, Geldbasis, M0 (für »Geldmenge null«) oder zum Teil auch einfach Liquidität genannt.[19] Ich beschränke mich im Weiteren auf die synonym verwendeten Begriffe »staatliches Geld«, »Zentralbankgeld« oder »Währung«. Dagegen ist »Fiatgeld« ein Ausdruck, der vor allem benutzt wird, wenn man unterstreichen will, dass modernes staatliches Geld ohne einen materiellen Gegenwert wie Gold auskommt. Zum jederzeitigen Nachschlagen dieser vielen Begriffe gibt es hinten im Buch ein Glossar.

Das staatliche Geld kommt als Bargeld in Scheinen und Münzen daher, aber auch unbar in Form von Zahlen auf den Konten bei der Zentralbank. Wobei ausschließlich Staaten und Banken Zentralbankkonten besitzen und sich die offizielle Währung dort hin und her überweisen. Tatsächlich nutzen Banken, Zentralbanken und Regierungen untereinander ausschließlich die staatliche Währung.[20]

Auch hinter dem Bankengeld steht der Staat

Privatpersonen und Unternehmen können dagegen kein Konto bei der Zentralbank eröffnen.[21] Sollten wir es dennoch versuchen, würde man uns höflich zur nächsten Sparkasse oder einer anderen Bankfiliale um die Ecke schicken. Wenn wir partout staatliches Geld haben wollen, bleibt uns nur das Bargeld. Für unsere Überweisungen können wir dagegen ausschließlich das Geld nutzen, das die Banken schöpfen. Dabei handelt es sich um ein Geld zweiter Ordnung, das seinen Wert vom Zentralbankgeld ableitet. Das Bankengeld wird meist als »Giralgeld« bezeichnet und ich werde diese beiden Begriffe im Weiteren synonym benutzen. In der Fachsprache ist weiterhin oft von »Einlagen«

die Rede, wahlweise auch Bank- oder Kontoeinlagen. Früher wurde der Ausdruck »Buchgeld« verwendet. Letzten Endes sind einfach alle Zahlen auf unseren Bankkonten gemeint.[22]

Das Giralgeld lautet zwar ebenfalls auf die Landeswährung, bei uns in Deutschland also auf Euro – tatsächlich *sind* Zahlen auf normalen Bankkonten aber keine Euros. Wenn unser Girokonto einen Kontostand von 544 Euro aufweist, dann bedeutet das lediglich, dass wir einen rechtlichen Anspruch gegen die Bank haben auf die Auszahlung von 544 Euro in staatlichem Bargeld. Giralgeld stellt also einen Rechtsanspruch auf die Auszahlung von Währung dar und erhält erst auf diese Weise seinen Wert.[23]

Außerdem garantiert das staatliche Rechts- und Justizsystem dafür, dass sich dieser Anspruch aus unserem Kontoauszug auch durchsetzen lässt. Zusätzlich sorgen die Bankenaufsicht, die gesetzliche Einlagensicherung und die Zentralbank für die Stabilität des Bankensystems. Normalerweise ist Giralgeld für uns daher so gut wie Bargeld und wir denken über den Unterschied in unserem Alltag nicht nach. Wenn es aber zu einer Bankenkrise kommt, überlegen wir alle auf einmal doch, ob wir unser Guthaben nicht lieber in staatlichem Bargeld zuhause unter der Matratze liegen hätten. In der Bankenkrise 2008, als weltweit das Finanzsystem wackelte, waren auch deutsche Bankkund:innen kurz davor, sich am nächsten Geldautomat anzustellen. Da sprach die Regierung Merkel prompt eine universelle Garantie für alle deutschen Bankeinlagen aus – und die Deutschen ließen sich wieder vertrauensvoll zurück in ihre Sofas sinken, statt gemeinsam den gefürchteten *Bank Run* zu unternehmen. Zur Not hätte die Zentralbank rasch große Mengen Bargeld an die Banken liefern müssen, um jeden Zweifel an der Sicherheit des Giralgeldes zu bekämpfen. Tatsächlich reichte aber bereits eine überzeugend vorgebrachte Regierungserklärung, um die Krise im Keim zu ersticken und das zweistufige Geldsystem unbeschädigt hindurchzusteuern.

Zwei Sorten Geld und zwei Geldkreisläufe

Unser Geldsystem operiert also mit zwei Sorten Geld: Zentralbankgeld und Giralgeld. Wie aber kann man sie auseinanderhalten, wenn doch beide nur aus Zahlen auf digitalen Bankkonten bestehen? Ganz einfach, es kommt auf die Art der Konten und den Computer an: Die

Kontostände im Zentralbankcomputer sind Zentralbankgeld, also die echte Währung. Die Kontostände in den Computern der einfachen Banken sind unser abgeleitetes Giralgeld. Beide können nur in der jeweiligen Bankbilanz, also in der Excel-Tabelle im richtigen Computer, existieren und sich daher auch nicht mischen.

Zweistufiges Geldsystem
mit zwei getrennten Geldkreisläufen

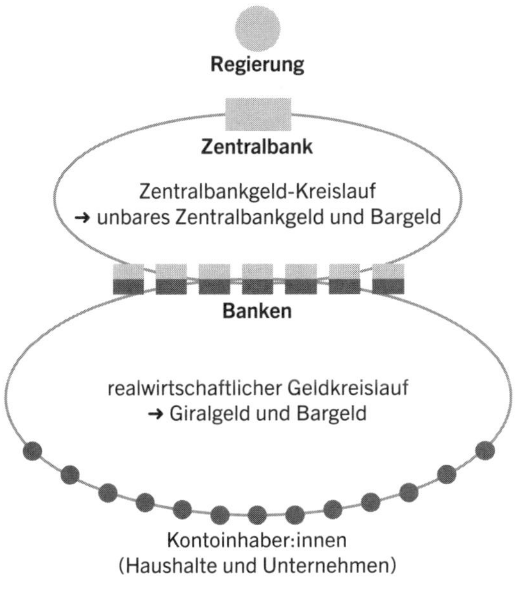

Das wiederum macht es möglich, dass wir in unserem Geldsystem zwei getrennte Geldkreisläufe haben, wie in der Grafik dargestellt. Im oberen Kreislauf bewegt sich die eigentliche Währung, das unbare Zentralbankgeld. Es zirkuliert nur zwischen der Zentralbank und den Geschäftsbanken sowie zwischen den Geschäftsbanken untereinander. Daher werden in diesem Kreislauf auch keine realwirtschaftlichen Güter und Dienstleistungen ausgetauscht, sondern vor allem Kredite vergeben und Wertpapiere gehandelt. Wenn wir Normalmenschen dagegen Überweisungen tätigen, dann schicken wir uns das Giralgeld der Banken im unteren Kreislauf hin und her. Wir bezahlen einander durch Giralgeld-Überweisung für echte Waren und Dienstleistungen wie Fahrräder, Haarschnitte und sogar Häuser. Nur das Bargeld bewegt sich durch beide Kreisläufe: Die Zentralbank schickt es den Banken, die es wiederum an uns weitergeben, wenn wir Geld abheben. Wie wir gleich sehen werden, können die Banken die beiden Geldsorten auch ineinander »übersetzen«, wenn der Staat und seine Bürger:innen Geld austauschen.[24]

Das zweistufige Geldsystem und die Inflation

Diese Geschichte mit den zwei Geldsorten und zwei Geldkreisläufen klingt unglaublich technisch – kaum jemand hat sie je gehört. Da stellt sich natürlich die Frage: Wozu muss man das wissen? Die Antwort lautet: Wichtige Phänomene in unserem Geldsystem, aber auch einige aktuelle politische Diskussionen lassen sich nur vor dem Hintergrund dieser Zweistufigkeit sinnvoll einordnen. Ich gebe hier drei Beispiele, wobei wir auf die technischen Fragen, die sie aufwerfen, in den nächsten Kapiteln noch ausführlicher eingehen werden.

Das erste Beispiel betrifft die Frage der Inflation. Einige erinnern sich vielleicht noch daran, dass die Zentralbanken als Reaktion auf die Finanzkrise 2008 weltweit riesige Mengen an Geld geschöpft und den Banken geliehen haben. Damals fragten auch Ökonom:innen immer wieder, wieso diese immense Geldschöpfung nicht zu Inflation führe. Mit Hilfe der zwei Geldkreisläufe lässt sich diese Frage ganz einfach beantworten: Die Sorte Geldschöpfung, welche die Zentralbank auf eigene Faust betreibt, um das Bankensystem durch Kredite flüssig zu halten, verbleibt im oberen Kreislauf. Das so entstandene zusätzliche Zentralbankgeld zirkuliert nur immer weiter zwischen Banken und Zentralbank und findet keinen Weg in die Realwirtschaft.[25] Die Zentralbank für sich kann daher die Wirtschaft in Krisen nicht mit ihrer Geldschöpfung anschieben, aber auch keine Inflation erzeugen – weil sie allein immer für den falschen Kreislauf schöpft.[26]

In Zeiten wie der Corona-Pandemie oder der Energiepreiskrise ist dagegen die demokratische Sorte Geldschöpfung vorherrschend: Die Regierungen beschließen hohe Defizitausgaben und die Zentralbanken erzeugen im Hintergrund das zusätzlich benötigte Geld. In diesem Fall schickt die Regierung das neue Geld über die Kreislaufgrenzen hinweg in den unteren realwirtschaftlichen Geldkreislauf. Es landet auf den Konten von Haushalten und Unternehmen und wird dort zu Nachfrage. Diese Sorte Geldschöpfung kann daher die Wirtschaft stützen und anschieben, unter Umständen aber auch inflationär wirken.

Das zweistufige Geldsystem und die Staatsanleihen

Die meisten Menschen nehmen an, der Verkauf von Staatsanleihen sei notwendig, um Geld für die Staatsausgaben aufzutreiben. Tatsächlich muss sich aber der Staat mit seinem Währungsmonopol als Einziger keine Sorgen machen, woher das Geld kommen soll. Staatsanleihen sind vielmehr notwendig, um ein technisches Problem zu lösen, das sich aus den zwei getrennten Kreisläufen ergibt: Denn der Staat nutzt auch gegenüber den Bürger:innen ausschließlich seine eigene Währung, sowohl wenn er Ausgaben tätigt als auch wenn er Steuern einzieht. Wir können aber – mangels eines Zentralbankkontos – kein Zentralbankgeld empfangen oder abschicken. Deshalb müssen die Banken das Zentralbankgeld sozusagen in Giralgeld »übersetzen«. So findet bei Defizitausgaben eine doppelte Geldschöpfung statt, wobei das Zentralbankgeld, das in den Bankbilanzen hängenbleibt, eine unerwünschte Nebenwirkung ist. Den Banken werden nun Staatsanleihen verkauft, um dieses überflüssige Geld wieder aus ihren Bilanzen zu entfernen. Dieser Prozess ist wichtig für die Geldpolitik der Zentralbank, denn nur so hat sie die Möglichkeit, gegebenenfalls einen positiven Leitzins zu setzen.[27] Das erklärt – vorerst in aller Kürze – die wichtigste Funktion von Staatsanleihen – die man absolut nicht verstehen kann, wenn man nichts von der Zweistufigkeit unseres Geldsystems weiß.

Das zweistufige Geldsystem und der digitale Euro

Auch die Diskussion um die Einführung des »digitalen Euros« lässt sich nur sinnvoll einordnen, wenn man die Sache mit den zwei Geldsorten verstanden hat. Denn die Besonderheit eines digitalen Euros ist nicht, dass er digital ist. Schließlich existiert längst das allermeiste Geld ausschließlich in Bilanzen, die sich in Computern befinden – und somit digital. Allerdings haben wir Normalbürger:innen unsere unbaren Guthaben bisher ausschließlich bei normalen Geschäftsbanken. Durch den »digitalen Euro« könnten wir dagegen erstmals staatliches Geld in unbarer Form bekommen.[28] Doch das ist in einem zweistufigen Geldsystem eigentlich nicht vorgesehen, in dem die Banken dafür zuständig sind, das Geld für Haushalte und Unternehmen bereitzustellen und zu überweisen. Die Herausforderung des »digitalen Euros« ist also weniger eine technische Frage als vielmehr eine systemische: Wie ermöglicht man den Menschen einen gewissen Zugang zu unbarem Zentralbankgeld, ohne dabei die Geschäftsbanken mit ihrem Giralgeld überflüssig zu machen. Denn schließlich war nicht die Revolution des gesamten Finanzsystems das Ziel, vielmehr sollten vor allem globale Player wie Meta Platforms (vormals Facebook) in ihre Schranken verwiesen werden, die den staatlichen Währungen Konkurrenz machen und selbst digitale Bezahlsysteme anbieten wollten.

MYTHOS 3
Private digitale Währungen sind die Zukunft.

Das Scheitern der von Meta geplanten Währung Diem illustriert sehr gut, warum privates Geld keine Konkurrenz für die Währungen starker Staaten ist. Zum einen sollte Diem seinen Wert, wie das Bankengeld, von genau den staatlichen Währungen ableiten, denen es angeblich Konkurrenz machen wollte. Denn Diem hätte man durch die Einzahlung von Dollar oder Euro erwerben müssen, die von Meta daraufhin sicher in Staatsanleihen der wirtschaftlich starken Staaten angelegt worden wären. Der einzige Vorteil gegenüber Währungen wie Euro, Dollar, Pfund oder Yen hätte darin bestanden, ein internationales Zahlungsmittel zu sein. Aber die Staaten fürchteten die Möglichkeit von illegalen Geldströmen, der Finanzierung von Terrorismus, von Datenmissbrauch sowie Kontrollverlust und stellten sich diesem Projekt daher massiv entgegen. Es zeigte sich schnell, wie wenig ein privater Währungsanbieter sich über die Interessen und Gesetze mächtiger Nationalstaaten hinwegsetzen kann, zumal er deren Lizenz als Bezahlsystem benötigt. Als Kompromiss hätte Diem in nationalen Versionen entstehen können. Angehängt an eine einzelne Währung, wäre er aber nur ein sogenannter *Stablecoin* unter vielen gewesen, so dass Meta Platforms das Projekt Anfang 2022 schließlich relativ geräuschlos fallen ließ.[29]

4. Alles Geld entsteht in Bilanzen – gemeinsam mit einer gleich hohen Schuld

Geld wird erschaffen, indem Zentralbanken und Geschäftsbanken es vorschriftsgemäß in Bilanzen eintragen. Dabei müssen sich Guthaben und Schulden stets die Waage halten. Geld entsteht also immer mit einer gleich hohen Schuld.

Was ist Kreditgeld?

In der Geschichte gab es verschiedene Arten von Geld. Grob gesprochen kann man sie in zwei unterschiedliche Sorten aufteilen: Warengeld und Kreditgeld. Beim Warengeld wird – wie der Name schon sagt – eine Ware, die bereits einen Wert hat, zum Zahlungsmittel gemacht. Das können Muscheln, Stücke von Silberstäben, eine bestimmte Menge Getreide, Biberfelle oder Zigaretten sein. Warengeld ist unmittelbar einleuchtend, aber unpraktisch, denn Biberfelle passen nicht in Geldbeutel. Die zweite Sorte Geld ist handlicher, aber nicht ganz so intuitiv: Denn beim Kreditgeld garantiert nicht eine Ware den Wert, sondern eine Schuld, die in Zukunft beglichen werden muss. Kreditgeld ist keine Erfindung der Neuzeit, sondern war bereits im alten Mesopotamien bekannt und ist damit »viele tausend Jahre älter [...] als die Erfindung des Münzwesens«.[30] Im einfachsten Fall wird ein Schuldschein zum Zahlungsmittel. Jemand kann im Moment den Kaufpreis nicht bezahlen, verspricht aber die Übergabe eines mesopotamischen Silberbarrens oder eines Sacks Gerste[31] in zwei Monaten. Wenn der Schuldner als verlässlich gilt, kann das Dokument, das die Schuld bescheinigt, an jemand anderen weitergegeben und für die zwei Monate als handliches Zahlungsmittel genutzt werden.

Kreditgeld hatte im Laufe der Geschichte sehr unterschiedliche Formen. Aber ob Tontäfelchen, Kerbhölzer,[32] Wechsel oder Schecks, alle hatten eines gemeinsam: Sie dokumentierten eine Schuld und einen Anspruch auf Zahlung. Bei Rückzahlung der Schuld wurde das Kerbholz ins Feuer geworfen und der Schuldschein, Wechsel oder Scheck zerrissen. Nun gab es ein Zahlungsmittel weniger und man musste hoffen, dass neue Verbindlichkeiten eingegangen und dokumentiert wurden, die als Geld zirkulieren konnten. Da man Waren- und Kreditgeld oft parallel verwendete, ließ sich das eine in das andere einlösen. Münzen wiederum waren eine Mischform zwischen beidem, denn oftmals enthielten sie gar nicht den aufgedruckten, nominalen Wert in Form von Edelmetall.[33] Spätestens, wenn der Wert stark abweicht, muss auch die Münze als eine spezielle Variante des Kreditgelds betrachtet werden, dessen Herausgeber in der Regel ein Staat ist.

Auch Bankkonten sind Kreditgeld

Die seit dem Spätmittelalter in Norditalien gebräuchlichen Bankkonten sind ebenfalls eine Form des Kreditgelds. Bei der Kontoeröffnung wurden Münzen eingezahlt und im Bankbuch der Betrag notiert, den die Bank dem Kontoinhaber nun schuldete. Statt sich bei Bedarf das Geld wieder auszahlen zu lassen, konnte eine reiche Venezianerin auch damals schon eine Überweisung vornehmen. Wenn sie zum Beispiel 100 Dukaten überweisen wollte, übertrug die Bank den Anspruch auf Auszahlung in ihren Büchern dem Empfänger. Auch hier wird eine Schuld – nämlich die der Bank, den Betrag herauszugeben – zum Zahlungsmittel.[34]

Noch einen Schritt weiter gingen ein paar hundert Jahre später Londoner Banken. Nun musste nicht einmal mehr vorher Geld eingezahlt werden, sondern die Banker schöpften zusätzliches Geld direkt in ihren Büchern: Wenn jemand einen Kredit haben wollte, dann schrieben sie ihm einfach ein entsprechendes Guthaben in sein Konto, das er sich dann auszahlen oder überweisen lassen konnte. Gleichzeitig wurde dem Kreditnehmer aber auch eine Schuld in roten Zahlen in sein Konto geschrieben. Er schuldete der Bank nun die Rückzahlung dieser Summe in der Zukunft.[35] Und genauso gehen Banken noch heute vor, wenn sie Kredite vergeben, wie wir gleich im Detail sehen werden. Kreditgeld ist also zum einen ein alter Hut und zum anderen immer noch die Sorte Geld, die wir in unserem Geldsystem nutzen.

MYTHOS 4
Die guten alten Zeiten des Goldstandards!
Viele Menschen halten den Goldstandard intuitiv für eine sichere, beruhigende Angelegenheit, die bedauerlicherweise der Vergangenheit angehört. Tatsächlich hat der Gold- oder Silberstandard in der Geschichte aber eine begrenzte und eher problematische Rolle gespielt. Denn stets gab es zu wenig Gold und Silber für alle Geschäfte.[36] Damit die Wirtschaft wachsen konnte, haben Menschen immer wieder Formen von leicht vermehrbarem Kreditgeld erfunden. Es hat den Vorteil, immer dann zu entstehen, wenn man es braucht und Investitionen sowie zukünftige Gewinne zu ermöglichen. Zu Zeiten des Goldstandards wurde meist versprochen, dass verschiedene Sorten von Kreditgeld (Papiergeld oder Girokonten) in Gold- oder Silber eintauschbar wären. Tatsächlich besaßen aber die Geldherausgeber nie auch nur annähernd genug Edelmetalle, so dass immer das Risiko eines *Bank Runs* im Raum stand. Selbst in den drei Jahrzehnten vor dem Ersten Weltkrieg, die als die glänzenden Zeiten des internationalen Goldstandards gelten, wurde zwar die Einlösung von Papiergeld in Gold versprochen – die Banken hielten aber nur ein Drittel wirklich in Edelmetallen vor.[37] Vor allem aber war in diesen Jahrzehnten das Giralgeld zum meistgenutzten Geld geworden und für dieses Geld, das nur in den Bankbüchern existierte, bestand nie eine Edelmetallbindung. 1913 betrug der Anteil des unbesicherten Giralgelds bereits ganze 88 Prozent. Dementsprechend wurde bei Beginn des Ersten Weltkrieges der Goldstandard sofort aufgehoben, so wie er immer aufgehoben werden musste, wenn tatsächlich eine Krise um die Ecke kam. Tatsächlich ist ein Geldsystem ohne ein Umtauschversprechen, das in Wirklichkeit nicht eingehalten werden kann, sicherer und weniger krisenanfällig.

Der Staat gibt das beste Kreditgeld selbst heraus

Während Warengeld auch in Kriegs- und Notsituationen funktioniert, setzt Kreditgeld halbwegs friedliche und geordnete Verhältnisse voraus. Schließlich wird mit der Erfüllung einer Schuld in der Zukunft bezahlt. Deshalb braucht man ein verlässliches staatliches Rechtssystem, das die Durchsetzbarkeit der Ansprüche garantiert. Der venezianische Dukaten wurde Ende des 13. Jahrhunderts zum Währungsstandard und der Rialto zur damaligen Wallstreet, weil es in Venedig kein Zinsverbot gab und Darlehensverträge mit angemessenem Zinssatz gerichtlich durchgesetzt werden konnten.[38] Solche Rechtsansprüche reichten allerdings nicht mehr, als die Londoner Banken begannen, in großem Stil Schuldscheine herauszugeben, die wie Papiergeld funktionierten. Denn die Banken versprachen zwar nach wie vor die Einlösung in Gold oder Silber, hatten in Wahrheit aber schlichtweg nicht genug davon. Das machte sie höchst anfällig für *Bank Runs* – und die Ansprüche in so einem Fall wertlos. Weil die Ausweitung der Geldmenge aber gleichzeitig für die wachsende Wirtschaft nötig war, wurde die Bankengeldschöpfung nicht einfach ein für alle Mal verboten. Stattdessen gründete man im 19. Jahrhundert staatliche Zentralbanken zur Absicherung der Banken und schließlich zogen die Regierungen die Ausgabe des Papiergeldes ebenso an sich, wie sie es bereits mit den Münzen getan hatten.[39]

Denn am allersichersten ist ein Geld, wenn der Staat nicht nur für ein Rechtssystem sorgt oder für fremdes Geld bürgt, sondern wenn er selbst als Aussteller des Schuldscheines und damit als Herausgeber des Geldes fungiert. Denn wer wäre ein solventerer Schuldner als der Staat, der schließlich die Möglichkeit hat, über das Steuersystem auf die Ressourcen des ganzen Landes zuzugreifen? Und hier schließt sich der Kreis: Die Möglichkeit zur Besteuerung macht den Staat zum solventesten Schuldner und damit zum Herausgeber des sichersten Geldes. Noch sicherer ist das staatliche Geld in unseren modernen Fiatgeld-Zeiten, seit die Pflicht des Geldschöpfers zur Einlösung ganz weggelassen wurde. Die Einlösung in einen anderen Wert ist ohnehin kontraproduktiv, denn das Geld würde schließlich durch Rückzahlung zum Verschwinden gebracht. Geldscheine sind so betrachtet staatliche Schuldscheine, die ewig zirkulieren und nicht zurückgezahlt werden müssen, denn nur so können sie immer weiter als Geld dienen.

MYTHOS 5
Nichtstaatliche Währungen wie Bitcoin sind die Zukunft.
Für MMT-Ökonom:innen war schon immer klar: Bitcoin fehlt alles, was funktionierendes Geld ausmacht. Mit seinem stark schwankenden Preis taugt er seit jeher am besten als spekulatives Anlageobjekt, aber schlecht für Zahlungen. Wirklich modern an Bitcoin ist nur die technologische Umsetzung der Verschlüsselung und dezentralen Speicherung mittels der sogenannten Blockchain – gleichzeitig macht diese Technik Bitcoin zu langsam und als Massen-Zahlungsmittel völlig ungeeignet. Vor allem aber ist die Geld-Philosophie hinter Bitcoin archaisch, denn sie versucht mit künstlichen Mitteln den Goldstandard zu imitieren. Es gibt eine eingebaute Obergrenze von 21 Millionen Bitcoin und sie entstehen durch energieintensive Berechnungen auf Computern, was in Analogie zum Gold als »schürfen« bezeichnet wird – und ähnlich umweltschädlich ist. Die künstliche Begrenzung und ein zunehmender energetischer Aufwand sollen Knappheit erzeugen und so der Währung Wert geben. Nun haben wir aber bereits gesehen, dass der Goldstandard, gerade wegen seiner Begrenzung, nie wirklich funktioniert hat – im Gegensatz zum Fiatgeld, das sich problemlos dem tatsächlichen Geldbedarf und der Wirtschaftsleistung anpassen lässt. Kein Wunder also, dass in jeder Krise die Bitcoin-Halter:innen zurück in solide Währungen wie Dollar oder Euro fliehen, deren Wert von der ökonomischen und politischen Macht ihrer Herausgeberstaaten gedeckt wird. Während in solchen Momenten offensichtlich wird, dass hinter Bitcoin nichts und niemand steht.

Das Medium des Geldes ist die Bilanz

Kreditgeld entstand ursprünglich in Form von Schuldscheinen, später wurde es in Bankbücher eingetragen, heute tippt man es in Computer hinein. Ein Schreibfehler, eine Manipulation, eine falsche Zeile im Programm und es kommt zu ungerechtfertigten finanziellen Gewinnen oder Verlusten. Um Kreditgeld und seinen Transfer vertrauenswürdig zu machen, muss die Art der Aufzeichnung so einheitlich, seriös und fehlerfrei wie möglich sein. Es ist daher kein Wunder, dass das Bankengeld gemeinsam mit der doppelten Buchführung entstanden ist. Diese Kulturtechnik hat sich seit ihren Anfängen in der oberitalienischen Frührenaissance erstaunlich wenig verändert, aber heute sind Buchführungsvorschriften gesetzlich verbindlich und organisieren das ganze Wirtschafts- und Geldwesen.[40] Insbesondere die Bilanz von Unternehmen hat jede Menge rechtliche Folgen, unter anderem für die Höhe von Steuern und Subventionen, aber auch die Frage der Insolvenz.[41]

Für das Bankwesen gibt es eine leicht angepasste Form der Buchführung. Die entscheidende Regel war und ist dabei: Jede Form der Geldschöpfung muss in der alten Kreditgeldtradition mit einer entsprechenden Schuld für die geldschöpfende Bank verbucht werden. Das gilt für die staatliche Zentralbank wie für normale Geschäftsbanken. Unser heutiges Geld ist daher immer Kreditgeld und sein Medium ist die Bilanz, ganz egal ob das Geld in einem Bankbuch aus Papier notiert wird oder in der Excel-Tabelle auf einem Computer. Kreditgeld ist schon deswegen lange virtuell, weil es allein durch seine Notierung, also durch das Dokumentieren von Schuldbeziehungen, erzeugt und transferiert wird.

Digital ist es auch schon seit geraumer Zeit, nämlich seit Banken auf Computer umgestellt haben. Technische Neuerungen wie Bezahlvorgänge mit EC- und Kreditkarten oder Apps ermöglichen lediglich die Beschleunigung der Transaktionen, am Wesen unseres Geldes ändert sich dagegen nichts. Das eigentliche Medium des Geldes ist und bleibt die Bilanz, in der es entsteht, vergeht und transferiert wird. Und darüber, wie das zu geschehen hat und wer das tun darf, entscheiden nationale und internationale Bilanzierungsregeln und andere Gesetze. Geld ist somit keine Frage der Informationstechnologie, sondern vielmehr eine Hervorbringung des Rechts.

MYTHOS 6

Banken verleihen das Geld ihrer Kund:innen weiter.

Oft geben die Medien eine falsche Idee von der Tätigkeit von Banken wieder. Banken werden als Vermittler beschrieben, die die Ersparnisse der einen nehmen und an die anderen weiterverleihen, die Kredite brauchen. Banken würden als sogenannte »Finanzintermediäre« das Geld jeweils dorthin leiten, wo es für Investitionen gebraucht wird.[42] Diese Vorstellung stammt aus der Schule der neoklassischen Wirtschaftstheorie. Sie ist aber tatsächlich sehr einfach zu widerlegen, indem man betrachtet, was in Bankbilanzen bei einer Kreditvergabe passiert: Tatsächlich werden niemals die Kontostände irgendwelcher Kunden reduziert oder Geld von der Aktivseite der Bankbilanz abgebucht, wo deren Vermögenswerte stehen.[43] Stattdessen passiert das, was wir in unseren Bilanzierungsbeispielen sehen: Die Bank schöpft neues Geld, indem sie es bei Kreditvergabe in das entsprechende Kundenkonto einträgt. Nach wie vor geistert die Idee von Banken als Finanzintermediären durch die Medien und ökonomische Lehrbücher.[44] Doch Zentralbanken wie die Europäische Zentralbank (EZB) oder die Bank of England erklären diese Theorie in ihren Publikationen für unzutreffend und beschreiben selbst detailliert die besondere Rolle von Banken als Geldproduzenten, so wie sie auch in diesem Buch dargestellt wird.[45]

Bankengeldschöpfung – eine kleine Demonstration[46]

An dieser Stelle soll die Bankengeldschöpfung an einem einfachen Beispiel[47] anschaulich gemacht werden: Matilde K. bekommt von ihrer Bank einen Kredit von 2500 Euro für ein Elektrofahrrad eingeräumt. Nehmen wir an, dass der Kredit dank staatlicher Fördermaßnahmen zinsfrei ist – das macht unsere Beispiel-Konten (siehe Seiten 40 und 41) übersichtlicher. Es gilt: Links werden alle Aktiv-Posten eingetragen, also die Geldguthaben, und rechts stehen die Verbindlichkeiten, also die Schulden. In Konto 1.1 sehen wir den Ausgangszustand: Matildes Konto ist zunächst leer – sie hat weder Guthaben noch Schulden.

(+) Matilde	(–)

Konto 1.1: Konto Matilde vor Kreditvergabe

(+) Matilde	(–)
Giralgeld 2 500	Kreditschuld 2 500

Konto 1.2: Konto Matilde nach Kreditvergabe

Wenn Matilde dann den Kredit bewilligt bekommt, schreibt ihr die Bank die 2500 Euro auf ihr Konto gut (in der linken Spalte) – wobei das Geld erst in diesem Moment durch die Eintragung entsteht. Gleichzeitig bekommt Matilde auch eine gleich hohe Schuld eingetragen (in der rechten Spalte), die für das Geld steht, das sie der Bank in der Zukunft zurückzahlen muss. Die beiden Einträge gleichen sich aus und Matildes Nettovermögen ist weiterhin null (siehe Konto 1.2). Dann aber überweist Matilde der Fahrradhändlerin den Kaufpreis und das Guthaben von 2500 Euro verschwindet aus der linken Kontospalte und es verbleiben ihr nur die Schulden auf der rechten Seite. Ihr Nettovermögen beträgt nun –2500 Euro (ohne Abbildung).

Nehmen wir an, dass Matilde einige Monate später Einnahmen in Höhe von 2500 Euro erhält: Dann hat sie wieder zwei gleich hohe Einträge rechts und links wie in Konto 1.2. Wenn sie sich entscheidet, die 2500 Euro an die Bank zurückzuzahlen, dann verschwinden beide Einträge wieder von ihrem Konto, so wie sie ursprünglich gemeinsam erschienen sind. Das Guthaben von 2500 Euro verschwindet, weil sie damit die Schuld an die Bank zurückzahlt. Dadurch verschwindet aber auch die Schuld auf der anderen Seite – denn die ist nun beglichen. Am Ende sind wir also wieder zurück in der Ausgangssituation (Konto 1.1) Matildes Konto ist leer, ihr Nettovermögen null und es gibt wieder 2500 Euro Giralgeld weniger auf der Welt – aber auch 2500 Euro weniger Schulden.

Geldschöpfung aus der Perspektive der Bank

Wie aber schaut diese Geldschöpfung aus der Perspektive der Bank aus? Dazu schauen wir uns das Konto 2.1 der Bank im Vergleich zu Matildes Konto 2.2 an. Wir sehen: Auch die Bank bekommt durch die Kreditvergabe zwei neue Einträge, die sich genau spiegelbildlich zu Matildes Einträgen verhalten. Was für Matilde ein Guthaben ist, ist für die Bank eine Schuld und umgekehrt.

(+)	Bank	(–)
Kreditforderung 2 500		Giralgeld 2 500

Konto 2.1: Bank nach Kreditvergabe

(+)	Matilde	(–)
Giralgeld 2 500		Kreditschuld 2 500

Konto 2.2: Mathilde nach Kreditvergabe

Die Bank hat auf ihrer Aktivseite einen Anspruch auf Rückzahlung gegen Matilde erhalten. Das Giralgeld selbst aber, das für Matilde ein Aktivum darstellt, ist aus Sicht der Bank eine Schuld. Denn die Bank hat sich mit der Eintragung des Guthabens Matilde gegenüber verpflichtet, es ihr in staatlichem Bargeld auszuzahlen oder es für sie an eine andere Bank weiter zu überweisen. In beiden Fällen entstehen ihr entsprechende Kosten.[48] Aus Sicht der Bank ist die Fähigkeit, Giralgeld zu schöpfen, daher nicht so eindrucksvoll. Die Geldschöpfung führt bei der Bank nur zu einer sogenannten Bilanzverlängerung – ein gleich hoher Eintrag rechts und links –, der ihr Eigenkapital (Nettovermögen) unberührt lässt und die Bank weder ärmer noch reicher macht. Der Vorteil der Giralgeldschöpfung liegt für sie allein in den Zinsen, die sie für die Kreditvergabe bekommt und die wir hier erst einmal ausklammern.

Was passiert, wenn Matilde schließlich ihren Kredit zurückzahlt? Dann verkürzt sich die Bankbilanz wieder, da beide Einträge im Konto der Bank erlöschen. Die Forderung auf Rückzahlung ist beglichen und die Verpflichtung, Giralgeld an Matilde auszuzahlen oder für sie zu überweisen, verfällt somit ebenfalls. Bei der Rückzahlung eines Kredits »erhält« die Bank kein Giralgeld, stattdessen verliert sie eine Schuld.

Wir sehen also: Geld entsteht durch die reine Eintragung von Schuldbeziehungen in Bankbilanzen. Das neu geschöpfte Geld wird als Verbindlichkeit der geldschöpfenden Bank registriert, die mit sofortiger Wirkung zur Auszahlung (oder Überweisung) verpflichtet ist. Dem gegenüber steht die in der Zukunft zu bezahlende Schuld der Kreditnehmerin, die Summe zurückzuzahlen. Diese beiden Schuldbeziehungen sind es, die wir spiegelbildlich in den Konten wiederfinden – und die zum Zahlungsmittel werden.

Banken schöpfen aber nicht nur Giralgeld durch Kreditvergabe, sondern jedes Mal, wenn sie einer Privatperson oder einem Unternehmen etwas abkaufen. Ebenso erlischt auch jedes Mal Giralgeld, wenn Private einer Bank etwas abkaufen.[49] Da sich die beiden Vorgänge ungefähr die Waage halten, ist für die Giralgeldmenge die Kreditvergabe entscheidend.[50,51]

Der kanadische Staat schöpft Geld – ein Bilanzierungsbeispiel

Auf genau dieselbe Weise schöpft die Zentralbank Geld für die Banken. Wenn sie ihnen Kredit gibt, entsteht durch die Eintragung wechselseitiger Forderungen und Verbindlichkeiten das Zentralbankgeld, das im Kreislauf zwischen Banken und Zentralbank zirkuliert. Aber auch die demokratische Geldschöpfung zugunsten der Regierung, die wir Staatsverschuldung nennen, sieht im einfachsten Fall genauso aus. Zum Beispiel in Kanada, wo die direkte Staatsfinanzierung durch die Zentralbank erlaubt ist. Dort muss die Zentralbank der Regierung auf deren Antrag Kredit gewähren. An einem kleinen Bilanzierungsbeispiel schauen wir uns nun an, was passiert, wenn die kanadische Regierung zum Beispiel für einen *Green New Deal* zusätzliche 50 Milliarden kanadische Dollar braucht: Sie wendet sich direkt an die Zentralbank und die schreibt ihr das Geld auf das Regierungskonto gut, was sich folgendermaßen darstellen lässt:

(+) Zentralbank	(–)
Staatsanleihen 50 Mia.	Zentralbankgeld 50 Mia.

Konto 3.1: Zentralbank Kanada

(+) Regierung	(–)
Zentralbankgeld 50 Mia.	Staatsanleihen 50 Mia.

Konto 3.2: Regierung Kanada

Die 50 Milliarden Dollar wurden durch einfachen Eintrag in das Konto 3.2 der Regierung in die Welt gebracht, gleichzeitig ist die kanadische Staatsschuld um 50 Milliarden gestiegen. Der einzige Unterschied zu Matildes privatem Kredit besteht darin, dass statt einer einfachen Kreditschuld eine Staatsanleihe als Verbindlichkeit der Regierung eingetragen wird, die die Schuld verbrieft und damit handelbar macht. Bilanziell passiert aber in beiden Beispielen genau dasselbe: Es werden je zwei Forderungen sowie zwei Verbindlichkeiten ausgetauscht und die Regierung schuldet nun – zumindest auf dem Papier – die Rückzahlung in der Zukunft.

Staatsschulden sind keine normalen Schulden

Obwohl in beiden Fällen neues Geld und neue Schulden entstehen und die bilanziellen Vorgänge gleich aussehen, gibt es aber in der Praxis ganz fundamentale Unterschiede zwischen der Schuld von Matilde und derjenigen der kanadischen Regierung. Matilde muss ihren Kredit zurückzahlen und, wenn nötig, wird die Bank sie mit rechtlichen Mitteln dazu zwingen. Denn die Bank hat nicht nur ein finanzielles Interesse, sondern ist auch tatsächlich darauf angewiesen, dass die allermeisten Kredite zurückgezahlt werden. Andernfalls droht ihre Bankbilanz ins Minus zu rutschen und sie wäre pleite.

Die staatliche Geldschöpfung erfolgt dagegen vor einem gänzlich anderen Hintergrund: Es gibt keine kommerziellen Interessen und die Zentralbank kann nicht pleitegehen. Im Grunde handelt es sich bei der kanadischen Regierung und der kanadischen Zentralbank um zwei der wichtigsten Institutionen desselben Landes, die gemeinsam das staatliche Währungsmonopol ausüben. Tatsächlich verschuldet sich hier der Staat bei sich selbst. Es ist das, was Jurist:innen ein In-sich-Geschäft nennen würden, also ein Geschäft mit sich selbst. Und das ist im Grunde völlig logisch: Bei wem sonst sollte sich der Währungsmonopolist auch verschulden? Der Staat will kanadische Dollar, die niemand außer ihm herstellen darf. Er selbst ist in Form seiner Zentralbank der Geldgeber der letzten Instanz – es gibt keinen Geldgeber darüber. Die Staatsschuld ist daher nicht die Schuld gegenüber einer anderen Partei, die auf die Rückzahlung des Geldes wartet oder gar mit Konsequenzen im Fall der Nichtzahlung drohen könnte. Daran ändert sich auch nichts, wenn der Staat seine »Staatsschuld« in Form von Staatsanleihen verkauft, da er aufgrund seines Geldmonopols jede Anleihe ablösen, also zurückzahlen, kann.

Ganz grundsätzlich sind Staatsschulden nicht vergleichbar mit privaten Schulden. Denn Haushalte, Unternehmen und normale Banken sind nur die Nutzer des Geldes, das sie schulden. Dagegen ist der Staat der Schöpfer der Währung, die er schuldet.[52] Die Staatsschuld fällt damit in eine völlig andere Kategorie und steht nur dafür, dass der Staat seine eigene Währung mittels der eigenen Institutionen geschöpft und den Vorgang gemäß der Kreditgeldtradition ordnungsgemäß verbucht hat. So betrachtet sind Staatsschulden »lediglich eine buchhaltungstechnische Konvention«:[53] »Man kann sogar darüber streiten, ob bei Staaten Begriffe wie ›Kredit‹ und ›Schulden‹ überhaupt zutreffen«, so die MMT-Ökonomin Stephanie Kelton.[54] Wenn wir diese Begriffe aber weiterverwenden, müssen wir uns klarmachen, dass Staatsschulden und staatliche Geldschöpfung zwei Seiten derselben Medaille sind. Ich werde daher in diesem Buch beides synonym verwenden – je nachdem, welcher Aspekt im jeweiligen Kontext nach vorne gestellt werden soll. Teilweise werde ich auch staatliche »Geldschöpfung/Verschuldung« schreiben, um daran zu erinnern, dass es sich um zwei Perspektiven auf denselben Vorgang handelt. Der Begriff »Defizitausgaben« bringt sogar beide Aspekte in einem Wort zum Ausdruck: Der Staat gibt aus – indem er ein bilanzielles Defizit macht.

MYTHOS 7
Schulden sind schlecht, Staatsschulden erst recht.

Geld entsteht in unserem Rechts- und Bilanzierungssystem immer zusammen mit einer gleich hohen Schuld. Schulden sind damit unvermeidlich. Es macht daher keinen Sinn, sie zu verurteilen und wie eine moralische Kategorie zu behandeln. Ein ähnliches Missverständnis ist es, sie abschaffen zu wollen oder zu fordern, alle Schuldner:innen mögen umgehend ihre Schulden zurückzahlen. Denn mit ihrer Rückzahlung oder Streichung erlischt das Geld. Es wird gemeinsam mit den Schulden aus den Bilanzen gestrichen, aus denen es einst gekommen ist. Wenn wir also Geld haben wollen, dann müssen wir auch akzeptieren, dass es in irgendeiner Bilanz die gleiche Menge an Schulden geben muss. Es kann in unserem Geldsystem daher nicht darum gehen, *ob* jemand Schulden hat oder haben sollte. Die wirklich interessanten Fragen sind vielmehr: Wer hat sie? Und wer die entsprechenden Guthaben? Und noch grundsätzlicher: Wer kann sich Schulden leisten und wer nicht? Inzwischen sollte bereits klar geworden sein: Der Staat, der sein eigenes Geld schöpft und nur in seiner eigenen Währung verschuldet ist, kann sich Schulden am besten leisten. Dadurch ermöglicht er es weniger robusten Wirtschaftsakteuren Ersparnisse anzusammeln, zum Beispiel den privaten Haushalten. Eines ist jedenfalls unumgänglich: Irgendjemand muss die Schulden haben!

II Der Bankkredit schafft Krisen – der Staat sorgt für Stabilität

1. Kreditgeld ermöglicht Wachstum und Wohlstand

Eine sich selbst erfüllende Prophezeiung

Kreditgeld ist für das Wirtschaftsgeschehen ungemein praktisch, weil neues Geld immer dann entstehen kann, wenn es gebraucht wird. Aber welche Chancen und Risiken bedeutet ein voll entwickeltes Kreditgeldsystem wie das unsere für die Volkswirtschaft und die Gesellschaft? Um die Antwort anschaulicher zu machen, hier wieder ein Beispiel: Eine Unternehmerin will eine neue Sorte Elektrofahrräder produzieren. Sie hat zwar nur einen kleinen Teil des nötigen Kapitals, aber ihre Bank prüft den Plan, bescheinigt dem Produkt ausgezeichnete Marktchancen und ist daher überzeugt, dass die Unternehmerin keine Probleme mit der Rückzahlung haben wird.

Die Bank gewährt also den Kredit und schöpft das Geld, indem sie es der Fahrradproduzentin auf ihr Konto schreibt – gemeinsam mit der entsprechenden Schuld. Die gibt das frisch geschöpfte Geld sofort aus, für neue Maschinen und Arbeitskräfte. Dadurch hat auch der Maschinenbauer dieses Jahr höhere Einnahmen, ebenso wie die neu eingestellten Arbeitnehmer:innen. Alle geben ihrerseits das Geld wieder aus und weiter. Das frisch geschöpfte Geld ermöglicht somit die Produktion der neuen Elektrofahrräder und führt zu einer Ausweitung der Geldmenge und der Nachfrage. Nehmen wir an, dass in diesem Jahr ein allgemeiner Optimismus herrscht und auch viele andere Unternehmen und Privatpersonen Kredite nachfragen, um zu investieren, um Elektrofahrräder und andere Konsumgüter zu kaufen oder auch um ein Haus zu bauen. Alle sind sich sicher, dass ihre Einnahmen ihnen erlauben werden, die Kredite in der Zukunft zurückzuzahlen.

Genau dieser Optimismus hat den Effekt einer sich selbst erfüllenden Prophezeiung: Denn jeder neue Kredit erhöht die Geldmenge und die Nachfrage, so wie jeder zurückgezahlte Kredit beide sinken lässt. In so einer Boomphase werden mehr neue Kredite aufgenommen, als alte Kredite zurückgezahlt, es gibt also zusätzliche Investitionen und Einkünfte, neue Arbeitsplätze entstehen und die Arbeitnehmer:innen haben einen guten Stand bei Lohnverhandlungen. Höhere Löhne wiederum führen ebenfalls zu mehr Nachfrage. Auch die Banken sind begeistert und vergeben noch mehr Kredite, da die Gewinne der Unternehmen wachsen, die Haushalte verlässliche Einnahmen haben und Kreditsicherheiten wie Immobilien ebenfalls im Wert steigen.

Kreditgeld – technischer Fortschritt – Wachstum!

Dank des Kreditgelds muss auch nicht erst gespart und auf Konsum verzichtet werden, damit man später einmal investieren kann. Nein, das Kreditgeld erlaubt gleichzeitig Investition und Konsum, denn es ermöglicht heute schon Unternehmungen, die erst morgen einen Ertrag bringen. Und solange die Wirtschaftsakteure weitere Kredite nachfragen, werden die meisten Geschäfte sich lohnen – denn die Wirtschaft wächst. Dank Kredit können die ersten Löhne bezahlt werden, bevor die Produkte verkauft sind; man schafft Maschinen und Computer an, welche die Produktivität erhöhen, und baut Häuser sowie Fabriken, die es ohne Kredite nie gegeben hätte.

Dabei ist es nicht das Kreditgeld für sich genommen, das Wachstum schafft. Das kann man leicht daran erkennen, dass Kreditgeld schon seit Jahrtausenden existierte, bevor es auf der Welt zu nennenswertem Wachstum pro Kopf gekommen wäre.[1] Aber Kreditgeld ist eine der Zutaten, ohne die es nicht geht. Damit die Wirtschaft tatsächlich wächst, muss immer ein guter Teil des Kreditgeldes in neue Technologien gesteckt werden, so dass sich insgesamt die Produktivität im Land erhöht, also mehr und bessere Produkte in weniger Arbeitszeit hergestellt werden können. Nun ist wieder Arbeitskraft frei, um mit mehr Kreditgeld weitere Geschäftsfelder zu erschließen. Diese Dynamik, bei der mit Kreditgeld in neue Technik investiert wird, erzeugt Wachstum und steigenden Wohlstand.[2]

MYTHOS 8
Erst sparen, dann investieren.
Wenn man nicht versteht, dass Banken Geld schöpfen, sondern glaubt, dass Banken als »Finanzintermediäre« nur vorhandenes Geld weiterverleihen, dann bekommt Sparen eine überragende Rolle für die Volkswirtschaft. Denn dann müssen Haushalte und Unternehmen zunächst erhebliche Summen ansparen, damit schließlich jemand dieses Geld leihen und investieren kann. Der Blick auf die Bilanzen zeigt uns aber, dass Banken in Wahrheit das Geld schöpfen, mit dem die Investitionen bezahlt werden. Damit dreht sich die Reihenfolge um: Zuerst nimmt jemand einen Kredit auf und investiert, dann zirkuliert das Geld und jemand anderes kann es sparen. Nicht Ersparnisse führen also zu Investitionen, sondern Investitionen ermöglichen Ersparnisse. Aber auch die reine Logik sagt uns, dass die Idee, Sparen führe zu mehr Investitionen, nicht stimmen kann: Denn wenn ein großer Teil der Bevölkerung spart, um zukünftige Investitionen zu ermöglichen, wieso sollten Unternehmen dann überhaupt das Risiko von Investitionen eingehen? Schließlich ist bei so vielen Sparer:innen wenig Geld übrig, um zusätzliche Waren und Dienstleistungen zu konsumieren. Dennoch behaupten neoklassische Ökonom:innen bis heute immer wieder, dass sich Staaten in einer Krise »gesund sparen« könnten[3] – obwohl auch die Realität ihre Theorie stets aufs Neue widerlegt.

Im Boom genügt die Bankengeldschöpfung

In unserem Beispiel hat bisher allein das Kreditgeld der Banken gereicht, um die wirtschaftliche Dynamik zu erhalten. Dank des allgemeinen Optimismus war zusätzliche staatliche Geldschöpfung/Verschuldung nicht nötig. Würde dieser positive Trend über Jahrzehnte anhalten, dann könnte sich eine Generation von Unternehmer:innen und »Häuslebauern« nach der anderen verschulden, ihre Schulden zurückzahlen, von Gewinnen und Wertsteigerungen profitieren und so Vermögen aufbauen. Währenddessen würden neue Unternehmen und Haushalte sich verschulden, so dass die Geldmenge und die Wirtschaft weiterwachsen und damit auch der Wert der Immobilien und Unternehmen.

Der Staat könnte sich zurücklehnen und die Produktion von zusätzlichem Geld den Banken und die zusätzlichen Schulden den Unternehmen und Haushalten überlassen, die die Kredite aufnehmen. Die Zentralbank würde mit ihrer Geldschöpfung nur das Kreditgeld der Banken absichern. Die Regierung könnte sich jede Form von Defiziten sparen und allein dank der üppigen, mit dem Wirtschaftswachstum steigenden Steuereinnahmen für eine gute Infrastruktur in Form von Bahnlinien, Krankenhäusern, Schulen und Universitäten sorgen. Auch das Vermögen des Landes, der sogenannte Kapitalstock, würde auf diese Weise ohne zusätzliche staatliche Geldschöpfung immer weiterwachsen.

In so einer Welt hätten die Marktgläubigen recht, die behaupten, es reiche, wenn der Staat die nötige allgemeine Infrastruktur bereitstellt und sich ansonsten möglichst heraushält.[4] Sie ist es, von der Ökonomen der neoklassischen Schule träumen und für die neoliberale Politiker, zum Beispiel von der FDP, ihre Wirtschaftspolitik entwerfen. Dummerweise gibt es diese Welt aber nicht, in der die private Wirtschaft mithilfe der Geldschöpfung von Banken dauerhaftes Wachstum und Wohlstand für alle produzieren würde. Denn die private Wirtschaft ist zwar sehr dynamisch und kann sehr produktiv sein, doch eines ist sie nicht: verlässlich.

2. Kreditgeld erzeugt Instabilität und Krisen

Die nächste Krise kommt bestimmt

Der geniale Vorteil des Kreditgeldes ist, dass es bereits heute Geschäfte ermöglicht, deren Erträge erst in der Zukunft liegen. Das ist aber gleichzeitig auch seine Achillesferse. Denn die Zukunft ist ihrer Natur nach unsicher und wirtschaftliche Entwicklungen nicht berechenbar. Die Pläne der Kreditnehmer:innen können durch Krankheit und Arbeitslosigkeit durchkreuzt werden. Aber auch auf der Ebene der Volkswirtschaft gibt es Szenarien, die sämtliche Kalkulationen obsolet machen, wie das Entstehen neuer globaler Konkurrenz, disruptiver Techniken oder stark steigende Energie- und Rohstoffpreise.[5]

Allein die letzten Jahre haben wir mit dem Corona-Virus und dem russischen Überfall auf die Ukraine zwei völlig unerwartete Ereignisse erlebt, die das Wirtschaftsleben von Grund auf erschütterten. Und auf einmal sind für viele Firmen die kalkulierten Einnahmen für die nächsten Monate, wenn nicht Jahre, in Frage gestellt – die Schulden stehen aber in den Büchern und müssen trotzdem bezahlt werden. Ohne staatliche Intervention besteht das Risiko, dass immer mehr Wirtschaftsteilnehmer:innen in die Zahlungsunfähigkeit rutschen.

Aber auch die Kreditvergabe selbst kann aus dem Ruder laufen und Krisen erzeugen. Es gibt zwar durchaus Mechanismen, die die Kreditvergabe der Banken beschränken, wie den Zins, das Ausfallrisiko und die tatsächliche Kreditnachfrage. Vor allem aber können nicht einzelne Banken ihre Geldschöpfung allein stark ausweiten, da ihnen durch Überweisungen sonst mehr Giralgeld ab- als zufließt, das sie mit Zentralbankgeld kompensieren müssen. Damit hätten sie höhere Refinanzierungskosten und einen Wettbewerbsnachteil gegenüber anderen Banken.[6] Aber all diese Hürden greifen in wirtschaftlich guten Zeiten nicht. Die Kreditnachfrage ist hoch, das Ausfallrisiko scheint gering, Gewinne übersteigen die Zinsen und die Banken weiten in schöner Einigkeit ihre Kreditvergabe aus. Insbesondere wenn eine gute Phase zu lange dauert, werden Unternehmen, Haushalte und Banken kollektiv unvernünftig und beginnen spekulative Blasen aufzupumpen. Sie wollen sich die scheinbar sicheren Gewinne nicht entgehen lassen und beginnen immer größere Investitionen über Kredite zu finanzieren.[7] Die Banken selbst sind euphorisch, vergeben Kredite mit leichter Hand und bestehen auf immer weniger Eigenkapital. Im Boom steigen auch die Vermögenspreise und können damit als Sicherheit für immer größere Kredite herhalten. Selbst wenn die Banken leise Zweifel an der Nachhaltigkeit der Entwicklung hegen, wollen sie das Geschäft doch nicht der Konkurrenz überlassen.

Oft soll eine neue Technologie oder Entwicklung den andauernden Boom erklären. Anfang der 2000er Jahre war es das neuartige Internet, das die rasant steigenden Aktienkurse während der Dotcom-Blase plausibel machen sollte. Und zunächst scheint die Geschichte überzeugend, denn die hohe Nachfrage treibt die Preise wie auch die Renditen, und so springen immer mehr Leute auf und finanzieren neue Investitionen ebenfalls vor allem über Kredite – bis die Blase schließlich platzt. Und umso spekulativer die Finanzierung des Booms war, umso tiefer nun der Fall.[8] Genau die riskanten Kredite, die vorher die schnelle Expansion möglich machten, werden nun zum großen Problem. Denn ohne das Wachstum wird es immer schwieriger sie zu bedienen und viele Wirtschaftsteilnehmer:innen gehen bankrott.

Alle Wirtschaftsakteure sind durch Bilanzen verbunden

Und damit sind wir schon beim nächsten Problem, das durch Kreditgeld entsteht: Es verbindet nicht nur Vergangenheit und Zukunft durch Forderungen und Verbindlichkeiten, sondern auch alle Wirtschaftsteilnehmer:innen untereinander. Unternehmen schulden Banken Geld, Banken schulden anderen Banken Geld, alle Banken schulden der Zentralbank Geld und auch Unternehmen schulden einander Geld, denn oftmals liefern sie Waren auf Kredit. Wenn jemand zahlungsunfähig wird, trifft das eine Gläubigerin, die mit dem Eintreffen der Zahlung gerechnet hat – oftmals um ihrerseits fällige Zahlungen zu leisten. Es kommt zu Domino-Effekten, die sich auch in den Unternehmens- und Bankbilanzen niederschlagen. Denn wenn Forderungen uneinbringbar werden, dann müssen sie von der Aktiv-Seite der Bilanz gestrichen, also abgeschrieben werden. Zu viele Abschreibungen führen dazu, dass Bilanzen ins Minus kippen und die Gläubiger selbst bankrottgehen, womit sie wiederum ihre eigenen Gläubiger gefährden, die ihnen zuvor Geld geliehen haben. Daher pflanzen sich Krisen in unseren Geld- und Wirtschaftssystemen im schlimmsten Fall rasend schnell fort. Gerät eine ausreichend große Anzahl von Haushalten, Unternehmen oder Banken in Zahlungsschwierigkeiten – dann wird eine Kettenreaktion ausgelöst, die schließlich die ganze Weltwirtschaft betreffen kann.[9]

Genau das haben wir in der Weltwirtschaftskrise 2008 erlebt, der größten Krise seit 1929. Auch hinsichtlich ihrer Entstehungsgeschichte sind die beiden vergleichbar, denn wieder hatten sich die privaten Wirtschaftsakteure gemeinsam mit Hilfe des Bankkredits verspekuliert. Die Banken hatten systematisch Immobilienkredite an Haushalte vergeben, die sich die Rückzahlung eigentlich nicht leisten konnten. Der Wert der Häuser stieg ständig und so konnten sie als Sicherheit für immer größere Kreditsummen herhalten und schienen sich fast von allein zu finanzieren.[10] Die Banken sicherten sich ab und schafften die Risiken aus den eigenen Bilanzen, indem sie die Kreditforderungen zu undurchschaubaren Finanzpapieren verwursteten und in die ganze Welt verkauften – besonders auch an deutsche Banken, die sich über die gut verzinsten Anlagen freuten. Die Blase platzte, als nicht mehr zu übersehen war, dass die amerikanischen Haushalte überschuldet waren. Sie stellten die Zahlung ein – und damit verloren die Kreditforderungen ihren Wert.[11] Da sie weiterverkauft worden waren, standen sie aber als Vermögenswert in vielen Bilanzen auf der ganzen Welt. Als sie abgeschrieben, also auf den wirklichen Wert korrigiert werden mussten, drohten betroffene Banken nun selbst in die roten Zahlen zu geraten – womit sie pleite gewesen wären. Da nicht bekannt war, welche Banken wie viele von den Schrottpapieren besaßen, gaben sich die Banken nicht mehr die üblichen Kredite untereinander. Und auch Unternehmen, die in dieser Situation dringend einen Überbrückungskredit brauchten, bekamen von den Banken keinen mehr. Denn in der Krise ist jeder Kredit ein Risiko.

In der Krise sinkt die Geldmenge

Aber es ist nicht nur so, dass die einzelnen Gläubiger Angst um die Zahlungsfähigkeit ihrer jeweiligen Schuldner haben. Vielmehr wissen die Wirtschaftsteilnehmer:innen um die Ansteckungsgefahr, die in einer Krisensituation liegt und sie wissen, dass auch die anderen die Gefahr kennen und nun extrem empfindlich reagieren werden. Wenn nur die Ahnung einer Krise am Horizont aufscheint – dann hält daher die ganze Privatwirtschaft die Luft an. Unternehmen stellen ihre Investitionen zurück, um abzuwarten, wie sich die Lage entwickelt. Auch Familien verschieben nun ihre Pläne, einen Immobilienkredit aufzunehmen, so lange, bis klar ist, dass ihre Arbeitsplätze nicht in Gefahr sind. Die Banken selbst werden nun sehr streng bei ihrer Kreditprüfung und versuchen lieber noch so viele Kredite einzutreiben wie möglich, bevor die Krise sich verschärft.

Wenn aber in einem Zeitraum mehr Kredite zurückgezahlt, als neue vergeben werden, dann sinken Geldmenge und Nachfrage. Und genau das passiert bereits, wenn die Wirtschaftsteilnehmer:innen eine Krise befürchten. Wird nun die allgemeine Sorge um die Zukunft nicht in irgendeiner Weise überwunden, droht eine Rezession, die Wirtschaft schrumpft also über einen gewissen Zeitraum. Wenn dieser Zustand länger andauert, kann es zu einer Deflation kommen, was bedeutet, dass das Geld mehr wert wird und die Preise sinken. Das wirkt auf den ersten Blick erfreulich, insbesondere mit Blick auf die jüngste Inflation. Tatsächlich ist die Deflation aber ein ernstzunehmendes Problem. Denn die Unternehmen senken die Preise nur deswegen, weil sie ihre Produkte und Dienstleistungen nicht mehr loswerden. Spätestens wenn die Warenlager voll sind, wird auch die Produktion gedrosselt. Dann steigt die Arbeitslosigkeit, die Menschen haben noch weniger Geld, um Konsumgüter nachzufragen und die Krise verstärkt sich weiter.[12]

Das Sparparadoxon: Alle werden ärmer

In der Krise sparen alle und selbst wer noch etwas übrighat, hält sein Geld nun erst recht zusammen, entweder aus Sorge um die Zukunft und den eigenen Arbeitsplatz oder weil die Preise sinken und man die neue Waschmaschine vielleicht in zwei Monaten noch günstiger bekommt. Für die Einzelnen ist es durchaus vernünftig so zu reagieren.[13] Aber dadurch, dass alle weniger ausgeben, haben auch alle zusammengenommen weniger Einkommen. Denn die Ausgaben einer Person sind immer die Einnahmen einer anderen – und umgekehrt.[14] Auf der kollektiven Ebene führt das allgemeine Sparen also nicht zu mehr Ersparnissen und Wohlstand, sondern zu Arbeitslosigkeit und Armut. Dieses Phänomen wird auch das Sparparadoxon genannt: Gerade weil alle sparen – werden alle gemeinsam ärmer. Das, was für die betroffenen Menschen und Unternehmen in einer Krisensituation nachvollziehbar ist, ist auf der volkswirtschaftlichen Ebene für alle schädlich. Dummerweise wird aus den vielen verständlichen Einzelinteressen eben nicht, wie von unsichtbarer Hand, ein ausgeglichenes, sinnvolles Ganzes.[15]

In dieser Situation, wenn die Einnahmen insgesamt zurückgehen, gestaltet es sich immer schwieriger, die Kredite aus den optimistischen Zeiten zurückzuzahlen. Selbst wenn die akute Krise mit einer Pleitewelle ausbleibt oder überwunden wird, behindern die alten Kredite den nächsten Aufschwung. Denn viele Haushalte und Unternehmen schaffen es vielleicht gerade noch die Raten zu bezahlen, aber alles andere müssen sie sich verkneifen. Diese »Privaten« sind zum Teil noch über Jahre damit beschäftigt ihre alten Kredite zurückzuzahlen. An Konsum, neue Investitionen und Kredite dürfen sie gar nicht denken – und so lässt auch der nächste Aufschwung auf sich warten.[16]

Kreditgeld ist prozyklisch und braucht Wachstum

Wir sehen also: Das Kreditgeld der Banken verhält sich prozyklisch und verstärkt den aktuellen Trend. Haushalte, Unternehmen und Banken verhalten sich wie eine Herde, die gemeinsam in dieselbe Richtung läuft – im Guten wie im Schlechten – und erzeugen damit ständige Schwankungen im Wirtschaftsgeschehen. Im Boom wächst das Bankengeld immer weiter, selbst bei Vollauslastung der Wirtschaft, und wirkt ab dann inflationär. In der Rezession schrumpft es dagegen zusammen und wirkt deflationär. Die Bankengeldschöpfung ist ein gewinnabhängiges System, das Wirtschaftswachstum schaffen kann – aber zu seinem Funktionieren auch weiteres Wachstum benötigt. Denn nur in einer Situation, in der die meisten Unternehmen mit Gewinnen rechnen können, werden Kredite gefragt und von Banken gewährt. Fehlt dieses Wachstum, werden weniger Kredite nachgefragt als zurückgezahlt und das Schneeballsystem bricht in sich zusammen.[17]

MYTHOS 9

Das Problem ist der Zins.

Dieser Geldmythos kommt ausnahmsweise nicht aus der neoklassischen Schule, sondern aus alternativen Wirtschaftstheorien, die den Zins wahlweise zum Hauptverantwortlichen für den Wachstumszwang oder die zunehmende Ungleichheit erklären und behaupten, seine Abschaffung würde diese Übel beseitigen.[18]

Richtig ist, dass der Zins jährlich Geld zu den Halter:innen von Vermögenstiteln umverteilt und somit bestehende Vermögen vergrößert. Allerdings ist er dabei nur ein Faktor unter vielen. Gewinne sind für das Ansteigen der Vermögen wichtiger als Zinsen und können ebenfalls exponentiell wachsen. Für die Frage der Ungleichheit ist entscheidend, wie sich der Lohnanteil im Verhältnis zu den Gewinnen entwickelt. Auch Immobilienpreise und Mieten sind entscheidender als Zinsen. Darüber hinaus trifft der Staat jährlich über seinen Haushalt weitere Verteilungsentscheidungen, je nachdem, wen er durch seine Staatsausgaben stärker begünstigt und durch Steuern be- oder entlastet. Der Zins ist also keine Naturgewalt, sondern er ist nur eine Schraube in einem komplexen Mechanismus, der den jährlich erwirtschafteten Kuchen über Löhne, Renten, Gewinne, Sozialleistungen, Subventionen, Mieten und Besteuerung auf die Gesamtbevölkerung verteilt und umverteilt. An jeder dieser Schrauben kann gedreht werden, um das Gesamtergebnis so zu verändern, dass wir es als Gesellschaft fair finden.

Angeblich treibt der Zins das Wachstum, weil die Kreditnehmerin einen höheren Betrag zurückzahlen muss, als sie geliehen hat. Es handelt sich damit um Geld, das es noch nicht gibt und das zukünftig erst noch geschaffen werden muss – was Wachstum erzwingt. Dasselbe trifft aber auch auf den Gewinn zu: Auch der Gewinn, den eine Unternehmerin erwartet, wenn sie einen Kredit aufnimmt, ist Geld, das zum jetzigen Zeitpunkt noch nicht im System ist. Gewinne sind aber, im Gegensatz zu Zinsen, in einem Kreditgeldsystem unabdingbar, um es am Laufen zu halten. Denn nur wenn Unternehmen Gewinne erwarten können, fragen sie Kredite nach und bekommen sie gewährt. Ohne ausreichende Gewinnerwartung schränken Banken die Kreditvergabe ein. Das lässt aber die Geldmenge sinken und nun ist selbst für die Rückzahlung aller Kredite nicht mehr genug Geld im System. Auch ohne den Zins wären also Gewinne und Wachstum nötig, um für immer weiteren Kreditnachschub zu sorgen, ohne den es nicht möglich ist die aktuellen und zukünftigen Kredite zurückzuzahlen.[19] Dass der Zins das Wachstum nicht treibt, könnte man außerdem daran ablesen, dass Zentralbanken das Wachstum durch hohe Zinsen bremsen. Oder daran, dass der Zins bereits seit Jahrtausenden existiert – es aber erst in den letzten Jahrhunderten zu nennenswertem Wachstum gekommen ist.[20,21]

Es wäre schön, wenn der Zins tatsächlich an allem schuld wäre, denn der Staat könnte ihn zum einen wegsteuern, zum anderen aber auch einfach abschaffen, da er selbst sowohl das Geld als auch den Zins macht.[22] Leider würde sich dadurch allein an den besagten Problemen nichts ändern.

3. Der Staat muss die Wirtschaft mit seiner Geldschöpfung stabilisieren

Der Staat: jenseits von Gewinn und Trend

Unternehmen, Haushalte und Banken sind also alle abhängig vom Wachstum. Daher sparen sie sich gemeinsam immer weiter in die Krise hinein, wenn es einmal stockt. Das natürliche Ende von Wirtschaftskrisen ist erst dann erreicht, wenn es sich niemand mehr leisten kann zu sparen und die Menschen alles verfügbare Geld zum Leben ausgeben müssen.[23] Damit es nicht zu so einer langen und dramatischen Talfahrt kommt, muss jemand anderes die Nachfrage stabilisieren, Geld von außen zuführen und der Volkswirtschaft wieder Hoffnung einhauchen. Und dieser Jemand ist natürlich der Staat, denn er ist der Einzige, der sich nicht fürchten muss, durch die Kettenreaktion zwischen Schuldner:innen und Gläubiger:innen mit in die Tiefe gerissen zu werden. Der Staat kann als Währungsmonopolist nicht pleitegehen und ist nicht von Gewinnen abhängig, sondern spielt mit seinem Kreislauf aus Geldschöpfung und Besteuerung als einziger nach völlig anderen Regeln. Wenn alle anderen sparen, kann der Staat, wie es technisch heißt, die Nachfragelücke schließen.[24]

Dazu beschließen Parlament und Regierung Investitionen, Subventionen und Sozialausgaben, die über staatliche Geldschöpfung/Verschuldung finanziert werden. Im besten Fall profitiert davon der Großteil der Gesellschaft, denn das vom Staat ausgegebene Geld fließt von den Begünstigten weiter, zirkuliert und erzeugt dabei mehrfach Nachfrage in verschiedenen Bereichen der Wirtschaft. Das wird auch als Multiplikatoreffekt der Staatsausgaben bezeichnet.[25] Auf diese Weise werden die Wirtschaft gestützt, Unternehmen durch die Krise gerettet und Menschen vor Härten wie Arbeitslosigkeit und Armut bewahrt, bis das Ende des Tunnels in Sicht ist. Wenn die Privaten wieder optimistischer in die Zukunft blicken, nehmen sie selbst erneut Kredite auf, investieren und konsumieren. Das Wachstum setzt wieder ein und der Staat kann sein Engagement und seine Geldschöpfung zurückschrauben. Diese Art von Fiskalpolitik wird »keynesianische Konjunkturpolitik« genannt, nach dem großen Ökonomen John Maynard Keynes, der diese Art von staatlichem Eingreifen theoretisch begründete.[26]

Corona: Der Staat stützt die Wirtschaft – und die Aktienkurse

Die Corona-Krise traf die Weltwirtschaft Anfang 2020 als ein Schock aus einer völlig anderen Sphäre und legte die Produktion sowie die Lieferketten lahm. Zudem drückten die Staaten von sich aus in Branchen wie der Gastronomie und der Kultur die Pausentaste, um die Ausbreitung des Virus zu verhindern. Eine derartige Krise war völlig neu, Ausmaß und Länge nicht abzuschätzen und die nähere Zukunft so unberechenbar wie selten zuvor. Die Krisenreaktion aber war typisch: Der private Sektor hielt die Luft an. Haushalte und Unternehmen stellten ihre Investitionen und den Konsum zurück, die Kreditvergabe brach ein. Dies änderte sich in Deutschland allerdings sehr bald durch die Ankündigung massiver staatlicher Investitionen. Nach ersten Soforthilfen brachte die Bundesregierung im Juni 2020 ein Konjunkturpaket von 130 Milliarden Euro auf den Weg.[27] Zwar brach das Wirtschaftswachstum 2020 dennoch um 3,7 Prozent ein, aber schon im Folgejahr betrug es wieder 2,6 Prozent.[28] Durch sein Eingreifen hat der Staat nicht nur eine Kettenreaktion verhindert und zahllose Unternehmen gerettet, sondern auch die Anleger:innen. Besonders deutlich wird das am Beispiel der Aktienmärkte: Nach einem ersten krassen Absturz im Februar und März 2020 erholten sie sich sehr schnell und am Jahresende schloss der DAX sogar mit einem Plus ab. Dank der massiven staatlichen Geldschöpfung wussten Anleger:innen, dass die Krise nicht zu tief werden und diese beachtlichen Geldmengen früher oder später als Nachfrage auch bei ihren Unternehmen vorbeikommen würden.[29]

Der Staat schafft den Rahmen und Innovationen

In der Krise greift der Staat also rettend ins Wirtschaftsgeschehen ein. Aber er sorgt durch seinen Rechts- und Ordnungsrahmen auch für ein stabiles Umfeld, das eine moderne Wirtschaft mit ihren langfristigen Verträgen, Investitionen und Krediten überhaupt erst denkbar macht.[30] Der Staat stellt obendrein die notwendige Infrastruktur, in Europa zudem ein funktionierendes Gesundheitssystem und ermöglicht die Ausbildung zukünftiger Arbeitnehmer:innen vom Kindergarten bis zur Universität.

Auch bei Technik und Innovation spielen Staaten die wichtigste Rolle. Entgegen der Theorie von den besonderen Innovativkräften des Marktes ist insbesondere Grundlagenforschung für private Unternehmen zu unrentabel. So wurde zum Beispiel die maßgebliche Forschungsleistung für mRNA-Impfstoffe an staatlichen Universitäten betrieben und auch später war es erst der Staat mit seinen Abnahmegarantien, der für die schnelle Entwicklung und Produktion mehrerer funktionierender Corona-Impfstoffe durch die Pharmaindustrie sorgte. Selbst im scheinbar so innovativen Silicon Valley ist es nicht anders. Der Wirtschaftswissenschaftlerin Mariana Mazzucato zufolge wurden alle Technologien, die in modernen Smartphones stecken, von Institutionen des amerikanischen Staates entwickelt,[31] weshalb sie auch vom »Unternehmer-Staat« spricht.[32] Die Ökonomen Flassbeck und Steinhardt drücken es so aus: »Es gibt schlicht keinen Markt, dessen Entwicklung man beschreiben und analysieren könnte, ohne den Staat als wesentlichen Akteur zu berücksichtigen.«[33] Und dies gilt erst recht und ganz besonders beim Geld: Denn private Banken können zwar für die Kreditnachfrage von Haushalten und Unternehmen Geld produzieren. Aber sie hängen sich dabei an das übergeordnete Geldsystem an, das der Staat zur Verfügung stellt und kontrolliert – wie wir gleich im Detail sehen werden.

4. Staaten finanzieren Banken, nicht umgekehrt

Zentralbankgeld für Bargeld, Mindestreserve und Clearing

Es gibt gleich drei Gründe, warum Banken in ihrem ganz normalen Geschäftsbetrieb zwangsläufig und konstant auf Geld von der Zentralbank angewiesen sind: Erstens brauchen sie Bargeld für uns Bankkund:innen, denn wir können jederzeit die Auszahlung unseres Kontostandes verlangen. Um ihre Geldautomaten zu bestücken, müssen die Banken stets ein ausreichend gefülltes Konto bei der Zentralbank haben, von dem die Bargeldlieferungen dann abgebucht werden. Zweitens schreibt der Gesetzgeber den Banken vor, auf ihrem Zentralbankkonto eine Mindestreserve zu halten. Die ist inzwischen sehr klein, aber auch diesen Betrag muss sich die Bank bei der Zentralbank leihen, um ihn dauerhaft auf ihr Zentralbankkonto zu legen.[34] Drittens brauchen Banken auch ständig Zentralbankgeld für ihre Geschäfte untereinander, denn Banken akzeptieren voneinander ausschließlich die staatliche Währung.[35]

Tatsächlich transferieren sich Banken sogar ständig Zentralbankgeld hin und her, was vor allem an den ganzen Überweisungen liegt, die Privatpersonen und Unternehmen untereinander vornehmen.[36] Wir erinnern uns: Aus der Sicht einer Bank ist unser Giralgeld eine Schuld. Wenn wir unsere Miete bezahlen, indem wir eine Überweisung auf das Konto der Vermieterin bei einer anderen Bank vornehmen, dann freut sich diese Bank nicht. Denn für sie ist das ankommende Giralgeld eine Schuld gegenüber unserer Vermieterin.[37] Daher muss unsere Bank gleichzeitig mit dem Giralgeld eine gleich hohe Menge Zentralbankgeld an die andere Bank schicken, um sie für die steigenden Verbindlichkeiten zu entschädigen.[38] Nur so bleiben unsere Überweisungen für die Bankbilanzen neutral.

Weil aber jeden Tag Millionen von Überweisungen getätigt werden, findet die Abrechnung erst abends beim sogenannten Clearing statt. Die Banken, die insgesamt mehr Giralgeld überwiesen als erhalten haben, kompensieren die anderen, indem sie den Differenzbetrag in Zentralbankgeld hinterherschicken.[39,40] Das staatliche Geld, das die Banken daher ständig benötigen, leihen sie sich von der Zentralbank zum sogenannten Leitzins. Dabei müssen sie Sicherheiten beibringen, wie Staatsanleihen oder Devisen.[41] (Technische Details wie Pensionsgeschäfte und Tenderverfahren werden hier beiseitegelassen, weil sie an der Funktion der Vorgänge nichts ändern.[42]) In Krisenzeiten senkt die Zentralbank ihre Ansprüche, um die Banken weiter stützen zu können. So reichen seit der Finanzkrise auch einfache Kreditforderungen zur Absicherung der Zentralbankkredite.[43]

Der Interbankenmarkt und die Zentralbank als Retterin in der Not

Die Zentralbank verschafft den Banken aber nicht nur eine übergeordnete Währung, um das alltägliche Bankgeschäft untereinander abrechnen zu können. Sie ist für die Banken auch die Retterin in der Not – selbst dann, wenn sie ihre Notlage selbst verschuldet haben. So wie in der Finanzkrise 2008, als die Banken eine Immobilienblase aufgepumpt und in Form von Finanzpapieren in die ganze Welt verkauft hatten. Als die Blase platzte, war es zunächst Lehman Brothers, die zu viele der nun wertlosen Papiere in ihrer Bilanz stehen hatte. Der Staat rettete sie nicht und die Bank war daraufhin pleite. Das hatte aber die fatale Folge, dass von einem Moment auf den anderen keine Bank einer anderen mehr Kredite gab – denn wer wusste schon, wie es um die Bilanzen der anderen stand.

Bis dahin hatten sich die Banken auf dem sogenannten Interbankenmarkt ständig gegenseitig Kredite in Zentralbankgeld gegeben. Denn solange es einen Leitzins über null gibt, leihen sich die Banken nur so wenig Zentralbankgeld wie nötig von der Zentralbank. Wenn eine Bank am Abend für die Abrechnung zu wenig Geld hat, dann leiht sie es sich von einer anderen Bank, die zufällig gerade welches übrighat. Das Ziel aller Beteiligten ist es, Zinsen zu sparen und möglichst nachts kein überflüssiges Zentralbankgeld auf dem Konto liegen zu haben, das Zinskosten verursacht. Bis zum Ausbruch der Krise kamen die Banken gemeinsam mit einem Minimum an Zentralbankgeld aus, das sie sich auf dem Interbankenmarkt hin und her liehen, je nachdem, wer es gerade brauchte.[44]

In der Krise 2008 brach dieser Interbankenmarkt zusammen, weil sich die Banken gegenseitig misstrauten und sich kein Geld mehr liehen.[45] Damit drohten die abendlichen Überweisungen zu platzen und das Zahlungssystem zusammenzubrechen. In so einem Fall agiert die Zentralbank als Geldgeberin der letzten Instanz und leiht den Banken so viel billiges Geld wie nötig, damit am Abend alle Überweisungen zwischen den Banken abgerechnet werden können. Die Zentralbanken tippten damals weltweit riesige Geldsummen in ihre Computer und senkten die Anforderungen für die Sicherheiten, die sie von den Banken verlangen. Sie drängten den Banken frisches Geld zum Nullzins regelrecht auf und garantierten ihre Zahlungsfähigkeit durch ungewöhnlich lange Zentralbankkredite sogar auf Jahre hinaus.[46] Die Zentralbanken erfüllten damit ihren Auftrag, die Funktionsfähigkeit des Zahlungssystems sicherzustellen, und retteten die Banken notgedrungen selbst dann, als sie es eigentlich nicht verdient hatten, um eine allgemeine Panik, *Bank Runs* und unkontrollierbare Kettenreaktionen zu verhindern.

Bankenrettung aus dem Staatshaushalt

In der Krise 2008 erlebten wir aber noch weitergehende staatliche Geldflüsse an die Banken: Nachdem die Zentralbank zunächst die Zahlungsfähigkeit aller Banken gesichert hatte, stellte man im Anschluss fest, welche denn tatsächlich so viele Schrottpapiere in ihren Bilanzen stehen hatten, dass sie durch die notwendigen Abschreibungen bankrottgehen würden. Diese Banken bekamen dann in vielen Ländern Geldspritzen aus dem Staatshaushalt, um die Pleite abzuwenden und Ansteckungseffekte für das Bankensystem und die ganze Wirtschaft zu verhindern. So unfair es scheint: Es ist richtig, dass der Staat in den sauren Apfel beißt und zur Not die Banken mit seinem Geld stabilisiert. Denn Bankenpleiten führen zu Kettenreaktionen und schweren Wirtschaftskrisen, mit einschneidenden Folgen für die gesamte Gesellschaft. Der Staat als Geldschöpfer kann sich die Übernahme der Schulden leisten.

Allerdings wird die Rettung von Pleitebanken aus dem Staatshaushalt zum Problem, wenn man die daraufhin gestiegene Staatsverschuldung zum Anlass nimmt, bei Infrastruktur und Sozialleistungen zu sparen, wie es in Europa in Folge der Finanzkrise geschehen ist. Denn dann zahlen am Ende tatsächlich die Bürger:innen für die Rettung der Banken. Die USA lösten das Problem damals besser: Dort wurden die geretteten Banken vorübergehend verstaatlicht und erst reprivatisiert, nachdem sich der Staat die Schäden hatte zurückzahlen lassen. Eine andere Möglichkeit wäre es, die Schulden der Banken in der Zentralbankbilanz verschwinden zu lassen, die ohne Konsequenzen negativ sein kann. Die unerschöpfliche Zentralbank ist ohnehin für die Stabilität des Zahlungssystems zuständig und könnte die Schulden einfach aufkaufen. Diese Entscheidung müsste allerdings von Regierung und Parlament getroffen werden, die allein demokratisch dazu legitimiert sind.[47]

Die Vorgänge rund um die Bankenkrise werfen natürlich noch viele weitere politische und moralische Fragen auf. Sie zeigen aber auch ganz eindeutig: Banken hängen in jeder Hinsicht vom Staat ab, denn sie brauchen ständig das staatliche Zentralbankgeld: in ihrem täglichen Geschäft wie auch in der Krise. Es müsste damit eindrücklich klar geworden sein, dass Staaten Banken finanzieren. Was im Umkehrschluss bedeutet, dass die verbreitete Annahme, Banken würden Staaten finanzieren, nicht richtig sein kann, denn es kann nicht beides gleichzeitig stimmen.

5. Banken müssen endlich streng reguliert werden

Nach der Weltwirtschaftskrise von 1929 hatte man begriffen, dass man die privaten Banken, Kreditnehmer und Spekulanten nicht einfach als Herde ihrem Gewinnstreben hinterher galoppieren lassen darf und das Finanzsystem wurde weltweit stark reguliert. In den ersten drei

Jahrzehnten nach dem Zweiten Weltkrieg waren die Banken daher auf die reine Kreditvergabe beschränkt – und mussten natürlich auch die Kreditrisiken in den eigenen Büchern behalten. Nachdem man ein paar Jahrzehnte keine nennenswerten Finanzkrisen mehr erlebt hatte, vergaßen die Politiker:innen die Lektion von 1929 aber wieder. Dem aufkommenden neoliberalen Zeitgeist und den neoklassischen Ökonom:innen folgend, begannen sie Ende der 1970er Jahre das Bankensystem erneut zu deregulieren und zu liberalisieren. Ab da wurden die weltweiten Finanzkrisen wieder zahlreicher und heftiger.[48] Spätestens seit der Bankenkrise 2008 und der weltweiten Rettung von Banken durch die Staaten sollten eigentlich auch die Letzten verstanden haben, dass die Deregulierung ein Fehler war und rückgängig gemacht werden muss.

Geldschöpfungsverbot für Banken?

Das Finanzwesen hat in den letzten Jahrzehnten schlimme Blüten getrieben: Schattenbanken,[49] skrupellose Hedgefonds, exorbitante Derivategeschäfte, Hochfrequenzhandel und erst recht Geschäftsmodelle wie Cum-Ex oder Cum-Cum, die explizit auf die Ausbeutung staatlicher Gelder abzielen. Man kann daher leicht zu dem Schluss kommen, dass Banken keinen Wert schaffen, sondern nur Wert abschöpfen,[50] und dass man den Banken das Recht, Geld zu erzeugen, am besten ganz entziehen sollte.[51] Es gab immer wieder Geldtheoretiker, die forderten, dass nur noch die Zentralbank Geld schöpfen sollte, für alle.[52] Allerdings hat sich die Forderung, obwohl sie uralt ist, nie durchsetzen können, wohl nicht zuletzt deswegen, weil das Thema zu komplex ist, um von großen Teilen der Bevölkerung verstanden zu werden und viele Menschen zu begeistern.[53]

Es erscheint daher auch heute nicht zweckmäßig, die politischen Energien auf die Errichtung eines völlig anderen Geldsystems zu konzentrieren. Denn zum einen haben wir dringlichere Probleme, die unsere Aufmerksamkeit erfordern – von der sozialen Ungleichheit über den Rechtsruck in Europa bis zur Klimakrise –, zum anderen lässt sich unser Geldsystem ohne großen Aufwand reparieren. Es erscheint daher sinnvoller, die allgemeinverständliche Forderung zu erheben, Banken wieder streng zu regulieren und auf ihre unschädlichen Kernaufgaben zu beschränken: die Abwicklung des Zahlungsverkehrs und die Versorgung von Unternehmen und Haushalten mit Krediten.[54] Denn auch das Laienpublikum hat inzwischen die beiden entscheidenden Tatsachen zusammengezählt: nämlich dass einerseits der private Bankensektor zu Übertreibungen und Krisen neigt, dass aber andererseits den Staaten am Ende nichts anderes übrigbleibt, als sie zu retten – und dass daher die strenge Re-Regulierung des Finanzsystems ein Gebot der politischen und ökonomischen Vernunft ist. Trotz zahlreicher langanhaltender Proteste auf der ganzen Welt in den Jahren nach 2008 gelang es nicht, den Impuls der Krisenjahre zu nutzen, um die Politik zu einer umfassenden Regulierung des Finanzsystems zu zwingen. So skandalös dieses Versäumnis ist, so unwahrscheinlich ist es auch, dass die Bevölkerung noch einmal eine Bankenrettung auf Staatskosten zulässt, ohne ernstliche Konsequenzen durchzusetzen.

III Der Staat macht das Geld und ist kein Schuldner wie andere

1. Staatliche Defizite sind private Guthaben: Die Corona-Krise macht die Reichen reicher

Global entsprechen die Staatsschulden den privaten Guthaben

In unserem Geldsystem entsteht jeder Euro Geld mit einem Euro Schulden. Damit also jemand Ersparnisse haben kann, muss jemand anderes Schulden haben. Betrachtet man die ganze Weltwirtschaft aus der Vogelperspektive, dann lassen sich alle Akteure in zwei Gruppen aufteilen: Es gibt einerseits den privaten Sektor, zu dem alle Haushalte, Unternehmen und Geschäftsbanken gehören. Und es gibt andererseits den öffentlichen Sektor, das sind die Staaten. Wenn Haushalte und Unternehmen Nettosparer sein, also insgesamt mehr Guthaben als Schulden haben wollen, dann müssen die Staaten zwangsläufig Nettoschuldner sein. Die Geldschöpfung der privaten Banken kann Haushalte und Unternehmen insgesamt nicht reicher machen, weil ihnen bei Kreditvergabe immer eine gleich hohe Schuld in ihre Konten geschrieben wird. Dank der Bankengeldschöpfung können daher nur einzelne Private reicher werden, bei denen sich die Guthaben ansammeln. Der private Sektor als ganzer kann so keine Netto-Ersparnisse ansammeln, denn die Summe aller Guthaben und Schulden aus der Bankengeldschöpfung ist für alle Haushalte und Unternehmen zusammen immer null.

Daher sind Staatsschulden für die Bevölkerung ein ganz besonderer Stoff: Denn mit dem Staat hat der private Sektor ein Gegenüber, das die Schulden in der eigenen Bilanz behält und Haushalten sowie

Unternehmen die Guthaben schickt. Insbesondere Haushalte wollen in ihrer Mehrheit Ersparnisse für die ungewisse Zukunft ansammeln. Und damit haben sie auch recht, denn sie sind diejenigen, die sich Schulden am wenigsten leisten können. Haushalte haben im besten Fall laufende Fix-Einkünfte, aber keine Gewinne zu erwarten. Deswegen ist es auch für die Volkswirtschaft als ganze gefährlich, wenn sie in ihrer Summe mehr Schulden als Guthaben besitzen. Die Finanzkrise von 2008 zeigt, wie überschuldete amerikanische Haushalte die ganze Weltwirtschaft mit in die Krise nehmen konnten. Sie reißen ihre Gläubiger mit und fallen obendrein langfristig als Konsumenten aus.

Dagegen können sich Unternehmen Netto-Schulden durchaus leisten – jedenfalls in wirtschaftlich guten Zeiten. Denn dann sind Gewinne wahrscheinlich, die es erlauben, die Schulden wieder zurückzubezahlen. In diesen Zeiten braucht es den Staat nicht unbedingt, damit die Haushalte insgesamt Netto-Ersparnisse ansammeln können: Die Unternehmen nehmen die bilanzielle Gegenbuchung auf ihre Kappe. In wirtschaftlich schlechten Zeiten sparen aber auch die Unternehmen[1] – und damit bleiben nur noch die Staaten als Gegenpart für private Ersparnisse.

Staatsausgaben bleiben bei den Reichen liegen …

Der englische Ökonom Wynne Godley hat die Sektorenanalyse entwickelt, die zeigt, dass Staatsschulden und private Guthaben sich zwangsläufig gemeinsam bewegen.[2] Sie beruht auf dem Grundprinzip der Buchhaltung, dass jeder Zufluss in einer Bilanz einen Abfluss in einer anderen bedeutet.[3] Auf diese Weise hat Godley als einer von wenigen die Weltwirtschaftskrise von 2008 vorausgesehen.[4] Mit der Sektorenanalyse lässt sich auch sehr einfach erklären, wieso in der Corona-Pandemie die Reichen reicher geworden sind. Die Medien dagegen zeigten sich erstaunt. So heißt es zum Beispiel in einem Beitrag des Bayrischen Rundfunks verwundert: »Während die einen immer ärmer werden, werden die anderen immer reicher: 69 000 neue Millionäre gab es in Deutschland im Corona-Jahr 2020. Wie haben sie es geschafft, ihr Vermögen binnen so kurzer Zeit auszubauen?«[5] Irgendwie scheint es unlogisch und auch ein wenig unanständig, dass sich in der Krise die Vermögen vergrößern. Dabei ist diese Entwicklung zwingend: Denn wenn die Regierungen Defizitausgaben tätigen, dann um

Geld auf die Konten von Haushalten und Unternehmen zu schicken. Wenn viele Staaten in einer globalen Krise wie der Corona-Pandemie ihre Verschuldung erhöhen, dann steigen daher im exakt selben Maße die Guthaben der Privaten auf der Welt. Da alle Wirtschaftsakteure entweder Staaten oder Private sind und da es zu jeder Geldeinheit eine entsprechende Schuld gibt, entspricht die Staatsverschuldung weltweit zwangsläufig den privaten Guthaben weltweit.[6]

Wieso aber werden nur die Reichen reicher? Das liegt nicht unbedingt an der Art der Staatsausgaben oder an ihrer ungerechten Verteilung. Tatsächlich bekamen viele Normal- und Geringverdiener:innen staatliches Geld, aber die gaben es natürlich ihrerseits wieder aus. Es zirkulierte und erzeugte nach und nach bei den Haushalten und Unternehmen zusätzliche Nachfrage und zusätzliches Einkommen – und erfüllte damit genau seinen Zweck.

Aber irgendwer gibt das Geld schließlich nicht wieder aus, sondern hält es fest. Damit liegt das neugeschöpfte staatliche Geld nun dauerhaft auf einem privaten Konto. Und dieses Konto gehört in der Regel keiner armen Person, denn die muss schließlich ihr ganzes Geld für Grundbedürfnisse und ein paar Extras ausgeben. Umso reicher ein Haushalt dagegen ist, umso eher wird er das Geld behalten, da er seine fixen Ausgaben bereits problemlos tätigen kann.

... wenn sie nicht zurückgesteuert werden

In anderen Worten: Umso reicher ein Haushalt, umso höher die Sparquote. Und wenn die Wirtschaft wie in Corona-Zeiten nicht besonders gut läuft, dann sparen auch die Unternehmen.[7] Da große Firmen die meisten Umsätze machen, kommt bei ihnen früher oder später jede Menge Geld vorbei, das sie an ihre Aktionär:innen ausschütten, die es dann wiederum sparen können. Und genau das ist auch mit den 40 Milliarden Euro an Defizitausgaben passiert, die die deutsche Regierung in den Jahren der Corona-Krise getätigt hat. Sie sind eine Weile zirkuliert – aber mit der Zeit zu immer größeren Teilen auf den Konten reicher Haushalte und großer Unternehmen liegen geblieben. Und so sind mit den Staatsschulden – völlig erwartbar – auch die großen Vermögen mitgewachsen.[8] Genau dasselbe wird auch mit Kanzler Scholzens »Doppelwumms« anlässlich der Energiepreiskrise über kurz oder lang geschehen. Außer wir begreifen endlich diesen

Zusammenhang und der Staat entschließt sich, seine Krisenhilfen wieder zurückzuholen.

Die Besonderheit von Staaten und ihrem Geldsystem ist der Kreislauf, den sie erzeugen: Sie schöpfen Geld, tätigen Staatsausgaben und steuern es schließlich wieder zurück. Nur die Differenz zwischen Geldschöpfung und Besteuerung bleibt als Ersparnis auf den Konten der Privaten liegen. Wenn man den Zusammenhang von staatlichen Defiziten und privater Vermögensvermehrung verstanden hat, gibt es eigentlich keinen Grund, warum die staatlichen Investitionen aus der Corona-Pandemie und der Energiepreiskrise langfristig auf den Konten der bereits Vermögenden liegenbleiben müssten. Denn Ziel war es, das Wirtschaftsleben am Laufen zu halten und nicht die Guthaben der oberen Prozent zu mehren. Immerhin durften die bereits davon profitieren, dass Firmen und Vermögenswerte dank der staatlichen Intervention nicht krisenhaft in sich zusammengebrochen sind, sondern beispielsweise die Aktien sogar an Wert gewonnen haben. Wenn die Pandemie-Rettungsprogramme also die Vergrößerung der Ungleichheit im Land zur Folge hatten, dann gibt es eine ganz einfache Möglichkeit, die Dinge wieder ins Lot zu bringen: Das Geld muss zurückgesteuert werden, wahlweise über die Erhöhung des Spitzensteuersatzes bei den Einkommen, die Kapitalertragssteuer, die Erbschaftsteuer, die Wiedereinführung einer Vermögenssteuer – oder einer beliebigen Kombination.

Steuern für Geldwertstabilität, Gerechtigkeit und Demokratie

Tatsächlich gibt es gegen zunehmende Ungleichheit viele gute Argumente. Aus wirtschaftlicher Sicht sind hohe Ersparnisse auf den Konten von Leuten, die das Geld nicht ausgeben, kein Gewinn. Dagegen verleiht Umverteilung von oben nach unten der Nachfrage einen Schub. Denn ärmere Menschen haben viel mehr unerfüllte Bedürfnisse und Wünsche, für die sie das Geld gerne verwenden würden: zur Abwechslung mal essen gehen, eine Spülmaschine oder einen Urlaub auf dem Ponyhof mit den Kindern. Umso ärmer ein Haushalt, umso mehr von seinem Geld gibt er aus und lässt es weiter zirkulieren.

Aus politischer Sicht wiederum ist es weder gut, wenn einige Menschen so reich sind, dass sie großen Einfluss auf die demokratischen Prozesse nehmen können, noch wenn andere so arm sind, dass sie keine Kraft haben, sich mit den öffentlichen Angelegenheiten zu befassen. Soziale Ungleichheit wird erst recht zum Problem in Zeiten von Krisen und knappen Ressourcen, wenn es auf die Handlungsfähigkeit und Solidarität unserer Gesellschaft ankommt. Zudem sollten auch die Wohlhabenden »erkennen, dass es in ihrem ureigensten Interesse ist, gegen die Verarmung vorzugehen, weil ihr Wohlstand langfristig gesehen ganz wesentlich vom Zusammenhalt der Gesellschaft abhängt«, so die deutsche Ökonomin Friederike Spieker.[9]

Der französische Volkswirt Thomas Piketty hat ausführlich dargestellt, wie Vermögen sich tendenziell immer stärker bei der reichsten Bevölkerungsschicht konzentriert. Das liegt daran, dass die Gewinne und Renditen historisch betrachtet meist stärker gestiegen sind als das Wirtschaftswachstum, was zwangsläufig zu einer Umverteilung nach oben führt. Nur eine progressive und zur Spitze hin ausreichend hohe Besteuerung vermag diesen Trend aufhalten.[10] Grundsätzlich könnte man in einer Demokratie sagen: Öffnet sich die Schere zwischen den Bevölkerungsschichten, dann ist die Progression der Besteuerung zu schwach.

Außer für mehr Gerechtigkeit und eine Erhöhung der Nachfrage breiterer Schichten können Steuern aber auch zur Bekämpfung von Inflation oder zur Verteuerung von unerwünschtem Verhalten eingesetzt werden. Es gibt also verschiedene gute Gründe für die Erhöhung bestimmter Steuern[11] – und es gibt einen richtig schlechten: Steuererhöhungen mit dem alleinigen Ziel, die Staatsschuld zurückzuzahlen.

2. Staatsschulden werden nicht zurückgezahlt

Staatsschuld und private Guthaben sinken nur gemeinsam

Betrachten wir die Sache mit den Sektoren, den Schulden und den Guthaben noch einmal aus der Perspektive eines nationalen Staatshaushaltes. In diesem Fall gibt es außer dem öffentlichen und dem privaten Sektor auch noch den Sektor Ausland, also alle ausländischen Wirtschaftsakteure. Wir nehmen der Einfachheit halber an, dass wir das Ausland vernachlässigen können, weil sich die internationalen Geldzu- und -abflüsse die Waage halten. Damit verhalten sich Staatsschulden und private Guthaben weiter streng spiegelbildlich.

Wenn die Regierung in einem Jahr Defizitausgaben beschließt, überweist sie der Bevölkerung mehr Geld, als sie in Form von Steuern übers Jahr zurückfordert. Die Privaten haben am Ende des Jahres somit neue Ersparnisse, der Staat neue Schulden. In einem Jahr mit einem ausgeglichenen Haushalt zahlt der Staat dagegen genau so viel an die Privaten aus, wie er sich von ihnen an Steuern zurückholt. Die Staatsschulden und die Summe der privaten Guthaben bleiben daher unverändert.

Will die Regierung in einem Haushaltsjahr aber einen Teil der Staatsschuld zurückzahlen, dann muss sie einen Haushaltsüberschuss erzielen. In so einem Jahr nimmt der Staat mehr Steuern ein, als er an Ausgaben unters Volk bringt. Zwangsläufig müssen die Privaten dieses Geld mit ihren Ersparnissen aus den vorherigen Jahren bezahlen – ihre Guthaben sinken also gemeinsam mit den Staatsschulden. Wollte die Regierung sich ernsthaft daran machen, die Staatsschuld in absoluten Zahlen zu senken, dann müsste sie über Jahre, gar Jahrzehnte mehr Steuern einnehmen, als sie Staatsausgaben tätigt. Und die Haushalte und Unternehmen müssten Jahr für Jahr einen Teil ihrer früheren Ersparnisse über die Steuern zurückgeben.[12] Dieses Geld würde dann in der Zentralbankbilanz erlöschen, aus der es einst gekommen ist, nur um die Staatsschuld zu senken.[13]

Die Rückzahlung von Staatsschulden führt in die Rezession

Wenn sich aber ein Land auf diese Weise über mehrere Jahre von der Bevölkerung die Ersparnisse zurückholt und in der Zentralbankbilanz verschwinden lässt, löst dies über kurz oder lang einen negativen Kreislauf aus. Die Haushalte sehen ihre Ersparnisse dahinschmelzen und werden ihre Nachfrage zurückschrauben. Also werden die Unternehmen bald aufhören, in die Produktion zu investieren und neue Kredite aufzunehmen. Wenn der Staat dann weiter versucht, den Privaten Geld abzunehmen, um selbst Haushaltsüberschüsse zu erzielen, ist eine Rezession unausweichlich.

Tatsächlich kann man genau diesen Zusammenhang auch empirisch zeigen. Immer wenn Staaten über ein paar Jahre Haushaltsüberschüsse erwirtschaftet haben, setzte eine Rezession ein und der Versuch, das Defizit zurückzuführen, musste abgebrochen werden.[14] Um die strauchelnde Wirtschaft aufzufangen und den nötigen Zukunftsoptimismus für den nächsten Aufschwung wieder zu entfachen, mussten dann sehr viel mehr neue Schulden gemacht werden, als man in den Jahren der Haushaltsüberschüsse abbauen konnte.[15] Nach dem Sparversuch ist die Staatsschuld somit höher als je zuvor – vergleichbar mit dem Jojo-Effekt bei Diäten. Der Vorsatz der Regierung, die Schulden aus den Corona-Jahren zurückzuzahlen, ist daher nicht klug. Im Grunde weiß sie das auch und hat daher den Beginn der Rückzahlung bereits um fünf Jahre nach hinten verschoben.[16] Jede vernünftige Regierung in der Zukunft wird es genauso halten.

Nur die Staatsschuldenquote sinkt

Weil die Rückzahlung von Staatsschulden so viele negative Effekte hat, kommt sie in der Realität auch sehr selten vor. In den Medien entsteht dagegen häufig ein anderer Eindruck, denn Journalisten und Politikerinnen sprechen gerne von der Rückzahlung oder Rückführung der Staatsschulden. Es handelt sich dabei aber um eine falsche Bezeichnung: Was tatsächlich sinkt, ist die *Staatsschuldenquote*. Wenn aber die Staatsschuldenquote auf 60 Prozent zurückgeht, dann bedeutet das lediglich, dass die Staatsschulden im Verhältnis zur Wirtschaftsleistung jetzt noch 60 Prozent betragen. Es heißt dagegen nicht, dass tatsächlich auch nur ein Euro zurückgezahlt wurde oder dass die Staatsschuld in absoluten Zahlen weniger geworden wäre.

Die Staatsschuldenquote wird in Prozent angegeben und ihr Sinken bedeutet in der Regel einfach, dass die Wirtschaftsleistung gestiegen ist. Das ist auch gemeint, wenn es oft heißt, »wir würden aus den Schulden herauswachsen«. Der amerikanische Ökonom und Nobelpreisträger Paul Krugman fasst es in einem Interview mit der *Süddeutschen Zeitung* so zusammen: »[...] Staaten müssen die Schulden [...] nicht zurückzahlen. [...] Nach dem Zweiten Weltkrieg waren die USA und Großbritannien tief verschuldet. Sie haben die Schulden nie zurückgezahlt. Was passierte, war, dass die Wirtschaft stark wuchs und die Schulden im Verhältnis zur Wirtschaftskraft unbedeutend wurden.«[17] Regierungen versuchen also ihr Bruttoinlandsprodukt (BIP) zu steigern und immer wenn das gelingt, behaupten sie stolz, die Schulden wären gesunken. Tatsächlich ist es aber immer nur die Staatsschuldenquote. Was uns zu der Frage führt, welche Aussagekraft diese Zahl eigentlich hat.

Wichtig sind allein Inflation und Arbeitslosigkeit

In der Eurozone hat man sich darauf fixiert, dass die Staatsschuldenquote nicht mehr als 60 Prozent der Wirtschaftsleistung betragen soll. Allerdings ist diese Zahl völlig willkürlich. Es gibt für sie weder theoretische noch empirische Belege.[18] Der japanische Staat hatte zum Beispiel bereits 2019, vor der Corona-Krise, eine Rekord-Schuldenquote von über 235 Prozent[19] ohne den Hauch einer Inflation, vielmehr kämpfte er kontinuierlich gegen eine Deflation an.[20] So antwortet Krugman auf die Frage, ob es nicht eine Obergrenze für Staatsverschuldung gäbe: »Man weiß es nicht. Vermutlich wären 1 000 Prozent nicht so gut. Aber es gibt dazu nichts in den Daten oder in der Geschichte. Kein Land mit einer stabilen Regierung und seiner eigenen Währung hat wirklich eine feste kritische Schuldengrenze.«[21]

Da es also keine Evidenz dafür gibt, dass Staatsschulden als solche ein Problem sind, fordern MMT-Ökonom:innen seit langem, endlich aufzuhören, ausgerechnet auf diese Zahl zu starren wie das Kaninchen auf die Schlange. Stattdessen solle man sich ganz direkt auf die Kennziffern konzentrieren, von denen wir wissen, dass sie entscheidend für das Wohlergehen einer Volkswirtschaft und einer Gesellschaft sind: Inflation einerseits und Arbeitslosigkeit andererseits. Denn diese beiden entgegengesetzten Krisenszenarien haben handfeste Auswirkungen auf die Wirtschaft und die Menschen, die in ihr leben, arbeiten und für ihre Zukunft vorsorgen wollen. Sowohl die Inflations- als auch die Arbeitslosenrate kann man sehr gut messen, ihre Entwicklung verfolgen und daher rechtzeitig die notwendigen Schritte einleiten, wenn ein Problem an einer der beiden Fronten entsteht. Es ist nicht nötig sich mit dem Umweg über die Staatsschuldenquote aufzuhalten – von der wir inzwischen wissen, dass sie keine Aussagekraft hat.[22]

MYTHOS 10

Unsere Kinder müssen die Staatsschuld zurückzahlen.

Zum einen werden unsere Kinder nicht nur die Staatsschuld erben, sondern auch die Staatsanleihen – und damit Vermögenswerte in genau der Höhe der Staatsschuld. Wie in jeder Generation wird nur ein Teil der Menschen sie besitzen und von den staatlichen Zinszahlungen profitieren. Die von den Zinsen verursachte Umverteilung findet aber innerhalb derselben Generation statt[23] und kann durch politische Maßnahmen, wie die Veränderung des Leitzinses oder der Steuern, beeinflusst oder aufgehoben werden.[24] Zum anderen müssen unsere Kinder die Staatsschulden als solche genauso wenig zurückzahlen wie die Generationen vor ihnen. Staatsschulden werden nicht zurückgezahlt. Sie haben sich stets einfach dank des Wirtschaftswachstums relativiert. Sollten sich die Hoffnungen derjenigen erfüllen, die an grünes Wachstum glauben, dann wird dies auch in Zukunft der Fall sein. Sollten aber diejenigen Recht behalten, die sagen, dass wir aus ökologischen Gründen in absehbarer Zukunft aus dem kapitalistischen Wachstumssystem aussteigen müssen – dann sind ebenfalls nicht die Staatsschulden das Problem. Dann wird es darum gehen, neue Arten der Wirtschaftsorganisation und der Verteilung angesichts begrenzter Ressourcen zu finden. Die ökologischen und sozialen Verhältnisse, die wir den nächsten Generationen hinterlassen, geben Anlass zu vielerlei Sorge. Die Staatsschulden als solche sind dagegen erfreulicherweise in keinem Szenario ein Problem.

3. Staatsanleihen sind nicht nötig zur Staatsfinanzierung, sondern für den Leitzins

Überflüssiges Zentralbankgeld in den Bankbilanzen

Bisher haben wir das Thema Staatsanleihen weitgehend ausgespart und uns auf das Verhältnis von staatlicher Geldschöpfung und privaten Guthaben konzentriert. Grundsätzlich gilt: Staatsanleihen sind nicht unabdingbar. Die Zentralbanken könnten das Geld für die Regierung auch durch einfache Kreditvergabe schöpfen, mit einer Staatsschuld, die in den Büchern der Zentralbanken stehen bleibt. Tatsächlich hat Großbritannien in der Corona-Krise ein Gesetz erlassen, das genau diese Variante der Geldschöpfung legitimiert, wenngleich die Regierung davon bislang keinen Gebrauch gemacht hat.[25]

Hier soll noch einmal ausführlich erklärt werden, warum es zwar keine Notwendigkeit, aber allgemeine Praxis ist, dass Staaten ihre Schulden zu Staatsanleihen verbriefen und damit handelbar machen; und warum in allen Ländern Staatsanleihen an Banken verkauft werden – selbst in Kanada, wo sich die Regierung ihr Geld direkt von der Zentralbank holen kann. Der Grund dafür ist, dass der Verkauf von Staatsanleihen an Banken ein technisches Problem löst, das sich aus der Zweistufigkeit unseres Geldsystems ergibt.

Wenn die Regierung Staatsausgaben tätigt, dann nutzt sie dafür ihre eigene Währung, das staatliche Zentralbankgeld. Nun sind aber die Empfänger:innen normale Privatleute und Unternehmen, die kein Konto bei der Zentralbank besitzen, sondern bei einer Geschäftsbank, auf dem nur das Bankengiralgeld stehen kann. Daher müssen die Banken zwischen den beiden Parteien vermitteln und die eine Art Geld in die andere »übersetzen«. Will der Finanzminister zum Beispiel der Pensionärin Schmidt ihre Pension überweisen, so schickt er der Bank von Frau Schmidt 1750 Euro in Zentralbankgeld. Die Bank behält diese 1750 Euro Zentralbankgeld selbst, auf der Aktivseite ihrer Bilanz. Zum Ausgleich schöpft sie 1750 Euro in Giralgeld – einfach, indem sie sie ins Konto von Frau Schmidt tippt. Mittels dieser Bilanzverlängerung kommen alle staatlichen Zahlungen schließlich auf unseren Giralgeld-Konten an. Das bedeutet, dass durch die staatlichen Defizitausgaben eine zweite Geldschöpfung bei den Banken angestoßen wird – es steigt also sowohl die Zentralbankgeldmenge als auch die Giralgeldmenge. Dabei wollte der Staat eigentlich nur seiner Bürgerin Schmidt die Pension überweisen. Die Vermehrung des Zentralbankgeldes in den Bankbilanzen ist dabei eine unerwünschte Nebenwirkung, die sich zwangsläufig aus der Zweistufigkeit des Geldsystems ergibt.

Wenn wir Steuern oder andere Zahlungen an den Staat leisten, läuft der Übersetzungsprozess durch die Banken dagegen umgekehrt ab.[26] Wir glauben zwar, wir würden unsere Steuern mit dem Geld von unserem Girokonto zahlen. Tatsächlich überweist die Bank aber Zentralbankgeld ans Finanzamt weiter und tilgt damit unsere Steuerschuld.[27] Zahlungen der Bürger:innen an den Staat bedeuten also einen Abfluss von Zentralbankgeld für die Banken, Zahlungen des Staates an die Bürger:innen dagegen einen Zufluss an Zentralbankgeld. Solange der

Staat übers Jahr ungefähr so viele Ausgaben tätigt, wie er Steuern einzieht, häufen die Banken kein Zentralbankgeld an. Aber in Jahren, in denen Regierung und Parlament einen Defizithaushalt beschließen, gibt der Staat mehr aus, als er zurücksteuert. In diesem Jahr bleibt bei den Haushalten und Unternehmen zusätzliches Giralgeld hängen, so dass sie weitere Ersparnisse aufbauen können. Als Nebenwirkung bleibt aber auch bei den Banken zusätzliches Zentralbankgeld in derselben Höhe hängen.

MYTHOS 11
Mittels Staatsanleihen besorgt sich der Staat privates Kapital.
Der Staat kann über seine Zentralbank unbegrenzt die eigene Währung schöpfen und braucht daher kein »Kapital« von Privaten. Haushalte, Unternehmen und Banken wiederum verfügen nicht über das Währungsmonopol – woher also sollen sie das Geld haben, um Staaten zu finanzieren? Wenn der Staat seine Anleihen verkauft, dann besorgt er sich nicht etwa fremdes Geld, sondern er holt sich sein eigenes Geld zurück, das er gerade entweder selbst im Rahmen eines Defizithaushalts ausgegeben hat (USA) oder das die Banken von der staatlichen Zentralbank erhalten haben (Eurozone). Im Austausch bekommen Banken und Haushalte dafür eine feste Geldanlage. An Banken verkauft der Staat seine Anleihen, um überschüssiges Zentralbankgeld im Finanzsystem stillzulegen, damit der Leitzins funktioniert. An Haushalte verkauft er seine Anleihen, damit sie das Geld, das sie durch die Defizitausgaben bekommen haben, nicht sofort auf den Kopf hauen, sondern es für eine Weile sparen, so dass es nicht inflationär wirkt. Der Staat holt also sein eigenes flüssiges Geld zurück und gibt den Anleger:innen im Austausch etwas Festes, um das Finanzsystem und die Nachfrage zu stabilisieren.

Staatsanleihen saugen Zentralbankgeldüberschuss auf

Wieso ist das ein Problem – dann haben die Banken eben mehr Zentralbankgeld in ihrer Bilanz, wen stört das schon? Die Antwort: Es stört die Fähigkeit der Zentralbank, den Leitzins zu setzen. Mit ihm will sie das Wirtschaftsgeschehen je nach Konjunkturlage anschieben oder bremsen. Die Durchsetzung eines positiven Leitzinses aber setzt voraus, dass die Banken immer abhängig von Zentralbankkrediten bleiben. Deswegen verleiht die Zentralbank ihr Geld dann nur kurzfristig, so dass die Banken sich ständig frisches Zentralbankgeld zum aktuellen Leitzins besorgen müssen.[28] Sie geben ihn mit verschiedenen Risikoaufschlägen an ihre Kund:innen weiter, so dass er sich durchs ganze Finanzsystem fortpflanzt.

Damit der Leitzins für die Banken spürbar wird, dürfen sie auf keinen Fall über die Jahre immer höhere Bestände an Zentralbankgeld ansammeln, das durch die staatlichen Defizite bei ihnen völlig zinsfrei hängenbleibt. Aber genau das würde ohne Staatsanleihen passieren. Dann säßen die Banken heute auf zinsfreien Beständen an Zentralbankgeld in der Höhe der Staatsschuld. Eine Geldpolitik mittels des Leitzinses wäre so völlig undenkbar. Um das zu verhindern, verkauft der Staat in allen Ländern – egal wie die Geldschöpfung sonst organisiert ist – Staatsanleihen in der Höhe des jährlichen Defizits an die Banken. Die bezahlen mit dem überschüssigen Zentralbankgeld – und sind fortan wieder angewiesen auf die kurzfristigen Kredite der Zentralbank zum aktuellen Leitzins. Staatsanleihen wirken also wie ein Schwamm, mit dem die überschüssige Liquidität im Bankensystem aufgesaugt wird.

Nach der Bankenkrise von 2008 lag der Leitzins vieler Zentralbanken mehr als ein Jahrzehnt um die null Prozent. Damit wären Staatsanleihen eigentlich verzichtbar gewesen. Die Zentralbanken hatten den Banken einen Gutteil der Staatsanleihen abgekauft und sie mit billigen Zentralbankkrediten geflutet.[29] Dennoch dachte niemand daran, die Staatsanleihen abzuschaffen. Denn dank ihnen haben die Zentralbanken die Möglichkeit, jederzeit wieder einen positiven Leitzins einzuführen. Im Zuge der Corona-Pandemie und der Energiepreiskrise erleben wir zum ersten Mal seit Jahrzehnten eine signifikante Inflation. Und so begannen die EZB wie auch die Fed die Leitzinsen 2022 wieder zu erhöhen. Nun müssen die Banken erneut signifikante Zinsen für neue Zentralbankkredite bezahlen. Will die Zentralbank den Banken altes, zinsfreies Zentralbankgeld abnehmen, dann kann sie ihnen die Staatsanleihen, die sie in ihrer eigenen Bilanz hat, wieder verkaufen. Mithilfe des Kaufs und Verkaufs von Staatsanleihen können Zentralbanken also jederzeit justieren, wie flüssig das Bankensystem sein soll und wie abhängig von neuen kurzfristigen Krediten zum jeweiligen Leitzins. Ob die Leitzinserhöhung in der Eurozone inmitten der Energiepreiskrise eine gute Idee ist, steht auf einem anderen Blatt, in Kapitel 5.

Die Zentralbank steuert alle Zinsen

Wieso aber nehmen die Banken die Staatsanleihen so bereitwillig ab, immer wenn die Zentralbank es wünscht? Weil nationale Zentralbanken die Banken über die Leitzinsen punktgenau steuern können. Einige nutzen dazu einen Werkzeugkasten aus drei Zinssätzen: zwei für das Ausleihen von Zentralbankgeld (regulär und kurzfristig) sowie einen Einlagezinssatz.[30] Durch die Justierung dieser Zinsen kann die Zentralbank die Banken mit einem kleinen Gewinn belohnen, wenn sie sich Zentralbankgeld (zu einem geringeren Zins) leihen und damit Staatsanleihen (mit einem etwas höheren Zins) kaufen. Diesen Vorteil wird sich keine Bank entgehen lassen. Mit ihrem Werkzeugkasten kann die Zentralbank die Banken auch zwingen, Staatsanleihen zum Nullzins von der Regierung zu kaufen. Sie muss dafür nur den Einlagezinssatz negativ machen, so dass die Banken durch das Halten von Zentralbankgeld Verluste erleiden.[31] Dadurch werden auf einmal selbst Staatsanleihen zum Nullzins attraktiv, weil die Bank so weniger Geld verliert.

Zentralbanken wie die Fed oder die Bank of England steuern nur den kurzfristigen Zins und den Einlagezinssatz. Die langfristigeren Zinsen können sie über den Kauf von Staatsanleihen auf dem sogenannten Sekundärmarkt beeinflussen, wo Banken und andere Private miteinander handeln.[32] Der Zins für die Staatsanleihen ergibt sich indirekt: Er liegt ganz leicht über dem langfristigen Interbankenzins für Zentralbankgeld,[33] den die Zentralbank über ihre Instrumente justiert.[34]

Das entscheidende Fazit hierbei ist: Die Zentralbank kann alle wichtigen Zinsen in der Wirtschaft steuern[35] und dafür sorgen, dass der Staat stets in der Lage ist, seine Anleihen zu platzieren. Insbesondere kann die Zentralbank dafür sorgen, dass der Anleihezins unter dem Wirtschaftswachstum liegt und die Staatsschuld nicht aufgrund der Zinslast von selbst wächst. Und selbst dann könnte der Staat die Zinsen aufgrund seines Währungsmonopols bezahlen. Regierung und Zentralbank haben also gemeinsam alle Trümpfe in der Hand.[36]

MYTHOS 12
Der Zins wird von Märkten bestimmt.
Neoklassische Ökonom:innen glauben, alles Wichtige würde an Märkten entschieden – so auch der Zins, als Preis für das Geld.[37] Zudem führten steigende staatliche Defizite zu höheren Zinsen, da der Staat mit den Privaten um die knappen Ersparnisse, die nun alle leihen wollen, konkurriert. An dieser Vorstellung ist alles falsch. Die Zentralbanken setzen den Zins von außen. Kredite werden nicht durch Ersparnisse ermöglicht, sondern durch Geldschöpfung und sind folglich auch nicht knapp. Höhere Staatsdefizite führen in der Realität nicht zu höheren Zinsen, sondern zu niedrigeren.[38, 39] Denn die Zentralbank, die den Zins setzt, orientiert sich an realwirtschaftlichen Faktoren sowie an den Bedürfnissen des Staates. In Krisenzeiten senkt sie den Zins, um die Wirtschaft zu stützen und den Staaten die Verschuldung zu erleichtern. So fuhren viele Zentralbanken den Leitzins nach 2008 auf null herunter und beließen ihn dort über Jahre. Tatsächlich könnte der Leitzins auch dauerhaft bei null bleiben und der Geldwert stattdessen über die Steuer- und Ausgabepolitik reguliert werden. Im nächsten Kapitel werden wir sehen, dass auch das scheinbare Marktgeschehen um die Anleihezinsen in der Eurozone eine Inszenierung ist, die die EZB jederzeit beenden kann.

Staatsanleihen in privater Hand wirken antiinflationär

Zunächst werden Staatsanleihen immer an Banken verkauft, denn bei ihnen soll schließlich der Überschuss an Zentralbankgeld aufgesaugt werden. Werden sie von den Banken aber an ihre Kund:innen weiterverkauft, dann haben sie einen zusätzlichen Effekt: Sie dämpfen inflationäre Tendenzen. Denn wenn Haushalte Staatsanleihen von Banken kaufen, dann bezahlen sie mit Giralgeld, das dabei in der Bankbilanz erlischt – und daher für einen berechenbaren Zeitraum keine Güter und Dienstleistungen mehr nachfragt. Wenn Inflation droht, werden die Privaten in der Regel mit Zinsen für den Kauf von Staatsanleihen belohnt.

Das Beispiel Japans illustriert, dass der antiinflationäre Effekt von Staatsanleihen so stark sein kann, dass er die Absicht der Regierung, die Wirtschaft mit ihren Defizitausgaben anzufeuern, konterkariert. 1990 platzte dort eine riesige Immobilienblase und löste eine heftige Krise aus. Daraufhin pumpte die japanische Regierung mittels staatlicher Defizite große Mengen an zusätzlichem Geld in die Wirtschaft, um die Rezession zu bekämpfen. Die Bürger:innen nahmen es dankend an – und kauften damit die gleichzeitig ausgegebenen Staatsanleihen. Die Nachfrage nach Gütern und Dienstleistungen blieb entsprechend schwach. Seufzend tätigte die Regierung weitere Defizitausgaben, um eine Deflation zu verhindern, und senkte die Zinsen – aber die Japaner:innen kauften damit trotzdem wieder nur die neu ausgegebenen Staatsanleihen. Und so schwollen parallel die japanische Staatsverschuldung und die Vermögen, die die Bürger:innen in Form von Staatsanleihen hielten, steil an. Die Nachfrage und die Wirtschaft erholten sich dagegen nicht und die seitens der Politik beabsichtige kleine Inflation blieb aus.[40]

4. Hinter jeder sicheren Rente steht der Staat

Private (Renten-)Versicherungen brauchen Staatsanleihen

Es gibt keine sicherere Anlageform als die Staatsanleihen eines reichen Landes. Daher spielen sie auch aus der Perspektive der sogenannten institutionellen Anleger eine überragende Rolle: Banken und Versicherungen wird vorgeschrieben, einen Gutteil ihres Kapitals in Staatsanleihen anzulegen, um ihr Geschäftsrisiko zu senken.[41] Insbesondere das Geschäftsmodell von Versicherungen, das ausschließlich auf der Vermittlung von Sicherheit beruht, würde ohne die Existenz der Staatsanleihen in sich zusammenbrechen. Tatsächlich ist es in den letzten Jahren durch die niedrigen bis negativen Zinsen bereits enorm unter Druck geraten. Das bestätigt aber nur: Versicherungen leben von der Ausgabe von Staatsanleihen und deren verlässlicher Verzinsung durch den Staat. Bei solchen Geschäftsmodellen kann aber von privatem Marktgeschehen keine Rede sein. Im Grunde beruhen auch private Versicherungen und Altersvorsorgemodelle immer auf verlässlichen staatlichen Zahlungen und stützen sich eben gerade nicht auf unberechenbare Märkte und private Vermögensanlagen.

Da es ausschließlich der Staat ist, der durch seine Interventionen, sein Geld und seine Zinsen Stabilität ins Wirtschaftsgeschehen hineinbringt, ist es auch völlig absurd, die staatliche Altersvorsorge privatisieren zu wollen, egal in welcher Form. Denn entweder sind die »privaten« Versicherungsprodukte verlässlich: Dann steht hinter ihnen immer in irgendeiner Form der Staat, der mit seinen Staatsanleihen und Zinsen für die Renditen garantiert. Oder die Modelle bedienen sich nichtstaatlicher Anlageformen – dann sind sie nicht verlässlich und für die Altersvorsorge ungeeignet. Im Falle der geplanten »staatlichen Aktienrente« stützt sich der Staat vorgeblich auf einen Aktienmarkt, den er in Wahrheit selbst in jeder Krise mit seiner Geldschöpfung rettet. Letzten Endes bezahlt immer der Staat: Entweder muss er für die Rettung der Ansprüche einspringen oder die Grundsicherung für die Älteren aus dem Staatshaushalt finanzieren. Daher kann man sich das »privatwirtschaftliche« Element auch sparen, das letzten Endes nur bedeutet, dass private Akteure an der Altersvorsorge mitverdienen wollen.

Wer hat hier wirklich Finanzierungsprobleme?

Auch die Ereignisse in Großbritannien im Herbst 2022 sind ein Beispiel für den Unsinn privater Anlageformen bei der Rente: Nach der neoliberal gefärbten Regierungserklärung von Liz Truss erwarteten die Investor:innen eine baldige Rezession und damit sinkende Zinsen.[42] Sie verkauften daher britische Finanztitel und kauften ausländische, denn in den USA und im Euroraum stiegen die Zinsen gerade. Diese Verkäufe trafen auch den sogenannten Sekundärmarkt, auf dem Banken und Private untereinander handeln. Die dortige Preisentwicklung hätte die britische Regierung ignorieren können, denn zum einen kann die Zentralbank die Banken immer zur Abnahme neu ausgegebener Staatsanleihen auf dem Primärmarkt nötigen, wo die Regierung ihre neuen Anleihen an eine Bietergruppe aus Banken verkauft. Zum anderen hätte die Regierung auch einfach Defizitausgaben tätigen können, ohne neue Staatsanleihen auszugeben.[43] Der britische Staat war also weder auf die Märkte angewiesen, noch befand er sich in einer finanziellen Klemme, wie die Medien aufgeregt behaupteten.

Nur hatten dummerweise die Pensionskassen in großem Stil spekulative Geschäfte gemacht, die sie mit stattlichen Mengen britischer Staatsanleihen gegengewichtet hatten. Als nun beide im Wert fielen, hätten die Pensionskassen die privaten Investments verkaufen müssen, was eine Kettenreaktion an den Finanzmärkten ausgelöst hätte. Daher griff die Bank of England in den Sekundärmarkt für Staatsanleihen ein, stabilisierte deren Wert und damit die Bilanzen der Pensionskassen. Nicht der Staat musste also gerettet werden, sondern die Märkte und das verspekulierte Pensionssystem, die sich gegenseitig immer weiter bergab zu ziehen drohten.[44] Das Beispiel zeigt also ein weiteres Mal: Alles, was stabil sein soll, muss vom Staat gehalten werden.

Alles ist eine Frage der Verteilung materieller Ressourcen

Die Renten sind also nur sicher, wenn der Staat sie garantiert. Er muss dafür sorgen, dass die Rentner:innen aus dem jährlich erwirtschafteten Kuchen ihren fairen Anteil bekommen. Volkswirtschaftlich macht es keinen Unterschied, wie das passiert: ob wie bisher durch ein Versicherungsmodell mit individuellen Anwartschaften oder direkt aus dem Staatshaushalt. Natürlich können Renten auch über höhere Defizitausgaben finanziert werden – so lange, bis die Ressourcengrenze erreicht ist und der Kuchen nicht mehr größer werden kann. Ob die Bevölkerung und insbesondere die Rentner:innen in Zukunft so gut leben können wie wir heute, hängt von den materiellen Grundlagen ab und von unserer Fähigkeit, in 30 und in 50 Jahren noch dieselbe Menge an Waren und Dienstleistungen herzustellen.[45] Wenn man bedenkt, dass Geld nicht knapp ist und wir in Europa nach wie vor sowohl Arbeitslosigkeit als auch einen Pflegemangel haben, dann gibt es noch einige Ressourcen, die man insbesondere für die Älteren durch mehr staatliches Geld und entschieden bessere Bedingungen für die Pflegekräfte mobilisieren könnte.

Bei Verteilungsfragen geht es letzten Endes nicht um Geld, Zinsen oder Rentensysteme, sondern um den großen Brutto-Inlands-Gesamtkuchen an Gütern und Dienstleistungen, die wir materiell als

Gesellschaft jährlich herstellen und erbringen. Wie groß die Stücke sind, die jährlich auf Alte, Junge, Reiche und Arme, Frauen, Männer und Kinder entfallen, ist eine politische, keine ökonomische Entscheidung. Wenn wir ihren jeweiligen Anteil nicht für gerecht halten, dann müssen wir die verschiedenen Zuteilungssysteme anders justieren: das Rentensystem, die Lohn- und die Gewinnquote, das Lohngefüge, die Besteuerung, die Sozial- und Bildungsausgaben sowie die staatliche Daseinsvorsorge. Nichts davon ist in Stein gehauen.[46]

MYTHOS 13
Es gibt ein Recht auf Sparzinsen.

Lange Jahre lag der Leitzins in der Eurozone bei null und viele Deutsche beklagten die fehlenden Zinsen auf ihr Erspartes. Inzwischen gibt es zwar wieder einen nominalen Zins, wenn man jedoch die höhere Inflationsrate einberechnet, ist der reale Zins sogar niedriger als zuvor. Tatsächlich war es aber auch in den Jahrzehnten zuvor um die Realzinsen selten viel besser bestellt.[47] Aus der individuellen Perspektive ist das bedauerlich; wenn man die Angelegenheit aber von einer volkswirtschaftlichen Warte betrachtet, kann es kein Recht auf Sparzinsen geben. In wirtschaftlich schlechten Zeiten sind das Wachstum und die Gewinne dafür nicht hoch genug.[48] Die staatliche Ausschüttung von risikolosen Renditen auf Erspartes wäre dann eine reine Umverteilung von der Allgemeinheit hin zu den Besitzern von Vermögenstiteln. Vor allem aber bremst ein positiver Leitzins Investitionen, Nachfrage sowie Wirtschaftswachstum und erhöht so in letzter Konsequenz die Arbeitslosigkeit. Oftmals unterschätzen Sparer:innen, dass sie von einer besseren Arbeitsmarktlage weit mehr profitieren als von ein paar Prozentpunkten mehr Zinsen. Schließlich verdienen die allermeisten ihr Haupteinkommen mit einer Erwerbstätigkeit und nicht über Zinseinkünfte.

5. Ein Staat kann nicht pleitegehen – außer er verschuldet sich in fremder Währung

Unvergleichbar: Schulden in eigener oder fremder Währung

Der Staat selbst kann technisch gesehen nicht pleitegehen, wenn er sich verschuldet, indem er Staatsanleihen verkauft, die auf seine eigene Währung lauten.[49] Denn er schuldet den Anleihehalter:innen damit immer nur Geld, das er selbst unbegrenzt in die eigene Zentralbankbilanz hineintippen kann. Eine Staatsanleihe ist daher, um es mit der MMT-Ökonomin Stephanie Kelton zu sagen, »nichts anderes als eine verzinsliche Form von Geld. ›Schulden zurückzahlen‹ heißt lediglich, dass die Zahl in der einen Spalte heruntergesetzt und in der anderen Spalte hochgesetzt wird. Es ändert sich nur die Zusammensetzung der Geldmenge: weniger Staatsanleihen, mehr Geld, das ist alles.«[50] Der Staat könnte seine Schuld gegenüber den Anleger:innen auch ein für alle Mal loswerden, indem die Zentralbank einfach alle Staatsanleihen aufkauft. Damit wäre die Staatsschuld gegenstandslos und könnte einfach in der Zentralbankbilanz erlöschen. Ebenso könnte der Staat beschließen, auslaufende Staatsanleihen nicht durch neue zu ersetzen oder zukünftige Defizite nicht durch den Verkauf von Staatsanleihen zu begleiten.[51] Allerdings würde eine klassische Leitzinspolitik dadurch unmöglich. Wir werden später sehen, warum das aus der Sicht der Modern Monetary Theory kein Drama wäre.

Aber auch wenn der Staat sich entscheiden würde, seine Staatsschuld weiter zu erhöhen und immer weiter neue Staatsanleihen in seiner eigenen Währung auszugeben, wäre er niemals von der Pleite bedroht. Auch dann nicht, wenn, wie im Fall der USA, ein anderer Staat, nämlich China, einen großen Teil der Anleihen besitzt. Denn solange sie auf Dollar lauten, kann die amerikanische Fed immer neues Geld in ihrem Computer generieren, um auslaufende Anleihen zu bezahlen.[52] Genau das aber können Länder, die in Fremdwährung verschuldet sind, nicht.

Argentinien ging in Dollar pleite, nicht in Pesos

Schulden in der eigenen Landeswährung und Auslandsverschuldung in Fremdwährung werden immer wieder in einen Topf geworfen – obwohl sie in keiner Weise vergleichbar sind. Analysiert man die

Schuldenkrisen der letzten Jahrzehnte, wird man feststellen, dass immer Schulden in Fremdwährung dahinterstehen. Ein Beispiel ist der Staatsbankrott Argentiniens. Das Land musste 2001 seine Zahlungsunfähigkeit erklären und war somit offiziell pleite – und tatsächlich ist es derzeit schon wieder in ernsten Schwierigkeiten.[53] Damals wie heute liegt das Problem darin, dass Argentinien eben nicht sein eigenes staatliches Geldschöpfungsmonopol genutzt hat, um seine argentinischen Pesos zu schöpfen und unters Volk zu bringen.[54] Stattdessen hat die jeweilige Regierung Kredite in Dollar bei ausländischen Banken und Institutionen aufgenommen. Inzwischen schuldet das Land dem Internationalen Währungsfonds (IWF) eine riesige Menge an Dollar – und die kann nur die Fed machen. Daher steht Argentinien nun da wie jede andere Schuldnerin in Bedrängnis, die das Geld, das sie schuldet, nicht schöpfen kann, sondern irgendwie auftreiben muss.

Fremdwährungsschulden haben viele schlimme Nachteile: Sie können – anders als die Verschuldung aus eigener Geldschöpfung – nicht einfach immer weiter in die Zukunft verschoben werden, denn nun gibt es tatsächlich einen Gläubiger, der auf die Rückzahlung samt Zinsdienst besteht. Die kurzfristigen Vorteile der Geldspritze für die Ökonomie wird also durch den späteren Entzug wieder zunichtegemacht. Schlimmer: Aufgrund der Zinszahlungen wird der Wirtschaft noch zusätzliches Geld entzogen. Dabei haben wir oben bereits gesehen, dass die Rückzahlung von Staatsschulden für die Wirtschaft in jedem Fall gefährlich ist, weil sie die Geldmenge und die Nachfrage systematisch reduziert.

Das Ende der politischen Souveränität

Obendrein verliert das verschuldete Land seine politische Souveränität, denn wenn es in Zahlungsschwierigkeiten gerät, erfolgt in der Regel eine sogenannte Umschuldung, bei der die Gläubiger hohe Zinsen und neue, oft härtere Bedingungen diktieren können. Das war in den letzten Jahrzehnten für die Bevölkerung der betroffenen Staaten sehr schmerzhaft, weil internationale Großgläubiger wie der IWF oder die Weltbank seit den 1980er Jahren eine neoliberale Politik verfolgen und die verschuldeten Länder zu sogenannten Strukturreformen zwingen, also Einschnitte in Staatsausgaben, Kürzungen bei Sozialleistungen, Einschränkung der Arbeitnehmerrechte, Privatisierung von staatlichen Unternehmen und Vermögen. Hohe Zinsen sollten ausländisches Kapital anziehen, auch wenn sie die Binnenwirtschaft hemmen.[55] Mit diesen Empfehlungen folgten sie den Ideen neoklassischer Ökonom:innen, die, gegen alle Regeln der Logik, staatliches Sparen und die Entfesselung der Marktkräfte für den Königsweg zu Wohlstand, Entwicklung und Vollbeschäftigung halten. Die weltweiten Misserfolge dieser Politik wurden jahrzehntelang einfach ignoriert und die Regierungen weiter zu Austerität und Deregulierung gezwungen. Schulden in ausländischer Währung sind also sowohl in wirtschaftlicher als auch in demokratischer Hinsicht tückisch.[56]

Die Wurzel allen Übels: Handelsdefizite

Warum aber machen Staaten dann Auslandsschulden, statt sich in ihrer eigenen Währung zu verschulden?[57] Die Antwort: Mit dem von ihr geschöpften Geld kann die Regierung nur Güter und Dienstleistungen erwerben, die es im Inland zu kaufen gibt. Um Produkte aus dem Ausland zu importieren, die man nicht selbst herstellen kann, braucht man dagegen in der Regel Devisen, also Geld in Fremdwährung.[58] Nun kommt man an ausländisches Geld auf drei Arten: Erstens, man verdient durch Exporte so viel, dass man seine Importe bezahlen kann. Das ist die einzig nachhaltige Art. Zweitens, man tauscht die Landeswährung in Devisen. Bei einer geringen Exportquote ist die eigene Währung aber nicht sehr begehrt und hat keinen hohen Tauschwert. Wenn man nun große Mengen davon verkauft, sinkt ihr Wert weiter. Dadurch werden Importprodukte immer teurer und es kann auf diesem Weg zu einer Inflation im Land kommen. Drittens, man verschuldet sich in Fremdwährung. Und damit sitzt man erst recht in der Falle.

Die Wurzel des Übels ist also in der Regel ein sogenanntes Handelsdefizit: mehr Importe als Exporte. Für ärmere Länder des globalen Südens bedeutet das: Sie sollten, wenn irgend möglich, ihre Importe reduzieren, um Schulden in fremder Währung zu vermeiden, und stattdessen das eigene Währungssystem mit seinem Kreislauf aus Ausgaben und Steuern stärken. Wenn das Steuersystem ausreichend gut entwickelt ist, um den Großteil des Geldes zurückzuholen, kann ein Staat, ohne eine Inflation zu erzeugen, über die Staatsausgaben alle Ressourcen im eigenen Land aktivieren – und dazu gehört auch die Arbeitskraft der Bevölkerung. Auf diese Weise werden Einkommen für die Bürger:innen geschaffen, die Binnennachfrage gestärkt und wirtschaftliche Entwicklung ermöglicht.

Gleichzeitig müsste man aber auch die neoklassische Illusion beerdigen, dass Freihandel wie von Zauberhand für alle Beteiligten zu mehr Wohlstand führen würde.[59, 60] Vielmehr sollten die Länder des globalen Nordens den ärmeren Staaten erlauben, sich und ihre Märkte durch Zölle zu schützen und Kapitalströme zu kontrollieren,[61] ohne dass sie ihnen ihrerseits Handelsbeschränkungen auferlegen.[62] In jedem Fall gilt: Kredite in fremder Währung sind keine »Entwicklungshilfe«, sondern die Pest.

Perfekte Welt: Handelsgleichgewichte und souveräne Geldschöpfung

Die Frage, ob ein Land wegen seiner Staatsschulden in Schwierigkeiten steckt, lässt sich nicht aus der Höhe der Staatsschulden oder der Staatsschuldenquote ableiten. Vielmehr muss man wissen, ob die Verschuldung in fremder Währung oder eigener Währung erfolgt ist – und das lässt sich ganz einfach an den Handelsbilanzen ablesen: Wenn ein Land über die Jahre gleich viel importiert wie exportiert, dann entsprechen sich die Zu- und Abflüsse an Geld aus dem Ausland. Daraus kann man folgern, dass die ganzen Guthaben, die der Staatsschuld entsprechen, zuhause geblieben sind und dort auf privaten Konten liegen. Eine solche Staatsschuld steht also eins zu eins für die Ersparnisse der eigenen Bevölkerung und ist damit völlig ungefährlich: Der Staat kann seinen Bürger:innen die Guthaben und dazu noch die Zinsen auf Staatsanleihen gönnen. Wenn er unbedingt will, kann er sich das Geld auch über Steuern zurückholen, die Staatsschulden zurückzahlen und eine Rezession auslösen. Oder die Zentralbank kann die Staatsanleihen sogar auf Nimmerwiedersehen in der eigenen Bilanz verschwinden lassen. Wenn sämtliche Länder Staatsschulden dieser Art hätten, wären alle souveräner, die Wirtschaft weniger krisenanfällig und die Welt besser.

Damit das aber möglich ist, müssen große, produktive Länder wie Deutschland von ihrer Strategie der Exportüberschüsse ablassen. Denn wieder gelten die unhintergehbaren Regeln der Bilanzierung: Damit die einen dauerhafte Exportüberschüsse haben können, müssen andere dauerhafte Importüberhänge haben – und sich in Fremdwährung verschulden, mit all den beschriebenen bösen Folgen.

Die Relativität der Währungssouveränität

Währungssouveränität bedeutet, dass man seine eigene Währung souverän herausgeben und den Zins festlegen kann. Ein Land, das sich in fremder Währung verschuldet, hat diese Fähigkeit weitgehend eingebüßt, ebenso wie ein Staat, der seine Währung fest an eine andere bindet. Aber auch in Ländern, die beides nicht getan haben, ist die Währungssouveränität nicht absolut. Denn alle Volkswirtschaften sind aufgrund des Handels und der Wechselkurse miteinander verflochten und daher voneinander abhängig. Besonders ein kleineres Land spürt die Auswirkungen der Zins-Entscheidungen mächtigerer Volkswirtschaften stark. So hat eine Erhöhung der Zinsen in den USA regelmäßig zur Folge, dass viel Kapital aus anderen Ländern abgezogen und in amerikanische Geldanlagen gesteckt wird. Damit steigt dann auch der Kurs des jetzt noch stärker nachgefragten Dollar. Schwächere Länder verlieren so Kapital, die Importkosten schießen hoch und zudem die Zinsen auf etwaige Dollarschulden.

Als zum Beispiel die USA zur Bekämpfung der Inflation 1979 ihren Leitzins steil nach oben zogen, führte das im globalen Süden zu einem »rapiden Niedergang [...] von dem sich manche Länder noch immer nicht erholt haben«.[63] Aber vor der Euro-Gründung hatten auch die Zinserhöhungen der Bundesbank zur Folge, dass sich sofort Kapital aus anderen europäischen Ländern Richtung Deutschland bewegte, so dass es zu Veränderungen bei den Währungskursen und internationalen Preisen kam. Jedenfalls dann, wenn die anderen Zentralbanken die Zinserhöhung nicht seufzend nachvollzogen und dafür in Kauf nahmen, ihre Binnenwirtschaft zu bremsen.[64] Umso größer und wirtschaftlich mächtiger Länder und Währungsräume sind, umso weniger müssen sie sich dagegen um die Zinsentscheidungen der anderen kümmern. MMT-Ökonom:innen sprechen daher auch von Währungssouveränität als einem Spektrum,[65] mit Ländern wie den USA, aber auch Kanada, Japan und Großbritannien an der Spitze. Die Eurozone ist dagegen ein schwierigerer Fall. Denn als Ganzes betrachtet wäre sie einer der denkbar souveränsten Akteure, da sie über eine riesige und potente Volkswirtschaft verfügt.[66] Wenn man die Mitgliedsstaaten aber einzeln betrachtet, so ist von deren Währungssouveränität wenig übriggeblieben. Womit wir schließlich bei unserer eigenen, komplizierten, neurotischen Gemeinschaftswährung angekommen wären: dem Euro.

IV Die Eurozone hat sich selbst kastriert

1. Der Euro trennt, was zusammengehört: Geldpolitik, Fiskalpolitik, Demokratie

Die zweifelhafte Loyalität der EZB

Der Euro ist ein suprastaatliches Fiatgeld und damit ein noch nie dagewesener Sonderfall. Denn beim Euro haben sich mehrere Staaten auf die Regeln für eine gemeinsame Währung geeinigt und zusammen die Europäische Zentralbank gegründet, die ihnen anteilig gehört. Einerseits ist der Euro wie jede andere moderne Währung: Er wird durch keinen äußeren Wert begrenzt und lässt sich theoretisch unbegrenzt schöpfen. Andererseits misstrauen sich die beteiligten Länder gegenseitig und haben den Zugang zum Geld der EZB daher in den Gründungsverträgen durch vielerlei Hürden erschwert, die zudem verschiedene Staaten unterschiedlich hart treffen. Als Ultima Ratio kann die EZB einem Mitglied die Unterstützung sogar ganz aufkündigen und ihm den Geldhahn zudrehen, wie Griechenland 2015 schmerzhaft erfahren musste. Die Loyalität der EZB ist also nicht garantiert. Umso zweifelhafter sie für ein Land wird, umso mehr bekommt dessen Verschuldung in Euro die Qualität von Fremdwährungsschulden, samt der Möglichkeit des Bankrotts. Allerdings muss die EZB stets mitbedenken, dass die Pleite eines größeren Landes zu einer Kettenreaktion führen könnte und im schlimmsten Fall zum Auseinanderbrechen des Euros sowie zu ihrem eigenen Untergang.

Der neoliberale Geist der Euro-Verträge

Wynne Godley wies schon 1992 darauf hin, dass die Eurozonen-Regeln einen zutiefst neoliberalen Geist atmen. Sie verneinen die Notwendigkeit staatlicher Eingriffe in die Wirtschaft und machen es unmöglich, politische Ziele wie Vollbeschäftigung zu verfolgen.[1] Staatliche Geldschöpfung/Verschuldung wird als eine reine Gefahr behandelt, die es möglichst zu vermeiden gilt. Zu diesem Zweck wurden verschiedene Verschuldungsgrenzen bestimmt, die zudem prozyklisch wirken. In Krisen versagen die Regeln der Eurozone dementsprechend regelmäßig. Ob Griechenland-, Corona- oder Energiepreiskrise – jedes Mal wird erneut um Änderungen gestritten und man hangelt sich von einem provisorischen Kompromiss zum nächsten.

In der Weltwirtschaftskrise nach 2008 lockerten die Regierungen die Regeln kurzzeitig. Als sie die Sparauflagen wieder einführten, folgte prompt eine deflationäre Phase. Diesmal versuchte die EZB die Löcher durch eine ungewohnt expansive Geldpolitik zu stopfen – mit mäßigem Erfolg.[2] In der Corona-Krise war es schließlich die EU, die auf einmal als Geldschöpferin in der Not auftrat – etwas, das nie vorgesehen war.[3] Die Nothilfen wirkten wie das lang ersehnte europäische Konjunkturprogramm, Anfang 2023 ist die Arbeitslosigkeit in der Eurozone erstmals wieder allgemein auf einem niedrigen Stand. Die Frage bleibt nur: Wird die Eurozone demnächst wieder von Deutschland und seinen Gesinnungsgenossen, den Niederlanden, Österreich und Finnland, zurück ins Korsett der Verträge getrieben? Das wäre eine Katastrophe, denn diese Regeln haben bereits genug Schaden in den anderen Ländern und an den europäischen Beziehungen angerichtet.

Der chronische Geldmangel in der Eurozone

Bei nationalen Währungen ist alles aus einem Guss: Zentralbank, Regierung, und Parlament sind ausschließlich den Interessen ihres Staates verpflichtet. Die Zentralbank ist der Regierung gegenüber loyal, die Regierung nutzt ihr Geldschöpfungsmonopol zugunsten der Bevölkerung und die Bevölkerung wählt die Regierung ab, wenn sie entweder zu sparsam ist und damit Arbeitslosigkeit verursacht oder sie im Boom die Inflation durch unnötige Ausgaben befeuert. Diese demokratische Kontrolle funktioniert aber in einer Währungsgemeinschaft weniger gut. Denn es wäre denkbar, dass einige Länder es mit der Geldschöpfung übertreiben und so Inflation über ihre Grenzen hinaus erzeugen, ohne dass die sparsameren Staaten sich durch Wahlen dagegen wehren könnten. Diese theoretische Gefahr wurde zum Vorwand dafür genommen, Defizitausgaben der einzelnen Eurostaaten von vornherein weitmöglichst zu verhindern.

Das wäre vertretbar gewesen, wenn man gleichzeitig auf europäischer Ebene für die nötige staatliche Geldschöpfung gesorgt hätte. Zum Beispiel durch ein Eurozonen-Finanzministerium, das in Krisenzeiten Konjunkturprogramme auflegt.[4] Aber so viel Machtverlagerung auf die supranationale Ebene ging den Gründungsstaaten zu weit – und hätte außerdem zusätzliche demokratische Elemente in der Eurozone erfordert. Also beschränkte man sich auf die Gründung einer gemeinsamen Zentralbank. Das Ergebnis ist, dass sich Geldpolitik, Fiskalpolitik und demokratische Legitimation nun auf verschiedenen Ebenen befinden – in einem ständigen Spannungsverhältnis. Wobei Geldschöpfung auf keiner Ebene in ausreichendem Maße vorgesehen ist.

Geldpolitik und Fiskalpolitik gehören zusammen

Weil der Leitzins allein ein viel zu grobes Werkzeug ist, braucht die Geldpolitik der Zentralbank immer die Unterstützung durch die Fiskalpolitik, also durch Staatsausgaben. Vor allem, wenn damit ein so großer und uneinheitlicher Währungsraum wie die Eurozone gesteuert werden soll. Die Regionen erleben nicht alle zur gleichen Zeit eine Überhitzung oder eine Flaute. Will die Zentralbank die Wirtschaft in manchen Regionen durch höhere Zinsen bremsen, trifft sie damit auch Gegenden, die gerade nicht florieren, und belastet sie zusätzlich.[5] Außerdem existieren in der Eurozone riesige strukturelle Unterschiede. Es gibt schwache Gegenden wie Mecklenburg-Vorpommern, Griechenland, Süditalien, Lothringen und den Nordwesten von Irland, aber auch einige der reichsten und produktivsten Regionen der Welt, wie Oberbayern, das Salzburger Land, Südtirol, die Lombardei und die Île-de-France. Das heißt: Dank des Einsatzes modernster Technik können Unternehmen dort in einer Arbeitsstunde besonders viele hochwertige Produkte produzieren und dann zu vergleichsweise günstigen Preisen auf den Weltmarkt werfen. Alle diese Gegenden operieren mit demselben Euro, dessen Außenwert sich an der durchschnittlichen

Produktivität der ganzen Eurozone orientiert. Die weniger entwickelten Regionen bräuchten aber eine schwächere Währung, um ihre Waren auf dem Weltmarkt billiger und somit konkurrenzfähiger anzubieten. Dagegen sind für die besonders starken Gegenden der Außenwert wie auch der Leitzins im Verhältnis zur eigenen Wirtschaftsstärke niedrig, was ihnen einen zusätzlichen Vorteil bei Investitionen und Außenhandel verschafft.

Deswegen gibt es in einem normalen nationalen Währungsraum die staatliche Haushaltspolitik, die für Ausgleich sorgt. Denn ohne eine gewisse Umverteilung im Land besteht die Gefahr, dass die stärkeren Regionen ihre Produktivität immer weiter steigern und die schwächeren immer weiter abfallen.[6] Die USA zum Beispiel sind ein riesiger Währungsraum, mit nur einem Leitzins und demselben Dollar für alle. Aber es gibt nationale Ausgabeprogramme, die die ärmeren Landesteile unterstützen und dafür sorgen, dass die Schere zwischen den einzelnen Regionen und Bundesstaaten sich nicht immer weiter öffnet.[7] Umso größer ein Staat ist, umso wichtiger wird eine zentrale Fiskalpolitik, die differenziert vorgeht und die von der Geldpolitik verursachten Ungerechtigkeiten ausgleicht.

Die neuen Bundesländer und die D-Mark

Wie dringend der fiskalische Ausgleich ist, konnte man bei der deutschen Wiedervereinigung im Zeitraffer beobachten. Damals wurde die D-Mark von einem Tag auf den anderen auch in den neuen Bundesländern eingeführt. Der Vorteil für die Ostdeutschen bestand darin, dass sie nun ebenfalls von der Kaufkraft der starken D-Mark profitieren konnten. Der Nachteil, den die meisten unterschätzt hatten, war dagegen, dass auf einmal auch alle ostdeutschen Waren ihre Preise in D-Mark erhielten. Sie wurden damit im In- und Ausland viel zu teuer, um noch konkurrenzfähig zu sein – und blieben liegen. Die teure D-Mark passte nicht zur damaligen Produktivität der neuen Bundesländer und wurde zu einem echten Killer für die ostdeutsche Industrie.[8]

Zwangsläufig mussten dann zum Ausgleich beträchtliche Staatsausgaben nach Ostdeutschland fließen: Zum einen, um kurzfristig die vielen Arbeitslosen zu unterstützen, zum anderen aber auch, um mittelfristig die Produktivität der ostdeutschen Industrie derjenigen im

Westen anzugleichen. Denn schließlich sollte die D-Mark irgendwann auch zur Wirtschaft in den neuen Bundesländern passen und ihnen erlauben ihre Produkte wieder konkurrenzfähig im In- und Ausland zu verkaufen.

Die hohen staatlichen Investitionen für den Aufbau Ost kamen damals besonders auch westdeutschen Unternehmen zugute, die Aufträge erhielten und bei denen die Nachfrage stieg. Wie ein geglücktes Konjunkturprogramm finanzierte sich die Wiedervereinigung am Ende selbst. Das kann man auch daran ablesen, dass die Schuldenquote, Steuer- und Abgabenlast heute in Deutschland nicht höher liegen als in vergleichbaren Staaten, die keine Wiedervereinigungskosten über hohe Defizite finanziert haben.[9] Außerdem war diese große staatliche Geldschöpfung von der Mehrheit der Deutschen in Ost wie West durch Wahlen legitimiert worden und wurde daher nie ernsthaft in Zweifel gezogen. An diesem Beispiel sieht man gut, wie wichtig es ist, Geldpolitik, Fiskalpolitik und demokratische Legitimation zusammenzudenken.

Maastricht: Die Eurozone kastriert sich selbst

In der Eurozone passiert genau das nicht. Steckt ein Eurostaat in einer Krise mit hoher Arbeitslosigkeit, ist oft der Zins im Verhältnis zum Wirtschaftswachstum zu hoch und der Außenwert der Währung zu teuer, um durch Exporte mehr Geld zu verdienen. Das Land kann an der Geldpolitik und am Außenwert der Währung nichts ändern, denn die werden durch die supranationale EZB gesteuert. Es darf sich wegen der restriktiven Eurozonenregeln aber auch kein Investitionsprogramm über Defizitausgaben finanzieren, um die eigene Wirtschaft zu entwickeln. Hilfe von der übergeordneten Eurozone ist nicht vorgesehen. Ein Eurostaat in der Krise befindet sich also in einer wirtschaftlich düsteren Situation – aus der auch demokratische Wahlen keinen Ausweg bieten, da keine Regierung, egal welcher Partei, an den Euro-Regeln etwas ändern kann.[10] Die Eurozone, als eine der reichsten Gegenden der Welt, hat das Geldschöpfungsprivileg ihrer Staaten kastriert und ist dadurch viel ärmer, handlungsunfähiger und undemokratischer, als sie sein müsste.

Unglückseligerweise wurde der Vertrag von Maastricht, der den Euro begründete, in den neoliberalen 1990er Jahren ausgehandelt. Er war der kleinste gemeinsame Nenner, auf den sich die Gründungsmitglieder einigen konnten.[11] Insbesondere Deutschland fürchtete Inflation und die Haftung für fremde Schulden und so machten die anderen Länder große Zugeständnisse, indem sie der starken Einschränkung der nationalen Geldschöpfung zustimmten.[12] Politiker wie François Mitterrand, Romano Prodi und Helmut Kohl, allesamt eingefleischte Europäer, vertrauten auf den Zeitgeist der voranschreitenden Integration. Sie gingen davon aus, dass die EU immer weiter zusammenwachsen und alle Mitgliedsstaaten dem Euro beitreten würden, sodass Eurozone und EU schließlich deckungsgleich wären. Und früher oder später könnte die EU selbst Fiskalpolitik betreiben, also Euros schöpfen, ausgeben und zurücksteuern. Obendrein hätte sie dann auch ein richtiges Parlament und am Ende wären Geldpolitik, Fiskalpolitik und demokratische Legitimation auf der Ebene der EU wieder vereint. Man schickte das Geld sozusagen voraus, in eine gemeinsame, supranationale, europäische Zukunft – der Rest würde nachkommen.

Dummerweise kam es aber anders und die nächsten Jahrzehnte brachten eine Renationalisierung für Europa. Und daran war, tragischerweise, nicht zuletzt der Euro Schuld, denn er verstärkte die Unterschiede zwischen den Mitgliedsstaaten, statt sie zu verkleinern. Für einige Länder wurde er zu einer echten Bürde und ließ die europäische Idee immer hohler klingen.

2. Geldschöpfungshürden: Schuldenobergrenzen und der Spread

Grenzen und Strafen

Bis zur Corona-Krise galten für die Euroländer fixe Verschuldungsgrenzen, wie sie im Maastricht-Vertrag festgelegt und im sogenannten Stabilitäts- und Wachstumspakt von 2011 sogar noch einmal verschärft wurden.[13] Die Staaten sollten ausgeglichene Haushalte, höchstens aber Defizite von drei Prozent haben. Ab einer Staatsschuldenquote über 60 Prozent des BIP durften sie gar keine Defizitausgaben mehr tätigen, sondern waren gehalten ihre Schulden jährlich zu senken.[14] Diese Regeln wirken prozyklisch. Denn wenn die Wirtschaft nicht wundersamerweise von selbst wächst, muss ihr für den Schuldendienst jährlich Geld entzogen werden. Unter diesen Bedingungen ist eine Rezession im Grunde unausweichlich, gleichzeitig aber jedes Konjunkturprogramm verboten. Durch diese Regeln wurde ein Land wie Italien, das mit hohen Altschulden in den Euro eintrat, zum dauernden Problemfall gemacht.

Um ganz sicher zu sein, dass niemand sich über das Verschuldungsverbot hinwegsetzen kann, wurde in der Eurozone zusätzlich ein Zinsmechanismus in den Geldschöpfungsprozess selbst eingebaut, der Länder, die »zu viele Schulden« machen, automatisch bestrafen soll. Dank der unterschiedlichen nationalen Staatsanleihen können sich die Zinsen für einzelne Länder auseinanderentwickeln – trotz des gemeinsamen Leitzinssatzes der EZB. Dieser sogenannte »Spread« hat dazu geführt, dass Länder mit hohen Altschulden oder in einer akuten Krise höhere Zinsen auf ihre Staatsschuld bezahlen. Aber auch die Kosten für private Kreditnehmer:innen steigen. Diese Straffunktion widerspricht allem, was Geldpolitik eigentlich leisten soll: Der Leitzins muss die Wirtschaftsentwicklung antizyklisch begleiten und in der Krise sinken. In der Eurozone steigt er hingegen und erschwert so die Erholung.

Der griechische Schuldenschnitt öffnet die Zinsschere

In den ersten zehn Jahren des Euro zahlten noch alle Staaten dieselben Zinsen auf ihre Anleihen, schließlich stand hinter allen die unerschöpfliche EZB, an deren Loyalität noch niemand zweifelte. Dann aber kam es 2010 zur Schuldenkrise Griechenlands. Plötzlich fiel den anderen Eurostaaten auf, dass Griechenland alle Kriterien eines überschuldeten Staates erfüllte: eine konstant negative Handelsbilanz, dabei sehr hohe Staatsschulden und jährlich neue Haushaltsdefizite. Damit hätte das Land außerhalb der Eurozone ein Problem mit Auslandsverschuldung gehabt. Allerdings hatte Griechenland seine Handelsdefizite vor allem gegenüber anderen Eurostaaten und war in Euro verschuldet. Es kam also darauf an, ob die anderen Eurostaaten Griechenland als Inland oder als Ausland behandeln würden.

Denkbar wäre zum Beispiel gewesen, das Land weiter über die EZB zu finanzieren, ihm mit einem Konjunkturprogramm auf die Beine und zu einem neuen Geschäftsmodell zu verhelfen – so wie es Deutschland nach der Wiedervereinigung mit den neuen Bundesländern getan hatte. Stattdessen wurde Griechenland auf Betreiben der deutschen Kanzlerin Merkel und des französischen Präsidenten Sarkozy für zahlungsunfähig erklärt[15] und ein Schuldenschnitt vereinbart.[16] Damit demonstrierten sie am griechischen Beispiel, dass es innerhalb der Eurozone keine Haftung und keine Transfers geben würde. Dies entsprach zwar durchaus den Euro-Verträgen – die Konsequenz für Griechenland war aber ein Wirtschaftseinbruch und eine Verelendung, wie man sie in Friedenszeiten in Europa noch nie gesehen hatte.[17]

Die strikte Anwendung des Transfer-Verbotes zeigte außerdem, wie kurzsichtig und inkonsistent die neue europäische Währungsordnung war: Denn der dadurch nötige Schuldenschnitt hatte auch katastrophale Konsequenzen für das Vertrauen in den Euro selbst. Dass die Halter:innen griechischer Anleihen – in erster Linie Banken – die Hälfte des Wertes verloren, klingt verschmerzbar. Aber nun hatten alle gesehen: Euroländer waren offenbar keine normalen Staaten mit einer unerschöpflichen loyalen Zentralbank. Vielmehr konnten sie pleitegehen wie arme Länder des globalen Südens, die in Fremdwährung verschuldet sind. Mit dem Schuldenschnitt begann die sogenannte Eurokrise, denn nun war klar, dass die Gläubiger von Euro-Staatsanleihen empfindliche Verluste erleiden konnten – und dieses Ausfallrisiko wollten sie ab jetzt durch höhere Zinsen bezahlt bekommen.

20 Staatsanleihen laden ein zur Spekulation

Mit dieser Folge hätte man rechnen müssen, als man Griechenland in die Pleite schickte, denn die Eurozone gibt den Banken die einzigartige Möglichkeit, sich ohne jedes Risiko gegen die Staatsanleihen einzelner Staaten zu wenden. In der Eurozone dürfen die nationalen Regierungen ihre Staatsanleihen (anders als in Kanada) ausschließlich an Banken verkaufen. Das allein wäre kein Problem, da – wie wir bereits gesehen haben – die Zentralbank im Hintergrund die Fäden zieht, um die Banken dazu zu nötigen, Staatsanleihen zum vorgegebenen Leitzins zu kaufen. Problematisch wird die Situation in der Eurozone dadurch, dass sie inzwischen auf ganze 20 verschiedene Staatsanleihen bringt, während im Normalfall für eine Währung nur eine Sorte erhältlich ist.

Hat zum Beispiel eine englische Anlegerin überschüssige Pfund, dann kann sie damit nur britische Staatsanleihen kaufen, wenn sie ein völlig risikofreies Investment tätigen will. Um jede andere Staatsanleihe zu kaufen, müsste sie erst ihre Pfund in die entsprechende Währung umtauschen – und nach Ablauf wieder zurück. Kursschwankungen könnten aber in der Zwischenzeit die besseren Zinsen wieder auffressen oder sogar zu Verlusten führen. Der Kauf von fremden Staatsanleihen ist damit immer auch eine Spekulation auf die Entwicklung von Währungskursen. In der Eurozone können sich die Banken dagegen ohne jedes Verlustrisiko zwischen lauter Staatsanleihen entscheiden und immer in Euro bezahlen. So kaprizierten sie sich zum Beispiel auf deutsche Staatsanleihen und ließen italienische dafür liegen. Daraufhin musste der italienische Staat den Banken höhere Zinsen bieten, wenn er Defizitausgaben tätigen wollte oder auslaufende Staatsanleihen durch neue zu ersetzen waren. Für den deutschen Staat sanken die Zinsen dagegen in den negativen Bereich.[18]

Die Eurozone hat sich gegen eine einheitliche »Euro-Anleihe« entschieden; stattdessen müssen alle Länderregierungen ihre eigenen Staatsanleihen herausgeben und an Banken verkaufen. Das ließ mitten im hoheitlichen Bereich der Geldschöpfung einen künstlichen Markt entstehen, auf dem die Banken die Zinsen treiben und sich zu Schiedsrichtern gegenüber Staaten aufspielen können. Die Eurozone ist in vielerlei Hinsicht schlecht konstruiert. Doch die Idee, dass ausgerechnet private Banken mit ihrer Spekulation die Defizitausgaben von Staaten kontrollieren sollen, ist völlig absurd.

Aber letzten Endes ist das alles Theater. Denn im Hintergrund zieht auch in der Eurozone die Zentralbank alle Fäden. Die EZB kann diesen künstlich geschaffenen Markt von der Leine lassen, indem sie Zweifel an der Zahlungsfähigkeit von Staaten aufkommen lässt, was im Grunde heißt: Zweifel an ihrer eigenen Loyalität gegenüber diesen Staaten. Die EZB kann den künstlichen Markt aber auch wieder an die kurze Leine legen, indem sie entweder den Ankauf von Staatsanleihen ankündigt oder gleich langfristige Kaufprogramme auflegt, wie sie es seit 2015 getan hat.[19] In der Folge sinken die Zinsen und der Spread wird kleiner, denn wo die unerschöpfliche Zentralbank als Käuferin bereitsteht, da gibt es kein Risiko, das durch hohe Zinsen abgegolten werden müsste.

3. Trotz Staatsfinanzierungsverbot: Nur die EZB kann die Eurostaaten finanzieren

MYTHOS 14
Banken finanzieren die Eurozone.
Wenn ein Kind von der Mutter das Geld in die Hand gedrückt bekommt, um die Geburtstagstorte für den Vater vom Konditor zu holen – würden wir dann sagen, dass das Kind die Geburtstagstorte des Vaters finanziert hat? Wohl kaum. Selbst wenn wir nur sehen, wie das Kind beim Konditor den Geldschein aus der Tasche zieht und dann die Torte zu den jubelnden Eltern nach Hause trägt, werden wir nicht annehmen, dass es sich um ein reiches Kind handelt, das seinem armen Vater eine Geburtstagstorte spendiert oder vielleicht sogar die Familie ernährt. Da wir etwas von Familien verstehen, ergänzen wir die Vorgeschichte automatisch, in der das Kind das Geld von der Mutter oder einem anderen Erwachsenen erhalten hat. Ebenso wissen Menschen, die sich mit dem Kauf von Staatsanleihen auskennen, dass die Banken das Zentralbankgeld für die Staatsanleihen vorher von der Zentralbank zugesteckt bekommen haben müssen. Denn Staatsanleihen können nur mit dem staatlichen Zentralbankgeld bezahlt werden. Und dieses Geld muss – wie der Name schon sagt – ursprünglich von der staatlichen Zentralbank gekommen sein. Banken können dem Staat (in Form der Regierung) also nur Geld zurückgeben, das sie ursprünglich von ihm (in Form der Zentralbank) bekommen haben.

Das Staatsfinanzierungsverbot ist ein Märchen

Banken können also in der Eurozone die Zinsen für einzelne Staatsanleihen treiben, indem sie die Anleihen mancher Staaten bevorzugen und die anderer meiden. Außerdem gibt es ein missverständliches sogenanntes »Staatsfinanzierungsverbot« für die EZB. Beides erzeugt beim europäischen Publikum den Eindruck, dass Staaten scheinbar von Banken finanziert werden. Aber das ist falsch. Denn auch in der Eurozone gilt wie überall: Banken können nicht Staaten finanzieren.

Sie stellen nur ein Geld zweiter Ordnung her und hängen selbst am Tropf des staatlichen Geldes, das die Zentralbank ihnen zuteilt.

Dass zwangsläufig die EZB und nicht irgendwelche Banken die Eurostaaten finanziert, ergibt sich auch logisch zwingend aus den folgenden drei Sätzen: Erstens tätigen die nationalen Regierungen ihre Staatsausgaben ausschließlich in Zentralbankgeld. Zweitens können Eurozonen-Staatsanleihen ausschließlich mit Zentralbankgeld gekauft werden. Und drittens ist nur die EZB in der Lage, das Zentralbankgeld herzustellen. Das Giralgeld der Banken spielt in der Finanzierung von Staaten schlichtweg keine Rolle. Die Banken sind nur eine Durchgangsstation für das staatliche Zentralbankgeld und werden in der Eurozone absichtlich als Hürde konstruiert.

Das »Staatsfinanzierungsverbot« ist ein Widerspruch in sich und streng genommen unmöglich. Sinnvollerweise kann man es nur als Chiffre verstehen für das Fehlen der bedingungslosen Loyalität der EZB. Praktisch bedeutet das »Staatsfinanzierungsverbot«, dass die EZB den Regierungen das Geld nicht direkt gegen Staatsanleihen zukommen lassen darf (wie in Kanada) oder bedingungslos für die Regierungen Überweisungen ausführt (wie in den USA). Stattdessen müssen die Staaten zunächst ihr Konto durch den Verkauf von Staatsanleihen an die Banken füllen, bevor sie Ausgaben tätigen können.[20] Die EZB gestaltet diesen Prozess zwar, je nach politischer Lage, für einige Länder kompliziert und teuer oder für alle unkompliziert und billig. In jedem Fall aber macht sie das Geld und kontrolliert dessen Fluss. Im Verhältnis zu Ländern wie Kanada oder den USA ändert sich dadurch in der Eurozone die Reihenfolge der Abläufe und sie werden undurchsichtiger. Das ändert jedoch nichts an der Quelle des Geldes, der Zentralbank, und auch nichts am Resultat: Geld für die Haushalte, Schulden für den Staat.

Defizitausgaben: Variabler Ablauf, gleiches Ergebnis

Für alle Nerds und Zweifler:innen, hier noch einmal die Geldschöpfung in der Eurozone im Detail:

- Schritt 1: Das Finanzministerium eines Lands innerhalb der Eurozone kündigt Defizitausgaben an.
- Schritt 2: Die Zentralbank erzeugt neues Zentralbankgeld, indem sie den Banken Kredite gibt.

- Schritt 3: Die Banken kaufen mit dem neuen Zentralbankgeld Staatsanleihen (die EZB schafft entsprechende Anreize oder Zwänge mit ihrer Geldpolitik).
- Schritt 4: Die Regierungen tätigen ihre Ausgaben erst, wenn das Zentralbankkonto gefüllt ist. Die Banken übersetzen es für die privaten Empfänger:innen in Giralgeld.
- Schritt 5: Die Banken nehmen das Zentralbankgeld, das durch die Übersetzung in ihrer Bankbilanz gelandet ist, um ihre ursprünglichen Kredite zurückzubezahlen.

Am Ende ist das Ergebnis in den Bilanzen genau wie in Kanada und den USA: Der Staat hat die Schulden, Haushalte und Unternehmen die Guthaben und die Banken die Staatsanleihen, die das überschüssige Zentralbankgeld binden. Der Ursprung des Geldes (die Zentralbankbilanz) und die bilanziellen Ergebnisse (Schulden für den Staat, Guthaben für die Privaten) sind überall gleich, denn das ist es, was im Kern ein modernes Geldsystem mit staatlichem Geldschöpfungsmonopol ausmacht.

4. Italien hat den Euro zu teuer bezahlt

Die italienische Staatsschuld steigt von allein

Griechenland hat von allen Gesellschaften den höchsten Preis für die Eurokrise bezahlt. Und auch Spanien, Portugal und Irland erlebten durch die damals verordnete Sparpolitik sinnlos harte Zeiten und hohe Arbeitslosigkeit.[21] Ich beschränke mich hier aber darauf das Beispiel Italiens vorzustellen, da hier verschiedene Probleme rund um die Euro-Regeln kulminieren. Zudem ist das Land, neben Deutschland und Frankreich, eine der drei großen Volkswirtschaften der EU. Damit die Eurozone funktioniert, muss sie auch für Italien funktionieren, denn es ist unwahrscheinlich, dass der Euro einen »Italexit« überstehen würde. Außerdem können wir an Italien sehen, was für dramatische politische Folgen dauerhafte Austeritätspolitik haben kann, denn im September 2022 wurde dort erstmals eine Regierung von einer postfaschistischen Partei gebildet.

Beginnen wir von vorn: Nach der Griechenlandpleite 2010/11 war es Italien, das am schmerzhaftesten die Konsequenzen des Pseudo-

Marktes für Staatsanleihen zu spüren bekam: Die Banken schossen sich auf das Land ein und verlangten immer höhere Zinsen, einfach weil es in der Eurozone nach Griechenland den höchsten Schuldenstand hatte. Dabei war egal, dass die italienischen Schulden aus den 1980er und 1990er Jahren stammten und seither nie ein Problem dargestellt hatten. Es half Italien auch nicht, dass es eines der produktivsten Industrieländer der Welt ist, mit einer traditionell starken Exportwirtschaft.[22] Die EZB erlaubte es den Banken, die Zinskosten über das italienische Wirtschaftswachstum hinaus nach oben zu treiben. Und somit drohte der Zweifel an der Zahlungsfähigkeit des Landes zu einer sich selbst erfüllenden Prophezeiung zu werden. Außer einem Staat, der seine Währung selbst herstellt, kann man jeden noch so soliden Schuldner in die Pleite treiben, wenn man die Zinsen nur so stark erhöht, dass sie seine laufenden Einnahmen übersteigen: In diesem Fall müssen immer neue Kredite aufgenommen werden, nur um die Zinsen zu bezahlen, und die Schulden steigen auf einmal wie von selbst. Genau das passierte nach der Griechenlandkrise in Italien. Die Banken spekulierten auf die italienische Pleite, die Zinsen stiegen weiter und mit ihnen die Staatsschuld.[23] Dabei hatten sich seit dem Euro-Beitritt alle Regierungen in Rom an die Sparauflagen gehalten und keine defizitfinanzierten Investitionen mehr getätigt.[24]

»Whatever it takes«: Mario Draghi spricht ein Machtwort

Die europäischen Nachbarn sahen ungerührt zu, wie der Druck auf Italien immer weiter zunahm. Erst nach einem Jahr griff EZB-Präsident Mario Draghi ein, denn es war klar, dass die immer weiter steigende Staatsschuld Italien früher oder später zum Austritt aus dem Euro zwingen würde – und damit hätte auch der Fortbestand der Eurozone auf dem Spiel gestanden.[25] Es kostete Draghi nicht viel, den Spuk zu beenden, tatsächlich reichte ein einziger magischer Satz: »We will do whatever it takes to preserve the Euro.«[26] Ausbuchstabiert hieß das: Die EZB würde ihre unbegrenzten Mittel einsetzen, um, wenn nötig, so lange italienische Staatsanleihen von den Banken zu kaufen, bis ein akzeptabler Zinssatz erreicht wäre.

Damit war der Spekulation auf eine mögliche Staatspleite Italiens der Boden entzogen. Obwohl die EZB noch keine einzige Anleihe gekauft hatte, sanken die Zinsen auf italienische Staatsanleihen wieder.

Allerdings lagen sie dennoch über dem Wirtschaftswachstum des Landes und ließen die Staatsschuldenquote somit weiter steigen – aber immerhin langsamer.[27] Aufgrund des verbleibenden Spreads galt auch weiterhin: Während der italienische Staat zum Teil mit erheblichen Zinskosten zu kämpfen hatte, bekam der deutsche Staat jahrelang de facto Geld geschenkt, wenn er sich verschuldete. Und unterschiedliche Staatsanleihen-Zinsen schlagen auch auf die restlichen Zinsen im Land durch, mit der Folge, dass die italienischen Unternehmen teurere Investitionskredite aufnehmen müssen als ihre deutsche Konkurrenz, was einen permanenten Wettbewerbsnachteil Italiens bedeutet.

Der Euro: Sargnagel einer erfolgreichen Wirtschaftsnation

Für die italienische Wirtschaft und Gesellschaft waren die 20 Jahre im Euro miserabel. Während Deutschland zwischen 2002 und 2018 um 30 Prozent gewachsen ist, stagnierte Italien im selben Zeitraum vollkommen.[28] Die deutschen Lieblingsbegründungen für das italienische Nullwachstum: Italien habe Strukturprobleme, schlechte Regierungen, zu viel Bürokratie und Mafia. Auch wenn diese Analyse von den selbstkritischen Italiener:innen meist geteilt wird, sind das dennoch nicht die Ursachen für die wirtschaftliche Misere dieser beiden Jahrzehnte – schließlich hatte keins der genannten Probleme Italien zuvor davon abgehalten, eine bedeutende Wirtschaftsnation zu werden. Gemessen am Bruttoinlandsprodukt war das Land 1990 noch die fünftwichtigste Volkswirtschaft weltweit. Erst seit dem Eintritt in den Euro wurde Italien abgehängt – und das ist kein unglücklicher Zufall.

Da sind zum einen die Eurozonen-Schuldenbremsen, die keine Konjunkturpolitik zuließen und Italien wegen seiner hohen Schuldenquote von Anfang an mit voller Härte trafen. Zudem erhöhte sich auch noch der Zwang, die Schuldenquote zu senken. Ohne Wirtschaftswachstum und ohne Konjunkturpolitik gibt es dazu aber nur eine Möglichkeit: Es muss tatsächlich Geld aus dem Steueraufkommen zur Rückzahlung verwendet werden. Über Jahre hat die italienische Regierung also mehr Geld von ihrer Bevölkerung weggesteuert als zu ihren Gunsten ausgegeben. Sie nahm den Italiener:innen einen Teil ihrer Ersparnisse ab, nur zu dem Zweck, sie in der Zentralbankbilanz erlöschen zu lassen, auf dass die Schulden sinken mögen und den europäischen Regeln Genüge getan ist. Die Regierung war gezwungen sich in der Krise, wie der private Sektor, prozyklisch zu verhalten, ihre eigenen Investitionen zu senken und der Wirtschaft immer weiter Geld zu entziehen.

Die Bevölkerung ist heute nicht nur nicht reicher als zu Beginn des Euros, sondern sogar ärmer. Die Arbeitslosigkeit unter jungen Menschen ist hoch, viele Fachkräfte haben das Land verlassen – oftmals Richtung Deutschland. Was den Fall Italiens besonders tragisch macht: Das Land verfügt(e) über eine gut entwickelte Industrie, die in den letzten Jahrzehnten gegenüber ihrer europäischen Konkurrenz massiv benachteiligt wurde. Viele Unternehmen gingen Bankrott oder sind latent von der Pleite bedroht, was wiederum eine ständige Gefahr für das italienische Bankensystem darstellt.

Außerhalb der Eurozone hätte Italien kein Schuldenproblem

Es sollte mittlerweile klar geworden sein, dass die Nöte, die Italien seit zwei Jahrzehnten plagen, nahezu in Gänze auf den Euro zurückzuführen sind. Wäre es kein Mitglied der Eurozone, hätte das Land seine eigene Währung, die es unbegrenzt erzeugen könnte, und wäre in der Lage, seine Zinsen nicht nur immer zu bedienen, sondern auch deren Höhe zu kontrollieren. Italien hat seit zehn Jahren kontinuierliche Exportüberschüsse und wäre damit außerhalb des Euros ein Land wie Japan, in dem die inländischen Vermögen den Staatsschulden entsprechen. Die Regierung würde die Rekord-Schuldenquote getrost ignorieren und einfach die Investitionen tätigen, die ihre Wähler:innen für sinnvoll erachten, zum Beispiel für Industriepolitik oder eine grüne Transformation der Wirtschaft. Zu guter Letzt könnte es eine eigene Währung auch abwerten und sich so gegen das deutsche Lohndumping wehren, das wir uns als Nächstes ansehen werden.

5. Zum Wohle aller: In Deutschland müssen die Löhne steigen – und die Importe

Währungskurse wirken als Puffer zwischen Ökonomien

1999 wurden die Währungskurse der zukünftigen Mitgliedsstaaten unauflöslich aneinandergebunden. Die D-Mark, der Franc, die Lira, der Gulden und die anderen Währungen wurden in einem bestimmten Verhältnis zueinander fixiert und dann in Euro umgerechnet. Das Verhältnis entsprach ungefähr den damaligen Wechselkursen und die wiederum ergaben sich weitgehend aus der Produktivität und der Konkurrenzfähigkeit der Staaten. Diese damals eingefrorenen Wechselkurse gelten unsichtbar bis heute, 20 Jahre später, egal ob sie die wirtschaftlichen Unterschiede in der Eurozone noch abbilden oder nicht. Die Kräfteverhältnisse haben sich jedoch in dieser Zeit stark verschoben. Wie gesagt: Deutschland ist um 30 Prozent gewachsen, Italien dagegen gar nicht.

Normalerweise dienen Wechselkurse aber dazu, solche gegensätzlichen Entwicklungen zwischen Nationalstaaten abzufedern und zu korrigieren. Das funktionierte vor der Euro-Einführung so: Wenn der Anteil Deutschlands am Export stark wuchs, fragten viele ausländische Käufer D-Mark nach, um mit ihnen die deutschen Produkte zu bezahlen. Dadurch stieg der Währungskurs und Güter aus Deutschland wurden im Ausland teurer. Die Nachfrage verschob sich somit zurück zu den Produkten anderer Länder, die im Verhältnis nun wieder günstiger waren. Wechselkurse wirken also wie eine Art Puffer zwischen Volkswirtschaften, einfach indem sie auf die internationale Nachfrage nach Gütern und den entsprechenden Währungen reagieren. Dieser automatische Prozess verhindert, dass die Exporte der einen immer größer werden und die der anderen immer weiter abnehmen.[29] Diesen Zweck erfüllen auch feste Wechselkurssysteme, solange sie bei Bedarf Anpassungen vorsehen. Freie Wechselkurse puffern automatisch – allerdings ermöglichen sie auch Währungsspekulation, die dazu führen kann, dass die Kurse verzerrt werden und die realwirtschaftlichen Warenströme nicht korrekt abbilden.[30]

Löhne drücken in der Währungsunion – ein No-Go!

Wettbewerb sollte über die Technologie, nicht aber über Steuern und Löhne ausgetragen werden, denn das schadet letztlich allen.[31] Währungskurse helfen, das zu verhindern. Denn wenn sich ein Land Exportvorteile verschafft, indem es die Löhne drückt, um seine Produkte im Ausland billiger anzubieten, dann kann sich ein anderes Land wehren, indem es den Kurs seiner Währung senkt. Damit werden seine Produkte im Ausland ebenfalls billiger und die Lohndrückerei des Nachbarn war umsonst. Wenn im Euro dagegen ein Land beginnt über die Löhne zu konkurrieren, dann bleibt den anderen nur die Möglichkeit nun ebenfalls die Löhne zu senken, wenn sie ihre Wettbewerbsfähigkeit erhalten wollen.

Das führt zu einem sogenannten *Race to the Bottom*, einer allgemeinen Abwärtsdynamik bei den Löhnen, die nicht nur den Arbeitnehmer:innen schadet, sondern am Ende allen – weil mit den Löhnen auch die internationale Nachfrage einbricht. Deswegen darf man eines in einer gemeinsamen Währung unter gar keinen Umständen tun: über die Löhne konkurrieren. Aber genau das hat Deutschland viele Jahre lang getan.[32, 33]

Es begann damit, dass sich Deutschland in den ersten Jahren des Euros als »der kranke Mann Europas« fühlte, der im Gegensatz zu anderen europäischen Staaten nicht wachsen wollte.[34] Die rot-grüne Regierung unter Gerhard Schröder antwortete darauf mit sogenannten Strukturreformen, die alle nur ein Ziel hatten: die Löhne in Deutschland zu senken, um so die heimischen Produkte billiger im Ausland anbieten zu können.[35] Durch die Hartz-Gesetze erhöhte man den Druck auf Arbeitslose, auch Jobs anzunehmen, für die sie überqualifiziert waren; der zeitliche Anspruch auf Leistungen aus der Arbeitslosenversicherung wurde stark reduziert, was die Angst der Berufstätigen vor sozialem Abstieg noch verstärkte. Zeitarbeit wurde in großem Stil ermöglicht. Die Arbeitnehmerschaft und die Gewerkschaften verloren in dieser Situation weiter an Verhandlungsmacht. In Deutschland sanken die Reallöhne (Löhne abzüglich Inflation) nach 2000 kontinuierlich und es entstand der größte Niedriglohnsektor Europas.[36] Die Länder, die in den ersten Eurojahren die neuen »europäischen Tiger« zu sein schienen – Spanien, Portugal, Irland und sogar Griechenland –, ließen ihre Löhne im selben Zeitraum disproportional steigen. Und so entwickelten sich die Löhne und die Inflationsraten in der Eurozone auseinander.[37, 38] Auch Italien hatte für einige Jahre zu hohe Lohnsteigerungen, korrigierte sich aber bald, was zusätzlich noch die Binnennachfrage sinken ließ. In Deutschland begannen die Löhne erst 2009 wieder ein wenig zu steigen, im Verhältnis zur Produktivität viel zu spät und auch viel zu langsam. Diese völlig unterschiedlichen Entwicklungen haben den Euro zu einer Währung gemacht, die für die meisten Länder zu teuer und für Deutschland zu billig ist.

Auch das musterhafte Frankreich verliert

Von den großen Ländern machte nur Frankreich von Anfang an alles richtig. Denn dort ließ man die Löhne langsam wachsen. Und zwar genau gemäß der Formel, die keynesianische Ökonom:innen seit jeher predigen: der Lohn vom letzten Jahr + Produktivitätswachstum + das jährliche Inflationsziel (üblicherweise zwei Prozent). Ebenso hielt es Österreich. Hätten sich alle Länder an diese Regel gehalten, dann hätten sich die Löhne im ganzen Euroraum exakt entsprechend ihrer Produktivität entwickelt. Die internationale Wettbewerbsfähigkeit der Eurostaaten wäre im Verhältnis zueinander dieselbe geblieben wie beim Eintritt in den Euro. Trotz zahlreicher Konstruktionsmängel hätte die Währung so auch noch nach 20 Jahren zu allen Ländern gleichermaßen gepasst. Daher schreibt der ehemalige Wirtschaftsweise Peter Bofinger: »Die [...] Lohnmoderation ist letztendlich nichts anderes als ein gravierender Bedienungsfehler der Währungsunion.«[39] Ohne diesen Fehler würde heute kein Mitgliedsstaat mit einer entweder zu teuren oder zu billigen Währung auf den internationalen Märkten gegen die anderen konkurrieren. Die Lohnentwicklung wäre für das Funktionieren der Eurozone entscheidend gewesen – nicht Verschuldungsquoten und Schuldenobergrenzen.[40]

Deutschland aber pochte auf die Begrenzung der Staatsausgaben und drückte gleichzeitig die eigenen Löhne. So konnten seine Unternehmen im Ausland immer mehr Marktanteile gewinnen. Die anderen Staaten, auch das vorbildliche Frankreich, verloren so gegenüber Deutschland, konnten aber in der gemeinsamen Währungsunion nicht mit einer Änderung der Wechselkurse reagieren und ihren Volkswirtschaften auch nicht mit Investitionen einen Produktivitätsschub geben.[41] Bitter daran: Einmal verlorene Marktanteile kann man in der Regel nicht zurückgewinnen und der Prozess der Deindustrialisierung beschleunigt sich in den betroffenen Ländern.

Die fehlende Kaufkraft deutscher Löhne

Die Deutschen wären wahrscheinlich gerne bereit gewesen für mehr Importe zu sorgen und öfter mit dem Nachtzug nach Rimini zu fahren oder gleich bis nach Griechenland an den Strand. Aber vielen Arbeitnehmer:innen fehlt das Geld, denn der Exportüberschuss wurde gerade dadurch ermöglicht, dass die deutschen Löhne eben nicht mit der Produktivität mitgewachsen sind. Und das ist für die gesamte Binnenwirtschaft ein Nachteil. Denn mit höheren Löhnen würden die Deutschen nicht nur mehr ausländische, sondern auch mehr inländische Produkte kaufen. Auch die Friseurin, die Schreinerei und die

Brandenburger Büffelmozzarella-Fabrik hätten mehr Umsätze. Statt aber die eigene Binnenwirtschaft zu stärken, hat sich die deutsche Politik auf den Exportüberschuss als Qualitätsmerkmal kapriziert. Der kommt aber nur einigen Branchen zugute, die an den Löhnen sparen und ihre Gewinne im Ausland verdienen. Dagegen ist der Exportüberschuss für die deutschen Arbeitnehmer:innen ebenso ein Verlustgeschäft wie für die europäischen Nachbarn.

Dumme Überschüsse verdampfen in Krisen

Die Handelsungleichgewichte sind langfristig noch nicht einmal ein Vorteil für die Unternehmen und Investor:innen, die vermeintlich vom Exportüberschuss profitieren. Denn was tun mit dem zusätzlichen Geld? Im Inland kann man es jedenfalls nicht anlegen, da hier sowohl der öffentliche als auch der private Sektor sparen: Der Staat verkauft keine Anleihen, in die man das Geld stecken könnte, weil er auf die schwarze Null abzielt, und die Unternehmen wollen nicht investieren, wenn die Nachfrage fehlt. Also fließen die Exportgewinne ins Ausland, und zwar in die Länder mit den Handelsdefiziten, denn dort wird konsumiert und man braucht Devisen, um die Importe zu bezahlen. Wenn sich die Handelsungleichgewichte aber fortsetzen, sind diese Länder irgendwann überschuldet und pleite – und die Rückzahlungsforderungen der Exportländer gehen verloren. Jetzt ist es so, als hätten sie ihre Güter verschenkt. Genau das ist der Grund, warum deutsche Anleger:innen in den letzten Jahrzehnten immer ganz vorne mit dabei waren, wenn es in weltweiten Finanzkrisen Geld zu verlieren gab. Im anglophonen Raum hat man für dieses Phänomen sogar einen Begriff: *Stupid German Money*.[42] Viel deutsches Geld verbrannte jeweils in Form von griechischen Staatsanleihen, Aktien in der Dotcom-Blase und amerikanischen Immobilien-Schrottpapieren. Statt einfach Waren zu importieren, füttert deutsches Geld weltweit die Spekulation und die Verschuldung – bis zur nächsten Krise, die wie ein Bumerang zu den Exportländern zurückkommt, dort Forderungen vernichtet und im schlimmsten Fall die ganze Weltwirtschaft destabilisiert.

Chinesisches Geld für die arme Eurozone

Nachdem die Weltwirtschaftskrise 2010 halbwegs überwunden schien, pochte Deutschland wieder auf die Einhaltung der Verträge und versuchte ganz Europa auf Sparkurs zu bringen.[43] Den anderen Ländern blieb daraufhin nichts anderes übrig, als das deutsche Modell zu kopieren, nun selbst ihre Löhne zu senken und über diese sogenannte interne Abwertung ihren Exportanteil zu vergrößern. Ab da versuchte also die ganze Eurozone Handelsbilanzüberschüsse zu erzielen – und den Rest der Welt zu Schuldnern zu machen, mit den entsprechenden Risiken.

Zu dieser Zeit begannen sich europäische Länder in ihrer Bedrängnis auch für ausländische Direktinvestitionen zu interessieren. Das traf sich gut, denn China verfolgte sein Neue-Seidenstraße-Projekt und investierte weltweit in Infrastruktur. Und so hat seit 2011 »der griechische Staat unter dem Druck der Schuldenkrise und der Troika fast alle wichtigen Häfen und Flughäfen des Landes an ausländische Firmen verkauft. Im Jahr 2016 unterschrieb Athen den Vertrag mit Cosco, mit dem sich das chinesische Unternehmen eine Zweidrittelmehrheit am Hafen von Piräus sicherte.«[44] Und noch 2019 hoffte das »hochverschuldete Italien [...], mithilfe Chinas endlich aus der Krise zu finden«.[45] Denn China, offiziell immer noch ein Entwicklungsland, traute sich etwas zu. Im reichen Europa war man dagegen selbst zuhause abhängig von ausländischen Investitionen. Denn man hatte aus Unverstand und gegenseitigem Misstrauen die eigene Zentralbank fest verschlossen und den Schlüssel versteckt.

MYTHOS 15
Wir können stolz auf unsere Exportüberschüsse sein.

Wenn das Ausland Einspruch gegen die deutschen Exportüberschüsse erhebt,[46] denken wir, man wolle uns die Ausfuhr unserer Qualitätsprodukte verbieten, um die man sich nun mal auf der ganzen Welt reißt. Aber das stimmt nicht, denn den Kritiker:innen geht es nicht um den Export. Tatsächlich können wir gerne so viel exportieren, wie wir wollen. Es ist der zweite Teil des Wortes »Exportüberschuss«, der das Problem darstellt. Denn um den Überschuss zu ermöglichen, müssen andere ein Defizit, also jährlich steigende Schulden bei uns, haben. Das führt aber auf Dauer zu globalen Krisen. Alles, was das Ausland daher von uns will: Wir sollen doch bitte unser mit dem Export verdientes Geld nehmen und nun auch bei ihnen einkaufen – spanisches Olivenöl, italienische Möbel, portugiesische Schuhe, äthiopischen Kaffee, ecuadorianische Schokolade, französischen Champagner und peruanische Alpaka-Pullover. Wir dürfen auch gerne unsere Euros im Urlaub am Mittelmeer, in den Pyrenäen oder am Atlantik lassen. Für den europäischen Frieden und den Frieden in der Welt sollen wir nur einfach genauso viel ausgeben, wie wir auch einnehmen. Wäre das denn wirklich so schlimm?

6. Exportüberschüsse sind falsch verstandene Stärke – und Gift für Europa

Exportüberschüsse sind materielle Verluste

Wenn man Exportüberschüsse einmal ganz nüchtern von der Ressourcenseite betrachtet, sind sie ein Verlustgeschäft für eine Volkswirtschaft: Man nutzt die eigene Arbeitskraft und Rohstoffe, um Produkte herzustellen, die dann im Ausland verkonsumiert werden. Die eigene Volkswirtschaft erhält nur Geld und damit Ansprüche auf zukünftigen Konsum.[47] Wenn man aber Jahr für Jahr mehr Überschüsse anhäuft, schiebt man den Konsum immer weiter in eine unsichere Zukunft – in der diese Forderungen vielleicht nichts mehr wert sein werden.

Die Strategie, zuhause durch Lohnverzicht den Gürtel eng zu schnallen, um dafür günstig produzieren zu können, lohnt sich für ein Land nur, wenn sich dadurch eine Entwicklungsperspektive bietet: Dank der Dollareinnahmen für einfache Billigwaren konnte zum Beispiel China seine eigene Industrie und Infrastruktur modernisieren. Inzwischen hat die chinesische Wirtschaft aufgeholt und der Renminbi ist eine Währung, die auch im Ausland Kaufkraft besitzt. Dementsprechend baut das Land inzwischen seine Exportüberschüsse und Auslandsguthaben ab und stärkt den eigenen Binnenmarkt. Chinesische Unternehmen stellen nun selbst anspruchsvolle Produkte her und dank steigender Löhne kann eine wachsende Mittelschicht sie nachfragen. Wenn nötig, unterstützt der Staat die Wirtschaft durch die Schöpfung der eigenen Währung. Die Strategie der niedrigen Löhne und der Exportfixierung kann also unter Umständen Entwicklung ermöglichen, wie im Falle Chinas. Bei Ländern mit einem kleineren Binnenmarkt verhindern allerdings die geltenden Freihandelsregeln in den letzten Jahrzehnten ähnliche Erfolgsgeschichten.[48]

Für Staaten, die sich technologisch bereits an der Spitze befinden, sind Exportüberschüsse aber in jedem Fall unsinnig. Sie tragen nicht zur Verbesserung der Lebensumstände im eigenen Land bei, sondern verhindern lediglich die Entwicklung der anderen. Eine reiche Industrienation wie Deutschland sollte sich auf seine Stärken besinnen und zum allgemeinen Nutzen im Bereich der Hochtechnologie investieren. Es sollte nicht versuchen, mit ärmeren Ländern über den Preis zu konkurrieren und damit das weltweite Lohngefüge unter Druck setzen – zum Schaden aller.[49] Die Ökonomen Bibow und Flassbeck fassen es so zusammen: Deutschland hat nach 2008 für mehr als ein Jahrzehnt »Leistungsbilanzüberschüsse in der Größenordnung von sechs bis neun Prozent des BIP eingefahren. Für eine Volkswirtschaft von Deutschlands Größe ist das außergewöhnlich und international inakzeptabel – innerhalb einer Währungsunion, die keine Transferunion ist und sein will, ist es schlichtweg verheerend.«

Eine Leitwährung kann und muss sich Defizite leisten

In Deutschland wird fälschlicherweise der Exportüberschuss mit ökonomischer und politischer Stärke gleichgesetzt. An den Vereinigten Staaten sehen wir, dass sich ein sehr mächtiges Land sogar das Gegenteil erlauben kann, nämlich konstante Handelsdefizite. Die USA importieren seit Jahrzehnten mehr, als sie exportieren, ohne ein Problem mit Überschuldung zu haben. Denn Dollar werden unabhängig von den amerikanischen Exporten nachgefragt: Weil viele Produkte weltweit in Dollar gehandelt werden und weil auf der ganzen Welt Menschen und Unternehmen ihr Geld in Dollar sicher anlegen wollen – in Form von Scheinen unter der Matratze, bei einer amerikanischen Bank oder gleich in US-Anleihen bei der Fed. Von der Ressourcenseite betrachtet bedeutet das: Die anderen schicken echte Waren und die Amerikaner bezahlen mit Geld, dass die Fed einfach in den Computer tippen kann. Im Gegenzug öffnen die USA ihren riesigen

Markt und erlauben es ärmeren Ländern Dollar zu verdienen, mit denen sie dann, im allerbesten Fall, ihre eigene Wirtschaft entwickeln können.

Tatsächlich stand bei der Gründung des Euros auch einmal die Idee im Raum, eine europäische Währung könne dem Dollar Konkurrenz machen. Das ist nicht passiert, obwohl die Eurozone ökonomisch durchaus mit den USA mithalten kann. Aber um eine Leitwährung zu werden, muss man ausreichende Mengen an Euro schöpfen und in Umlauf bringen. Man muss die eigenen Märkte öffnen und den anderen Ländern die Möglichkeit geben den Euro auch zu verdienen – man muss also mehr importieren. Eine solche Politik wäre ein Weg gewesen, Ländern außerhalb der EU, wie der Türkei, Russland oder Nordafrika, eine Perspektive zu bieten, sich ökonomisch an die Eurozone als Motor anzuhängen. Das hätte sich auf die Entwicklung dieser Regionen positiv auswirken können und Europa auch die politischen Einflussmöglichkeiten gegeben, die es in den heutigen Krisen vermisst. Stattdessen hat sich die Eurozone einen Sparkurs verordnet, als hätte sie selbst keine mächtige und begehrte Währung, sondern bräuchte dringend das Geld der anderen.

7. Antizyklische Geldschöpfung für die Eurozone!

Der Euro hat seine Anziehungskraft verloren

Weil sich die Eurozone selbst arm macht, hat sie ihre Anziehungskraft fast gänzlich eingebüßt – nur die drei ärmsten EU-Staaten sind noch interessiert: Rumänien, Bulgarien und Kroatien, das tatsächlich Anfang 2023 Mitglied wurde (der erste Neubeitritt seit 2015). Westliche EU-Staaten wie Dänemark und Schweden haben keinerlei Interesse, Großbritannien hat die EU sogar komplett verlassen. Und die vielversprechendsten östlichen Anwärterstaaten Tschechien und Polen, deren Beitritt zum Euro längst vorgesehen war, haben den Prozess zunächst hinausgezögert, um schließlich mitzuteilen, dass sie nicht mehr interessiert sind, weil sie mit ihrer eigenen Währung besser fahren.[50]

Tatsächlich waren die Wachstumsraten der EU-Länder außerhalb der Eurozone fast immer höher, ebenso wie die Wachstumsraten von Staaten wie den USA, Kanada, aber auch Großbritannien.[51] Dagegen lagen die Raten in der Eurozone regelmäßig über denen der anderen EU-Länder. Zwischen 2009 und 2016 hatten Italien und Portugal Arbeitslosenraten über 10 Prozent, Spanien und Griechenland lange Zeit sogar 20 und 25 Prozent.[52] Noch erschreckender ist die Jugendarbeitslosigkeit, im November 2021 betrug sie in Griechenland 39 Prozent, in Spanien 29 Prozent, in Italien 28 Prozent, in Portugal 22 Prozent, in Frankreich 18 Prozent und in der Eurozone im Durchschnitt 15,5 Prozent. Ein Problem, das man von Deutschland aus gut ignorieren kann, denn hier lag die Jugendarbeitslosigkeit bei »nur« 6,4 Prozent.[53]

Der Euro und der Rechtsruck in Europa

Dirk Ehnts schreibt: »Bei Massenarbeitslosigkeit [...] sollte klar sein, dass es hier nicht um die Rettung einer Währung geht, sondern um die Rettung von Menschen.«[54] Und: »Wenn [...] der Staat durch seine Ausgaben zusätzliches Einkommen erzeugen kann, dann sollte in einem Geldsystem der Staat bzw. die Regierung die Verantwortung haben für die Arbeitslosigkeit.«[55] Stattdessen hat Europa seine demokratische Kultur und die Idee der Solidarität im Streit ums Geld leichtfertig drangegeben. Griechenland wurde für pleite erklärt, seine Infrastruktur verramscht und die griechische Wirtschaft schrumpfte um fast ein Drittel, was für ein europäisches Land in Friedenszeiten ein unerhörter Einbruch ist. Als 2015 die linke Regierung Tsipras ins Amt kam, die explizit gegen die europäische Austeritätspolitik angetreten war, blieb selbst ihr nichts anderes übrig, als die Sparvorgaben der Troika (bestehend aus Europäischer Kommission, EZB und Europäischem Rat) zähneknirschend auszuführen.[56] Auch die demokratischen Spielräume Irlands, Spaniens, und Portugals wurden in der Eurokrise unter dem Spardiktat eingeschränkt. Italien befand sich in der Eurozone im ständigen Abstieg unter dem Druck von Regeln, die jeder ökonomischen Logik widersprechen. »In jedem Land wurde der neu gewählten Regierung gesagt, es gebe keine Alternative: Akzeptiere sie die Bedingungen nicht, würde das Banksystem zerstört, die Wirtschaft ruiniert und außerdem müsse das Land die Eurozone verlassen«[57], so der amerikanische Ökonom und Nobelpreisträger Joseph Stiglitz. Mit den europäischen Grundsätzen von Demokratie, Solidarität und friedlicher Zusammenarbeit hat all das nichts zu tun. Stattdessen werden so Gefühle von Ohnmacht, Hass und nationalen Ressentiments stetig genährt. Kurz, der Euro ist zum Gegenteil des Friedensprojektes geworden, das die Europäische Union eigentlich sein möchte.

Kein Wunder also, dass die einst pro-europäische Stimmung in vielen Euroländern seit der Finanzkrise gekippt ist und europafeindliche Parteien bei den Wahlen zugelegt haben. In Frankreich müssen wir bald ein drittes Mal fürchten, dass Marine Le Pen, die das französische Problem mit dem Euro erschreckend gut versteht, Präsidentin wird. Nachdem die Italiener:innen jede mögliche Partei, inklusive der neugegründeten populistischen Fünf-Sterne-Bewegung, ausprobiert hatten, gewann im September 2022 nun die Postfaschistin Meloni mit ihrer Partei Fratelli d'Italia die Wahlen und bildete gemeinsam mit der ausländerfeindlichen Lega unter Salvini und Berlusconis Forza Italia die erste rechts-außen-geführte Regierung des Landes.

Die Parteien der Mitte und der moderaten Linken versuchen ihren pro-europäischen Kurs zu halten und gegenüber der Bevölkerung als alternativlos zu verteidigen. Ihre Argumente klingen aber in Anbetracht von hohen Arbeitslosenraten bei jungen Menschen und einer Mittelschicht, die seit 15 Jahren unter einer europäisch verordneten Sparpolitik leidet, immer schaler. Das gilt umso mehr, weil ausgerechnet die politische Rechte die Nachteile des Euros für die eigene Volkswirtschaft durchaus korrekt analysiert und mit guten Gründen anprangert. Andererseits traut sich auch Meloni keinen Konfrontationskurs mit der Eurozone oder gar einen Austritt zu. Damit hält sich ihr tatsächlicher politischer Handlungsspielraum – wie der aller anderen Regierungen zuvor – in engen Grenzen.[58] Was ihr bleibt, sind allein kulturelle und symbolische Aktionen, die sich in erster Linie gegen Minderheiten richten. Handfeste Hoffnung auf wirkliche Verbesserungen für Italien sind nirgendwo in Sicht.

Corona und die handlungsunfähige Eurozone

Auch die jüngsten Krisen haben uns wieder vor Augen geführt, dass die Grundeinstellungen der Eurozone nicht funktionieren. Zwar wurden die Schuldenobergrenzen in der Corona-Krise ausgesetzt und die EZB drückte den Zins für alle nach unten, indem sie Staatsanleihen in großem Stil von den Banken kaufte.[59] Doch weil es sich nur um eine vorübergehende Ausnahme handelte, fürchteten die höher verschuldeten Staaten ein böses Erwachen: Früher oder später würden die alten

Schuldengrenzen wieder gelten und der Strafzins-Mechanismus erneut zum Einsatz kommen. Daher rangen sie um Möglichkeiten, das zusätzliche Geld für die Corona-Krise anders als über nationale Defizite zu generieren. Wieder standen die stärker verschuldeten Staaten wie Italien, Spanien und Portugal gegen die weniger stark verschuldeten wie Deutschland, die Niederlande und Österreich, die nach den Eurozonen-Regeln noch mehr Spielraum besaßen. Die beiden Fraktionen waren nicht in der Lage, eine für alle akzeptable Lösung zu finden, um das Geld für die Krisen-Interventionen zu schaffen. So wollte der nördliche Block den Europäischen Stabilitätsmechanismus (ESM) wiederbeleben, einen Rettungsschirm ohne ausreichendes Volumen, der in der Eurokrise mit den strengen Sparauflagen der Troika zum Einsatz kam, was Italien als Zumutung zurückwies.[60] Der südliche Block versuchte dagegen erneut die Ausgabe von Eurobonds, also gemeinsamer Euro-Staatsanleihen, durchzusetzen und scheiterte wieder, obwohl sie diesmal unter dem Namen »Corona-Bonds« auf die Krisen-Ausgaben beschränkt sein sollten.

Die EU-Kommission erbarmt sich

Daher nahm in der Corona-Krise schließlich die Europäische Kommission das Heft in die Hand und beschloss selbst die Schulden für die nötige Geldschöpfung in ihre Bilanz zu übernehmen. Erstmals machte also die EU erhebliche Defizitausgaben, in Höhe von 750 Milliarden Euro, für ein Konjunktur- und Investitionsprogramm gegen die Folgen der Corona-Krise. Das nötige Geld schuf die EZB in ihrer Bilanz und es floss über die Banken zur Kommission, die es an die Länderregierungen weiterleiteten, teils als nicht rückzahlbare Hilfe, teils zu günstigen Kreditkonditionen. Damit agierte die Kommission währungspolitisch wie eine Bundesregierung, die für ihre Bundesländer Geld schöpft. Auch diese Lösung führt zu einer gemeinsamen Verschuldung wie die Euro- oder Corona-Bonds und ist damit tatsächlich ein Novum. Gleichzeitig ist es ein zeithistorisches Beispiel, wie die Entwicklung von Staatlichkeit und Geldschöpfung sich gegenseitig bedingen: Auf einmal veranlasst eine völlig neue Akteurin, nämlich die EU, die Schöpfung riesiger Geldmengen – einfach, indem sie die Schulden in die eigene Bilanz übernimmt.

Aber natürlich war das nur möglich, weil die EU bereits viele Eigenschaften eines geldschöpfenden Staates besitzt. Zwar verfügt sie noch nicht selbst über das Privileg der Besteuerung – dafür aber die Mitgliedsstaaten, die wiederum mit ihren nationalen Steuereinnahmen den EU-Haushalt finanzieren. Gleichzeitig ist immer wieder im Gespräch, die EU selbst bestimmte Steuern erheben zu lassen, und die Übernahme der Schulden macht diesen Anspruch erst recht legitim. Die Kommission stand als Geldschöpferin/Schuldenmacherin obendrein auch deswegen bereit, weil es mit der EZB schon eine suprastaatliche europäische Zentralbank gibt, die ausreichende Überschneidungen mit der EU aufweist, was die beteiligten Staaten und die Interessen betrifft.[61] Es handelte sich bei der Geldschöpfung der EU-Kommission sowohl um eine akute Krisenintervention – wobei die mobilisierte Geldsumme weit hinter den tatsächlichen Krisenkosten zurückbleibt – als auch um einen als Ausnahme deklarierten Testballon. Daher bleibt abzuwarten, ob die EU-Staaten diesen Weg weiterbeschreiten und der Kommission erlauben wollen, dauerhaft Investitionsprogramme und damit Geldschöpfung zu initiieren und die Verschuldung auf ihre Kappe zu nehmen.

Der Vorteil ist, dass die Europäische Union mit Rat, Parlament und Kommission bereits handlungsfähige Institutionen und ein Stück demokratischer Legitimation besitzt – im Gegensatz zur Eurozone. Der Nachteil ist, dass EU und Eurozone sowie deren Probleme nicht identisch sind. Es wird auch nicht einfacher Kompromisse zu finden, denn in der EU kommt zur Nord-Süd-Spaltung der Eurozone noch die Ost-West-Bruchlinie entlang der Demokratie- und Rechtsstaatlichkeitsfrage hinzu. Aber immerhin hat sich die EU in der Corona-Krise als handlungsfähig erwiesen und uns einen Blick in die Zukunft werfen lassen, die die Gründereltern des Euros ursprünglich im Sinn hatten, nämlich dass Geldpolitik, Fiskalpolitik und Demokratie irgendwann auf der nächsthöheren Ebene wieder zusammenfinden.

Die Eurozone braucht antizyklische Geldschöpfung

Allerdings kann die Eurozone nicht abwarten, bis diese Zukunft sich irgendwann materialisiert und die EU regelmäßige Defizitausgaben tätigt. Sie muss ihre hausgemachten Probleme selbst lösen und dafür sorgen, dass die Eurostaaten auch noch antizyklische Konjunkturpolitik betreiben können, wenn die Corona-Ausnahmeregelungen Ende 2023 auslaufen. Auf keinen Fall dürfen die alten prozyklischen

Schuldenbremsen und Strafzinsen wieder Anwendung finden, die schon die Krise nach 2008 unnötig verlängert haben. Diesmal ist die Rückkehr zum alten Regime aber tatsächlich unwahrscheinlich, denn zum einen ist die Schmerzgrenze von Staaten wie Italien, aber auch Frankreich erreicht und zum anderen werden sich 2023 den Prognosen zufolge bereits zwei Drittel aller Eurostaaten jenseits der Verschuldungsgrenze von 60 Prozent befinden, darunter alle großen Staaten, Deutschland eingeschlossen. Sie alle dürften dann künftig gar keine Defizitausgaben mehr tätigen, sondern müssten jährliche Haushaltsüberschüsse erwirtschaften und in der Zentralbankbilanz verschwinden lassen. Damit würden die Corona-Pandemie und die Energiepreiskrise direkt übergehen in die nächste große europäische Rezession; in einem Moment, in dem eigentlich Investitionen in den klimaneutralen Umbau der Wirtschaft gesteckt werden sollten. Tatsächlich hat sich 2022 gezeigt, dass die hohen staatlichen Sonderausgaben Wirkung zeigten, trotz der Krisen. Die Arbeitslosenrate lag Ende des Jahres in der Eurozone bei 6,5 Prozent – im internationalen Vergleich immer noch hoch, aber für die Eurozone einmalig niedrig. Das Aussetzen der Schuldengrenzen und die Investitionsprogramme wirken positiv.[62] Jetzt müssten eigentlich auch die Letzten verstanden haben, dass die Eurozonen-Regeln in ihrer alten Form geändert werden müssen. Deutschland sollte sich davor hüten, diese Erkenntnis herauszuschieben und nun mit Tricks und Schattenhaushalten den eigenen Geldbedarf zu decken und so zu tun, als könne es selbst die Grenzen einhalten, statt sie endlich zugunsten aller zu verändern.[63]

Pragmatische Lösungen müssen her

Ambitionierte Vorhaben zum Umbau der Eurozone gab es – insbesondere aus Frankreich – immer wieder, sie stießen aber in Deutschland stets auf taube Ohren.[64] Nachdem die Eurozone und die EU sich in den letzten 15 Jahren immer stärker polarisiert und re-nationalisiert haben, ist es schwer vorstellbar, dass sich gerade jetzt weitgehende Vertragsänderungen durchsetzen lassen.[65] Dirk Ehnts und Michael Peetz schlagen daher für die nächsten Jahre eine höchst pragmatische Lösung vor: Man sollte eine erneute emotionale Diskussion um Eurobonds vermeiden und sich besser auf die endgültige Entfernung der Schuldenobergrenzen aus den Verträgen beschränken. Alles andere kann die EZB übernehmen, indem sie über die Anleihekaufprogramme die Zinsen für Staatsanleihen weiter klein hält und einen einheitlichen Zins für alle Staaten gewährleistet.

Damit die EZB zu einem Teil der Lösung wird, statt ein Teil des Problems zu sein, müsste sie ihre Unabhängigkeit selbstbewusst nutzen und über die neoliberale Austeritäts-DNA der Gründungsverträge hinauswachsen. Um den Euro doch noch zu einer für alle Beteiligten funktionierenden Währung zu machen, sollten alle Eurozonen-Regierungen ihre Volkswirtschaften bei Bedarf gleichermaßen stützen können. Alleingänge wie Kanzler Scholzens sogenannter »Doppelwumms« in der Energiepreiskrise 2022, bei dem sich die Deutschen einen Milliardensegen gönnten, während den stärker verschuldeten Ländern die Hände gebunden waren, führen dort zu Enttäuschung, Wut und Zynismus. Mit einer verlässlichen, loyalen EZB würden alle nationalen Regierungen ihre Handlungsfähigkeit in Krisen zurückerhalten.

Sollten es einige Staaten irgendwann aber tatsächlich mit der Geldschöpfung übertreiben, ließen sich sehr einfach klügere Beschränkungen finden, die nicht prozyklisch wirken, sondern die in Krisen mehr Geldschöpfung zulassen und die insbesondere Investitionen zugunsten des klimagerechten Umbaus der Infrastruktur privilegieren – die wir schließlich dringend brauchen.[66]

8. Deutsche Haftungsängste und das Ende des Euro

Alles hat seinen Preis

Bei allem, was die Eurozone betrifft, sind die Deutschen völlig fixiert auf die Haftungs- und Transferfrage. Dazu lässt sich Folgendes sagen: Es gibt keine Welt, in der wir nicht in irgendeiner Form füreinander bezahlen. Schon gar nicht kann ein Land alle Vorteile für sich reklamieren: eine konstant unterbewertete Währung in einer Währungsunion, ständige Exportüberschüsse, ein Ausland, das seine Schulden trotzdem immer bezahlt, und das Ganze in einer stabilen globalen Wirtschaft. Diese beste aller möglichen deutschen Welten ist reine Fantasie und kollidiert mit den simpelsten Prinzipien der Logik und der Buchhaltung. In der wirklichen Welt hat alles einen Preis: Im

Moment bezahlt Italien für die niedrigen Zinsen auf deutsche Staatsanleihen mit seinen hohen Zinsen und Frankreich mit verlorenen Marktanteilen für das deutsche Lohndumping. Deutschland wiederum bezahlt für seine Exportfixierung mit geopolitischer Abhängigkeit von unzuverlässigen, autokratischen Regimen wie China, aber auch damit, dass wir im Falle von globalen Krisen nicht auf einen prosperierenden europäischen Binnenmarkt zurückgreifen können. Besonders hoch wird der Preis sein, wenn Deutschland seine Nachbarn an ihre Schmerzgrenze treibt und der Euro auseinanderbricht. Denn bei einer Rückkehr zu den nationalen Währungen würde die D-Mark um rund 30 Prozent aufwerten – und deutsche Produkte im Ausland plötzlich ein Drittel mehr kosten.[67] Auf einen Schlag würden unsere Exporte einbrechen und die Arbeitslosigkeit steil ansteigen, während die abwertenden Länder wie Frankreich und Italien wieder zu Kräften kämen.

Es gibt also in einer voneinander abhängigen, globalisierten Welt keine Möglichkeit, nicht in irgendeiner Form für seine Vorteile zu bezahlen; und das, was unseren Handelspartnern schadet, schneidet auf längere Frist auch uns selbst ins Fleisch. In einer Währungsunion sollte man versuchen, gemeinsam Win-win-Situationen herbeizuführen, wobei selbst Transferzahlungen im wohlverstandenen Eigeninteresse liegen können: Denn zum einen sind die Kosten von unkontrollierten Zusammenbrüchen meist höher, und zum anderen kann durch Transfers ein neues Gleichgewicht entstehen, von dem alle profitieren – so wie es zum Beispiel bei der deutschen Wiedervereinigung der Fall war, bei der die Investitionen sich auch für Westdeutschland ausgezahlt haben.[68] Es entbehrt zudem jeder Logik, dass wir Deutschen uns im Rahmen der Eurozone gegen jede Form von Transfers mit Händen und Füßen wehren – dagegen aber in der EU seit jeher Transferzahlungen leisten. Dabei gibt es in einem gemeinsamen Währungsraum, durch die ungleichen Wirkungen der gemeinsamen Geldpolitik, weitaus zwingendere Gründe für Transfers als in einer rein politischen Union.

Zu guter Letzt sollten wir uns in Deutschland daran erinnern, dass wirtschaftliche Krisen immer auch politische Krisen sind oder sich zu politischen Krisen entwickeln. Wenn der Euro zu einem wirtschaftlichen Desaster für unsere Nachbarn wird und sie sich rechten Populist:innen an den Hals werfen, ist das eine Gefahr für alle Europäer:innen. Wir alle profitieren von friedlichen und gedeihlichen Verhältnissen mehr, als wir je an Transfers nach Griechenland schicken könnten. Das vorausgeschickt, nun zu den konkreten Haftungsrisiken im Euro.

Haftungsrisiken – selbst im schlimmsten Fall überschaubar

Solange der Euro besteht, gibt es keine Haftung, denn die Staatsschulden der Eurozone werden, wie alle Staatsschulden, einfach weiter in die Zukunft verschoben. Wenn wir allerdings durch Handelsungleichgewichte Krisen wie die in Griechenland produzieren, dann müssen wir entweder bei einem Schuldenschnitt die Abschreibungen auf griechische Staatsanleihen hinnehmen (wie 2010 geschehen) oder wir müssen, was produktiver ist, dem Land mit europäischen Transfers zu einer ökonomischen Perspektive verhelfen.

Was aber würde passieren, wenn der Euro – entgegen allen erklärten Absichten und derzeitigen Prognosen – doch scheitern und auseinanderbrechen würde? In diesem Fall müssten die einzelnen Nationalstaaten wieder eigene Währungen einführen und ihre Staatsschulden auf diese Währungen umstellen. Damit würden viele europäische Staatsanleihen, die deutsche Anleger:innen halten, an Wert verlieren. Allerdings muss dazu gesagt werden, dass sie für dieses Verlustrisiko schon seit Jahren kompensiert werden – denn die höheren Zinsen, die sie aufgrund des Spreads in den letzten 15 Jahren erhalten haben, preisen genau dieses Risiko ein. Da die Abschreibungen dennoch das Bankensystem erschüttern würden, müsste wohl die (dann wieder autonome) Deutsche Bundesbank einspringen, die Anleihen zum alten Wert aufkaufen und die Verluste in ihrer Bilanz verschwinden lassen – mit dem einzigen Effekt, dass sie keine jährlichen Gewinne an die Bundesregierung ausschütten könnte, solange sie in den roten Zahlen steht. Dramatischer wären die Folgen nicht, niemand müsste bezahlen oder real auf etwas verzichten. Sollte sich die Bundesregierung aber entscheiden, die Bankenrettung über den Staatshaushalt abzuwickeln, sich dann über den hohen Schuldenstand erschrecken und beginnen bei den Bürger:innen zu sparen, dann sollten die sich schleunigst eine Regierung wählen, die etwas von Geldtheorie versteht.

Die Target-Salden

Für das große Haftungsproblem in der Eurozone halten manche Mainstream-Ökonom:innen die sogenannten Target-Salden, passive Gegenbuchungen der Länder-Zentralbanken untereinander im gemeinsamen EZB-System. Aber das ist eine unnötige Sorge: Zwar spiegeln die Target-Salden die Zahlungsströme innerhalb der Eurozone wider, aber sie betreffen ausschließlich die Bilanzen von Zentralbanken, von denen wir inzwischen wissen, dass sie ohne realwirtschaftliche Folgen bleiben.[69] Ein Beispiel: Weil aufgrund der Handelsungleichgewichte dauerhaft mehr Geld von Griechenland nach Deutschland geflossen ist als umgekehrt, hat die griechische Zentralbank ein Minus gegenüber der Deutschen Bundesbank – die aber beide nur Filialen der EZB sind. Die Differenzen vergrößern sich zudem immer zusätzlich, wenn der Euro in der Krise ist. Denn nun transferieren Privatpersonen und Unternehmen aus Italien, Griechenland und Spanien ihr Geld nach Deutschland und kaufen zum Beispiel Wohnungen in Berlin. Denn sie wissen, wenn der Euro auseinanderbricht, dann verlieren ihre Ersparnisse auf den heimischen Konten an Wert. Die Target-Salden bilden also auch die Kapitalflucht und das Misstrauen der Bürger:innen Südeuropas in den Fortbestand des Euro ab.

Eine echte Bedeutung bekämen die Salden nur, wenn der Euro scheitern und das Eurosystem sich wieder in verschiedene nationale Zentralbanken aufspalten würde: Dann hätten zum Beispiel die griechische Zentralbank und die Banca d'Italia Schulden gegenüber der Bundesbank. Da es sich aber bei allen Beteiligten um unverwüstliche Zentralbanken handelt, könnten diese wiederum problemlos neues Geld für ihr Bankensystem und ihre Regierung in ihren Computer tippen. Die dann wieder autonomen Länder-Zentralbanken müssten sich allerdings untereinander auf neue Umrechnungskurse einigen. Zunächst hätte die Bundesbank dank ihrer positiven Target-Salden aus der Euro-Zeit wohl ziemlich viele Devisenreserven in Form von neuen Drachmen, Liras, Francs und Pesos. Diese Guthaben könnte Deutschland in den hypothetischen Folgejahren gut gebrauchen, weil sich mit den Handelsströmen auch die Kapitalströme bald umdrehen würden. Auch die Italienier:innen, Griech:innen und Spanier:innen zögen ihr Geld dann aus Deutschland ab und holten es wieder nach Hause. Daher würden sich die Salden der Zentralbanken untereinander mit der Zeit wieder ausgleichen. Zynisch müsste man sagen: Deutschland spart schon mal Überschüsse an, damit es sich den Zusammenbruch des Euros und der eigenen Wirtschaft, den es selbst mit genau diesen Überschüssen herbeiführt, auch leisten können wird.

Das Ende des Euros: unwahrscheinlich, aber schnell

Es gibt Ökonom:innen, die davon ausgehen, dass aufgrund der unendlich vielen auf Euro lautenden Verbindlichkeiten eine Rückabwicklung in nationale Währungen unmöglich wäre.[70] Andererseits tendieren wir in Deutschland dazu, die wirtschaftliche Misere und die realen Nachteile des Euros für andere Staaten zu unterschätzen, weil es uns damit ziemlich gut geht. Dazu kommt, dass das Ende des Euros etwas ist, worüber nicht gesprochen werden darf, schon gar nicht von den benachteiligten Staaten. Denn die bloße öffentliche Erwähnung dieser Möglichkeit untergräbt den Euro bereits. Sofort beginnen die Banken wieder zu spekulieren, der Spread öffnet sich, die EZB muss die Anleihekäufe erhöhen und die Kapitalflucht aus den südlichen Ländern verstärkt sich. Für die Zentralbanker:innen und Politiker:innen heißt das aber: Auch sie werden nicht über das Ende des Euros diskutieren – selbst wenn es kurz bevorsteht. Das Ende des Euros käme im Fall der Fälle schnell und unvermittelt.[71] Und es würde mit einer allgemeinen Wirtschaftskrise einhergehen, deren Tiefe und Länge sich schwer abschätzen lassen, wobei viel davon abhängen dürfte, wie schnell sich die Staaten auf neue sinnvolle Regeln einigen könnten und wieder Ruhe und Vertrauen entstünde.

Im Grunde will niemand das Ende des Euros und die damit einhergehenden, unabsehbaren Folgen. Aber es gibt wahrscheinlich eine Schmerzgrenze, ab der insbesondere Staaten wie Italien und Frankreich die Nachteile nicht mehr in Kauf nehmen werden.[72] Statt auf die Haftungsfrage zu starren, sollte Deutschland lernen, wie man in einer Währungsunion kooperiert, den Haftungsfall vermeidet und nicht das krisenhafte Ende einer Währung herbeiführt, von der wir bisher mehr profitiert haben als alle anderen. Wir müssen endlich verstehen: Man sollte seine Handelspartner nicht niederkonkurrieren wollen. Handelspartner sind *Partner*. Man kann nur gemeinsam prosperieren. Und: Deutschland ist die größte Volkswirtschaft der Eurozone, unser Verhalten fällt ins Gewicht und entscheidet über Gelingen oder

Scheitern des Euro. Jürgen Habermas beklagt das fehlende deutsche Verantwortungsbewusstsein sowie unsere Geschichtsvergessenheit[73] und schreibt: »Am Euro entscheidet sich das Schicksal der Europäischen Union.«[74]

MYTHOS 16
Die Deutschen haften mit ihren Steuergeldern für andere Euroländer.

Der deutsche Alptraum, dass wir irgendwann mit unseren Steuergeldern die Staatsschulden anderer Länder abbezahlen müssten, entbehrt jeder Grundlage. Denn Staatsschulden werden, wie wir längst gesehen haben, nicht zurückgezahlt, sondern über die Ausgabe immer neuer Staatsanleihen mit in die Zukunft genommen. Sie können sogar durch die endgültige Übernahme in die Zentralbankbilanz gegenstandslos gemacht werden. Es gibt kein denkbares Szenario, in dem die deutsche Regierung Geld aus dem eigenen Staatshaushalt nach Italien überweist, um die dortigen Staatsschulden zurückzuzahlen, nicht im Fall von Corona-Bonds und auch nicht im Fall des Auseinanderbrechens des Euros. Die Schulden bleiben in den jeweiligen Ländern in den Bilanzen stehen, notiert in der jeweils gültigen Währung. Und selbst wenn wir eines utopischen Tages zu einer europäischen Republik zusammenwachsen sollten, würden die Deutschen immer noch nicht die italienischen Staatsschulden zurückzahlen. Denn vernünftigerweise werden Staatsschulden eben nicht zurückgezahlt. Eine Regierung, die das wider alle Vernunft dennoch versucht, wird spätestens nach ein paar Jahren durch eine Rezession gezwungen damit aufzuhören.

V Inflation – wie gefährlich ist sie und was hilft?

1. Inflation ist ein komplexes Phänomen

Das deutsche Inflationstrauma

Die Corona-Krise brachte erstmals seit langer Zeit wieder eine ernstzunehmende Inflation von bis zu fünf Prozent mit sich. Aber es war erst der russische Überfall auf die Ukraine, der die Inflation in Europa ganz vorne auf die Tagesordnung setzte. 2022 lag die Preissteigerung im Vergleich zum Vorjahr bei über acht Prozent, und damit ein Prozent über der Rate von 1973, dem deutschen Höhepunkt des globalen Inflationsjahrzehnts schlechthin.[1, 2] Obwohl die Preissteigerungen auch diesmal weltweit auftraten, treffen sie in der Bundesrepublik auf ein besonders sensibles Publikum. Aufgrund der Erfahrung von zwei Hyperinflationen wird die Inflation in Deutschland immer wie das größte aller ökonomischen Übel behandelt, während man die Deflation und deren Folgen eher unterschätzt. Das hat in der bundesdeutschen Geschichte bei jedem Auftauchen von Inflation zu besonders drastischen Maßnahmen geführt, die wiederum unnötig tiefe Rezessionen und vermeidbare Arbeitslosigkeit zur Folge hatten. Auch unsere europäischen Partner mussten einen hohen Preis für diese spezielle Gefühlslage bezahlen, denn Inflationsangst, niedrige Löhne und Exportüberschüsse gehören zusammen, mit den Folgen, die wir im letzten Kapitel gesehen haben. Es ist also höchste Zeit eine realistischere Vorstellung von der Inflation zu entwickeln und das Phänomen in seiner Vielschichtigkeit zu begreifen.

Definitionen, Varianten, Einflussfaktoren

Ganz grundsätzlich bedeutet Inflation, dass ein erheblicher Teil der Preise über einen längeren Zeitraum steigt. Es geht dabei um die Lebenshaltungskosten, nicht dagegen um die Entwicklung von Geldanlagen wie Aktien oder Wertpapieren.[3] Natürlich ist die Messung der Inflation nicht ganz einfach: Es gibt unendlich viele Waren und Dienstleistungen, dazu verändern sich ihre Qualität, die Art der Produkte sowie die Konsumgewohnheiten über die Jahrzehnte. Als Hilfsmittel wurde ein Warenkorb festgelegt, der einen vielseitigen, durchschnittlichen Bedarf an Gütern wiedergeben soll, samt Kulturausgaben, Reisen, Versicherungen und Mieten. Nun kann man beobachten, wie sich der Preis dieses Warenkorbs im Vergleich zum Vormonat oder Vorjahr entwickelt, wobei verschiedene Tricks dabei helfen sollen, die Vergleichbarkeit im Zeitablauf zu erhalten.[4] Um langfristige Trends sichtbar zu machen, wird teilweise auch nur die sogenannte Kerninflation gemessen, also die Inflation abzüglich der Veränderungen bei Lebensmitteln und Energie, da diese beiden Posten besonders stark schwanken und Energiekosten sich ohnehin in allen Preisen niederschlagen.

Ganz allgemein gesprochen entwickeln sich Preise aus dem Verhältnis von Angebot und Nachfrage. Wenn die verfügbare Gütermenge (Gesamtangebot) gleich bleibt, aber die Nachfrage von Haushalten, Unternehmen und Staat (Gesamtnachfrage) steigt, dann werden die Preise insgesamt steigen. Die Preise bleiben dagegen stabil, wenn die Nachfrage und das Angebot gleich bleiben oder wenn Gütermenge und Nachfrage im Gleichklang steigen.[5] Dagegen ist die Geldmenge für sich genommen nicht aussagekräftig. Denn zum einen kommt es darauf an, wie viel von der Geldmenge effektiv Waren nachfragt und wie viel dagegen passiv auf Sparkonten ruht. Zum anderen bedeutet eine steigende Geldmenge in der Regel höhere Investitionen und damit auch eine steigende Produktion. Bankkredit wird oft direkt in die Unternehmen investiert und führt dann in schöner Parallelität zu einer Ausweitung der Geldmenge, der Nachfrage und der Produktionskapazität – und somit zu Wirtschaftswachstum. Auch erhöhte staatliche Nachfrage führt dazu, dass die Unternehmen mehr produzieren und mitverdienen wollen.

Dieser Prozess hat jedoch eine Grenze und das ist die Kapazität der Wirtschaft selbst. Inflation entsteht, wenn das Limit der tatsächlichen Ressourcen erreicht ist. Spätestens wenn alle Fabriken ausgelastet sind und alle potentiellen Arbeitnehmer:innen einen Job haben, wirkt die steigende Gesamtnachfrage inflationär und die Preise werden steigen. Diese Situation nennt man eine nachfragebedingte Inflation und sie ereignet sich vorzugsweise im wirtschaftlichen Boom.

Auf der anderen Seite gibt es sogenannte externe Schocks, bei denen Kräfte auf die Angebotsseite wirken und das Gesamtangebot reduzieren, wie Corona oder erhöhte Energiekosten, und auch dann kommt es zu steigenden Preisen, trotz gleichbleibender Gesamtnachfrage. Diesen Fall bezeichnet man als angebotsbedingte Inflation. Natürlich kommt es im wirklichen Leben auch zur Überlagerung der beiden Varianten. Die Preise können zum Beispiel zunächst aufgrund eines Angebotsschocks steigen. Wenn die Arbeitnehmerschaft dann Lohnerhöhungen durchsetzt, steigt die Gesamtnachfrage. Sind die Einkommen ausreichend hoch, haben wiederum die Unternehmen Spielraum für weitere Preiserhöhungen, um die gestiegenen Lohnkosten an die Kund:innen weiterzugeben.

Ein zusätzliches, sekundäres Phänomen: Wenn die allgemeine Kaufkraft groß genug ist, können Unternehmen auch eine bereits bestehende Inflation ausnutzen, um ihren Gewinnanteil zu erhöhen, da Kund:innen die genauen Gründe für die Verteuerung eines Produkts in der Regel nicht kennen. Passiert das auf breiter Front, spricht man auch von Gewinninflation. Einfluss hat auch die Preisentwicklung in anderen Ländern und wie sich die Währungskurse entwickeln. Wenn zum Beispiel der Dollar aufwertet, dann werden Produkte, die in Dollar gehandelt werden, in Deutschland teurer – und das heizt die Inflation im Inland zusätzlich an. Umgekehrt führt eine Aufwertung des Euro dazu, dass zum Beispiel Öl, das in Dollar gehandelt wird, in Deutschland billiger wird – was der Inflation entgegenwirkt.

Natürlich kommt es darauf an, welche Maßnahmen die Zentralbank ergreift und auf welche Weise die Regierung ihr Geldschöpfungsprivileg und ihre Macht zur Besteuerung nutzt. All diese Faktoren beeinflussen dann wiederum die Zukunftserwartungen der Wirtschaftsteilnehmer:innen und deren Verhalten – und somit den weiteren Verlauf der Ereignisse. Daher werfen wir als Nächstes einen Blick auf die Rolle der staatlichen Akteure und der Banken. Um ein Gefühl für unterschiedliche Szenarien zu bekommen, schauen wir uns anschließend ältere und neuere Inflationsgeschichten an.

MYTHOS 17
Inflation ist nur eine Frage der Geldmenge, denn Geld ist neutral.
Der Monetarismus, angeführt von Milton Friedman,[6] schien Antworten auf die Inflation der 1970er Jahre zu liefern und verhalf so der neoklassischen Theorie zu ihrem Comeback. Die Monetarist:innen gehen davon aus, dass Inflation immer eine Frage der Geldmenge sei, die die Zentralbank daher kontrollieren müsse. Diese Annahme beruht auf der neoklassischen Idee des neutralen Geldes:[7] Wie in einer mittelalterlichen Tauschwirtschaft, sorgt Geld nur für die bestmögliche Verteilung von Waren. Da Kredit und Investition in dieser Vorstellung fehlen, erzeugt eine steigende Geldmenge somit weder Dynamik noch Ausweitung der Produktion noch Wachstum – und muss daher inflationär wirken. Diese neoklassische Welt im Gleichgewicht hat mit unserer real existierenden, kreditbasierten Produktionswirtschaft nichts zu tun.[8] Weil die theoretischen Annahmen des Monetarismus so schwach sind und weil Zentralbanken die Geldmenge zudem technisch gar nicht kontrollieren *können* (siehe Mythos 18), gaben die Zentralbanken die Idee wieder auf.[9] Tatsächlich erhebt die amerikanische Fed seit 2006 nicht einmal mehr die potenziell nachfragewirksame Geldmenge M3, weil ihre Aussagekraft zu gering ist.[10, 11] Mark Schieritz fasst es so zusammen: »Die Geldmenge ist nicht Ursache, sondern Ergebnis wirtschaftlicher Entwicklungen – und deshalb ist es sinnvoller diese direkt zu analysieren, statt sich von [Geldmengen] […] auf eine falsche Spur locken zu lassen.«[12]

2. Die Rolle von Regierung, Zentralbank und Banken

In der traditionellen Arbeitsteilung ist es die Zentralbank, der die Rolle zukommt, den Geldwert zu verteidigen und die Inflation aktiv zu bekämpfen. Dabei ist ihr einziges Werkzeug der Leitzins: Wenn sie ihn nach oben setzt, dann geben die Banken die gestiegenen Zinsen mit Aufschlag an ihre Kund:innen weiter, so dass alle Kredite teurer werden. Dadurch soll die Menge der neuen Kredite sinken und die Nachfrage gebremst werden. Auch die Sparzinsen steigen jetzt. Sparen wird also belohnt und Investieren bestraft. Da die Zentralbank Geldmenge und Nachfrage nicht direkt kontrollieren kann, muss sie versuchen, die Bankengeldschöpfung über diesen Umweg zu beeinflussen. Wir werden später sehen, dass das nicht sehr gut und vor allem nicht ohne Nebenwirkungen funktioniert.

MYTHOS 18
Die Zentralbank kann die Geldmengen kontrollieren, der Geldschöpfungsmultiplikator zeigt wie.[13]

Für diejenigen, die irgendwann einmal mit neoklassischer Wirtschaftstheorie in Berührung gekommen sind, soll hier noch kurz mit dem Konzept des Geldschöpfungsmultiplikators aufgeräumt werden, das sich immer noch in vielen wirtschaftswissenschaftlichen Publikationen findet und Teil der monetaristischen Fehlannahme ist, Zentralbanken könnten die Geldmenge steuern: Gemäß Multiplikator würde die Zentralbankgeldschöpfung quasi automatisch von den Banken in Giralgeld übersetzt.[14] So einen Mechanismus gibt es aber nicht. Banken vergeben Kredite vielmehr immer nach Wirtschaftlichkeitserwägungen und entsprechend der Nachfrage. Wenn ihnen einmal das nötige Zentralbankgeld für Mindestreserve und Clearing fehlen sollte, dann können sie es sich problemlos sogar noch *nach* der Kreditvergabe bei der Zentralbank besorgen[15] – und die Zentralbank muss es ihnen, gegen die üblichen Sicherheiten, immer geben.[16, 17] Das bedeutet zum einen, dass die Zentralbank noch nicht einmal ihre eigene Zentralbankgeldmenge begrenzen kann. Und zum anderen, dass Zentralbankgeld für Kredite nicht der limitierende Faktor ist.[18] Umgekehrt führt daher mehr Zentralbankgeld auch nicht zu mehr Kreditvergabe. Die Theorie des Geldschöpfungsmultiplikators ist schlichtweg falsch, was man inzwischen selbst in den Publikationen der Zentralbanken nachlesen kann.[19] Es lässt sich aber auch Grafiken entnehmen, die zeigen, wie sich die beiden Geldmengen nach der Bankenkrise von 2008 völlig unabhängig voneinander entwickelt haben. Die Zentralbank hat die Banken mit ihrem Geld geflutet – die Kreditvergabe ging aufgrund der Krisensituation trotzdem zurück.[20, 21]

Banken und Regierung als Geldschöpfer

Der Leitzins setzt also bei der Bankengeldschöpfung an, um die Inflation zu bekämpfen. Das macht insofern Sinn, als es die Banken sind, die ihre Geldschöpfung gerade im Boom ausweiten, wenn es wenig Arbeitslosigkeit gibt, die Löhne steigen und eine potenziell inflationäre Dynamik herrscht. Zudem hat der Bankensektor keine eingebaute Bremse, vielmehr steigert er sich gerne gemeinsam mit Unternehmen und Haushalten in den Hype hinein und pumpt Kreditblasen auf.

Im Gegensatz zu den Banken erhöht die Regierung ihre Geldschöpfung nicht im Boom, sondern vorzugsweise in Krisen und damit in potentiell deflationären Situationen. Bei guter Konjunktur gibt es für die Regierung am wenigsten Gründe, große Defizitausgaben zu tätigen, denn dann steigen die Steuereinnahmen von selbst und die Arbeitslosigkeit als drängender Grund für staatliche Ausgaben ist klein. Sozialversicherungen und progressive Besteuerung führen dazu, dass der Staat in einer Wachstumsphase automatisch weniger ausgibt und mehr Steuern einnimmt. Zudem erwartet die Bevölkerung von ihren Politiker:innen, dass sie Inflation vermeiden, und bestraft Regierungen, die ohne Not im Aufschwung die Geldschöpfung erhöhen. Man kann also sagen, dass die staatliche Geldschöpfung ihrer Natur nach nicht inflationär ist. Natürlich sind Situationen denkbar, in denen ein Staat auch in wirtschaftlich guten Zeiten seine Ausgaben erhöhen will – zum Beispiel für Investitionen in klimaneutrale Infrastruktur. Damit die allgemeine Nachfrage nicht zu hoch wird, könnte und müsste er in diesem Fall durch den Verkauf von Staatsanleihen an Haushalte oder durch Besteuerung dafür sorgen, dass der private Sektor weniger ausgeben und nachfragen kann. Die Regierung hat also gleich zwei Möglichkeiten, ihre potenziell inflatorische Nachfrage zu neutralisieren.

Obwohl es also nicht die staatliche, sondern die private Geldschöpfung ist, die tendenziell Inflation erzeugt, starren dennoch alle in ihrer Furcht auf die angeblich gefährlichen Staatsausgaben. Auch die Regeln der Eurozone mit Schuldenobergrenzen und Zinsmechanismus konzentrieren sich rein auf die Geldschöpfung der Staaten und vergessen die Banken als Inflationstreiber dabei völlig.[22] Das liegt zum einen daran, dass der Staat natürlich – egal wer die Inflation verursacht – die Pflicht hat, sie wieder einzudämmen. Zum anderen liegt es daran, dass es immer wieder spektakuläre Fälle von Hyperinflation gibt, die tatsächlich auf staatliche Geldschöpfung/Verschuldung zurückgehen. Allerdings handelt es sich dabei nie um die Schöpfung der eigenen Währung in Friedenszeiten, sondern um zwei typische Ausnahmefälle: Kriege und Fremdwährungsschulden.

3. Krieg, Fremdwährungsschulden und Inflation

Die Hyperinflation von 1923

Der Ausbruch des Ersten Weltkriegs 1914 war das Einfallstor für die erste große Inflation in Deutschland. Der Goldstandard, der ohnehin größtenteils fiktiv war, wurde kurzerhand aufgehoben, um einen *Bank Run* zu verhindern, und der Staat finanzierte den Krieg, indem er das nötige Geld für die Kriegsproduktion über die Zentralbankbilanz schuf. Das frisch geschöpfte Geld wurde nicht investiert, um mehr Butter, Reformkleider und Glühbirnen für die Bevölkerung herzustellen, so dass gleichzeitig auch die Gütermenge gestiegen wäre, sondern in Gewehre, Munition und Uniformen gesteckt, mit denen man ins Ausland marschierte. Der Gegenwert für diese militärische »Investition« sollte in den zukünftigen Reparationen bestehen, die man sich von seinen Gegnern nach dem Sieg holen wollte.

Diese Rechnung ging bekanntermaßen nicht auf. Stattdessen war es Deutschland selbst, das nach seiner Niederlage Reparationen bezahlen musste und jede Menge Schulden im In- und Ausland hatte. In der Nachkriegszeit waren dann weitere dringende Ausgaben für den Wiederaufbau und die Integration der Soldaten nötig, die ebenfalls über staatliche Geldschöpfung finanziert wurden. England und die USA versuchten nach dem Krieg die Inflation zurückzudrängen und den Goldstandard wieder einzuführen[23] und bezahlten dafür mit Deflation und hohen Arbeitslosenzahlen.[24] Deutschland blieb dagegen von der Weltwirtschaftskrise 1920/21 verschont, denn die sozialdemokratische Regierung der frisch gegründeten Weimarer Republik entschied sich, der Vollbeschäftigung Priorität einzuräumen und Geld zu drucken.[25] Bis 1922 funktionierte die Wirtschaft trotz der steigenden Inflation: Die Mieten waren eingefroren[26] und die Beschäftigungssituation relativ gut.[27] Insbesondere für die unteren Lohngruppen wuchsen die Löhne zumindest teilweise mit der Inflation mit,[28] damit sie das Lebensnotwendigste beschaffen konnten. Zwar kam es dadurch zu einer Lohn-Preis-Spirale, andererseits wurden so die spärlichen Güter der Nachkriegsjahre gerechter verteilt.[29] Zunächst profitierte Deutschland von seiner schwachen Währung auch im Außenhandel, doch dadurch fiel gleichzeitig die Zahlung der Reparationen immer schwerer. Weil die Steuern vor allem von den »Ländern« erhoben wurden, musste die Zentralregierung ihre Ausgaben zu großen Teilen über Defizite zu finanzieren und konnte die Inflation auch nicht einfach durch die Anhebung der Besteuerung bekämpfen.[30] Der Tropfen, der das Fass schließlich zum Überlaufen brachte, war der Generalstreik, mit dem die Deutschen auf die französische Besetzung des Rheinlands reagierten.[31] Denn nun stand die Produktion still, gleichzeitig garantierte die deutsche Regierung die Lohnfortzahlung über weitere Staatsschulden. Das war nun endgültig zu viel staatlich finanzierter Nachfrage für zu wenig produzierte Waren und Dienstleistungen. Aus der Inflation, die 1914 begonnen hatte wurde die viel zitierte Hyperinflation, die 1923 schließlich auch den Arbeitsmarkt[32] und die Nahrungsmittelversorgung einbrechen ließ.[33] Am Ende der Inflationsjahre waren zwar die Ungleichheit gesunken und die Löhne der unteren Einkommensgruppen gestiegen,[34] aber die Sparer:innen und insbesondere die wohlhabenderen Schichten hatten all ihr Geldvermögen verloren.[35]

Trotz dieser Erfahrung begann Deutschland kurze Zeit später wieder einen Krieg und finanzierte ihn auf dieselbe Weise. Die Investitionen in den Zweiten Weltkrieg »lohnten« sich für einige Jahre, in denen die Deutschen die besetzten Länder ausplündern konnten. Dann aber endete auch dieser Krieg schließlich mit der vollständigen Niederlage. In Anbetracht des zerstörten Landes und der am Boden liegenden Produktion hatte nun auch die Reichsmark ihren Wert verloren und die Geldvermögen hatten sich ein zweites Mal binnen einer Generation in Luft aufgelöst.

Diese Erfahrung war für Deutschland prägend – aber die historische Einordnung, die man hierzulande vorgenommen hat, ist völlig falsch. Denn seither glaubt man hierzulande, dass hohe Staatsschulden an und für sich schon ein Problem seien und jede Inflation plötzlich zu einer Hyperinflation werden könnte, wenn man den Anfängen nicht wehrt. Dabei hat Deutschland nie eine bedrohliche Inflation erlebt, weil die Regierung in Friedenszeiten Geld in die Wirtschaft gesteckt hat, dafür aber zwei Hyperinflationen, weil man sich vorgenommen hatte, mit selbstgedrucktem Geld ganz Europa zu erobern. Die historische Lektion ist also nicht: »Keine Staatsschulden machen«, sondern: »Keine Weltkriege vom Zaun brechen«.

MYTHOS 19
Die Inflation hat Hitler an die Macht gebracht.

Viele Deutsche glauben, dass die große Wirtschaftskrise, die zum Aufstieg Hitlers geführt hat, eine Inflation war. Es war aber gerade keine Inflation, sondern im Gegenteil eine *Deflation*, die in die größte aller Katastrophe geführt hat:[36] 1929 platzte in New York eine riesige spekulative Aktienblase und die Krise griff über auf Europa. Auch in Deutschland waren nun viele überschuldet. Erschrocken stellten die Haushalte den Konsum und die Unternehmen die Investitionen ein. Die Arbeitslosigkeit stieg und die Preise sanken, um überhaupt noch Abnehmer zu finden. Damit befand sich die Wirtschaft in einer deflationären Abwärtsspirale, die nur der Staat durch antizyklisches Verhalten durchbrechen konnte. Die USA hatten Glück: Ihr Präsident Franklin D. Roosevelt schöpfte Geld für den sogenannten *New Deal* und investierte große Summen in Infrastruktur und soziale Projekte – sozusagen das erste keynesianische Konjunkturprogramm, noch während Keynes an seiner Theorie schrieb. Im Deutschland fürchteten die Regierungen dagegen eine erneute Inflation und sparten weiter in die Krise hinein. Sie waren nicht bereit, Schulden zu machen und die Abwärtsspirale aufzuhalten. Aus Angst vor Inflation bot die deutsche Politik der Bevölkerung keinen Ausweg aus Massenarbeitslosigkeit und Elend. Es war Sparpolitik in einer deflationären Krise, an der die Weimarer Demokratie zerbrach und die Hitler den Aufstieg ermöglichte, mit allen entsetzlichen Folgen.[37]

Der russische Krieg in der Ukraine

Auch Russland macht gerade seine Erfahrung mit Krieg und Inflation. Nachdem der Überfall auf die Ukraine zu einem langwierigen militärischen Konflikt geworden ist, muss Russland nun einen erheblichen

Teil seiner Rohstoffe und Arbeitskraft dem zivilen Kreislauf entziehen und in den Krieg stecken. Die Ressourcen werden also knapper und das zivile Angebot sinkt. Gleichzeitig hat die Regierung kein Problem über ihre Zentralbank neue Rubel zu generieren und damit die Soldaten zu bezahlen. Auch die kriegswichtigen Güter Energie, Rüstung und Lebensmittel gibt es im eigenen Land ausreichend für Rubel zu kaufen. Zwar fehlen aufgrund der Sanktionen allerlei Hightech-Komponenten, aber Russland ist für den Krieg gegen die Ukraine nicht grundsätzlich auf Devisen angewiesen. Allerdings führen die Sanktionen dazu, dass die Menge der Importprodukte gesunken ist – was ebenfalls die zivile Versorgungslage verschlechtert und die Inflation steigert. Bezüglich des Außenwerts der Währung kann Putin zwar versuchen den internationalen Kurs durch Zwangsumtausch für russische Unternehmen und ausländische Energieabnehmer zu manipulieren.[38] Ein Stück weit lässt sich die Inflation auf diese Weise verstecken – aber eben nicht aufhalten. Denn die tatsächliche Kaufkraft der russischen Rubel im Land wird dennoch immer kleiner.

Auch die Ukraine erlebt zwangsläufig eine Inflation, denn in Kriegsgebieten bricht die zivile Produktion aus vielen Gründen ein, Knappheit und Preissteigerungen sind die zwangsläufige Folge. Die Inflation ist allerdings in einem Krieg auf dem eigenen Territorium nicht die größte Sorge. Im besten Fall sorgen Rationierung, gute Organisation und Solidarität dafür, dass dennoch alle das Lebensnotwendige bekommen.

Inflation und Fremdwährungsschulden

Ein weiteres wiederkehrendes Phänomen sind galoppierende Inflationen (mit Raten über 20 Prozent) oder Hyperinflationen (mit Raten über 50 Prozent), die durch Fremdwährungsschulden entstehen. Wir haben oben gesehen, dass Länder zum Beispiel einen Dollarkredit aufnehmen, weil ihr Export nicht ausreicht, um die eigenen Importe zu finanzieren. In der Folge braucht das Land nun zusätzlich noch Dollar für den Schuldendienst und die Tilgung. Wenn es weitere ausländische Kredite vermeiden will, bleibt ihm nichts anderes übrig, als seine eigene, wenig begehrte Währung zu drucken und sie gegen Dollar zu tauschen. Dadurch sinkt der Wert der Währung weiter und die Importprodukte im Land werden teurer. Die weitere Entwicklung hängt zum einen davon ab, ob die Regierung immer weitere Umtausche vornimmt und dadurch der Wechselkurs immer weiter sinkt, zum anderen davon, wie viel und was importiert werden muss, außerdem, ob inländische Unternehmen nun ebenfalls die Preise erhöhen und schließlich, ob die Arbeitnehmer:innen Lohnerhöhungen durchsetzen können. Wenn die Inflation einen gewissen Punkt überschreitet und die Bevölkerung das Vertrauen in die eigene Währung verliert, dann wird diese Einschätzung zu einer sich selbst erfüllenden Prophezeiung. Denn die Bürger:innen und Unternehmen beginnen nun ebenfalls Dollar nachzufragen, zu horten sowie untereinander zu nutzen und damit ist die Landeswährung im freien Fall. Die aktuelle Hyperinflation in Argentinien ist dafür ein gutes Beispiel: Seine ursprüngliche Auslandsverschuldung ist dem Land über den Kopf gewachsen, durch anfallende Zinsen erst recht explodiert und weil daraufhin zunächst die Regierung und dann auch die Bevölkerung große Mengen an argentinischen Pesos in Dollar umgetauscht haben, stürzen der Peso-Kurs und seine Kaufkraft immer weiter ab.[39] 2019 lag die Preissteigerung schon bei über 50 Prozent,[40] 2022 bei über 80 Prozent.[41, 42] Inflation aufgrund von Fremdwährungsschulden ist ebenso wie Kriegsinflation ein Phänomen völlig eigener Art. Für Ökonomien in Friedenszeiten und ohne Verschuldung in Fremdwährung taugen solche Beispiele dagegen nicht als Modell und wir können für aktuelle inflationäre Tendenzen nichts von ihnen lernen.

4. Erhöhte Preise durch Angebotsschocks und Knappheit

Corona führt zu einer Verknappung des Angebots

Inflation kann auch durch externe, unvorhergesehene Ereignisse ausgelöst werden, die das Angebot reduzieren – weswegen man in diesem Fall von einer angebotsbedingten Inflation spricht. Die Corona-Krise ist ein vorzügliches Beispiel für so einen externen Schock, der noch nicht einmal aus der wirtschaftlichen Sphäre kam. Vielmehr war ein unkalkulierbares neues Virus aufgetaucht und um eine Gesundheitskrise zu verhindern, legten die Regierungen Teile des globalen Wirtschaftslebens lahm. Von einem Moment auf den anderen war die Produktion von Waren und Dienstleistungen behindert. Der Nachschub an Kühlschränken, Spielekonsolen und Fahrrädern stockte monatelang, weil die globalen Lieferketten für die notwendigen Chips und Einzelteile nicht mehr funktionierten. Manche Branchen wie die Gastronomie, Friseursalons, Theater und Kinos erlebten lange Zwangspausen, in denen sie gar keine Dienstleistungen mehr erbringen konnten. Weil aber die Menschen weiterhin essen und ihren Lebensunterhalt bezahlen mussten, schöpften insbesondere die reicheren Staaten viel Geld, um ihre Volkswirtschaften zu stützen und ihre Unternehmen über diese Durststrecke zu retten, was in Deutschland auch gut gelang. Das staatliche Geld vergrößerte die Nachfrage nicht, sondern ersetzte nur die Kreditgeldschöpfung der Banken, die, wegen des völligen Fehlens von Planungssicherheit, sofort drastisch eingebrochen war. Dass die Inflation im Januar 2022 bei knapp fünf Prozent lag,[43] war also nicht einer erhöhten Nachfrage geschuldet, sondern der geschrumpften Menge an verfügbaren Waren und Dienstleistungen.

Hätte der Staat die Wirtschaft nicht gestützt, wäre die Nachfrage mit dem Angebot gemeinsam in die Knie gegangen. Wir hätten keine Inflation erlebt, sondern stattdessen eine tiefe, langanhaltende Rezession mit hoher Arbeitslosigkeit. Alle waren sich daher einig, dass die staatliche Geldschöpfung nötig war und man eine gewisse Inflation in Kauf nehmen musste. Zumal nach ein paar Monaten absehbar wurde, dass dieser Angebotsschock vorübergehen und die Lage sich wieder normalisieren würde. Bestimmte Branchen wie die Kultur litten immer noch, aber andere, zum Beispiel der Online-Handel, verzeichneten Zuwächse. Dank der überschüssigen Nachfrage wären auch die privaten Investitionen wahrscheinlich bald gestiegen und hätten zu einer neuen Wachstumsphase führen können. Ein erster kleiner Aufschwung zeichnete sich bereits ab. Da die europäische Wirtschaft vor Corona nicht vollausgelastet war, sondern es vielmehr in vielen Ländern eine erhebliche Arbeitslosigkeit gab, hätte es dafür reichlich Spielraum ohne Inflationsdruck gegeben.[44]

Die Zentralbanken behalten zunächst einen kühlen Kopf

Dementsprechend zurückhaltend reagierten die Zentralbanken in der Corona-Krise: Sie hielten die Investitionspolitik ihrer Regierungen für richtig. Eine Leitzinserhöhung hätte die private Nachfrage, die ohnehin schon am Boden lag, weiter getreten und den Regierungen, die notgedrungen in die Lücke gesprungen war, zusätzliche Zinskosten aufgebürdet. An den Inflationsursachen auf der Angebotsseite – den Produktions- und Lieferengpässen – konnte der Leitzins ohnehin nichts ändern.

Nun haben sich die meisten Zentralbanken aber seit geraumer Zeit auf eine Zielinflation von zwei Prozent festgelegt. Zum einen wird auf diese Weise ein Sicherheitsabstand zur gefährlichen Deflation gewahrt und zum anderen gilt eine so kleine Inflation allgemein als unproblematisch, zumal wenn sie angekündigt ist und von allen eingepreist werden kann. Damit nun die Zentralbanken trotz der auf einmal viel höheren Preissteigerungen dennoch nicht die Zinsen anheben mussten, interpretierten die Fed und die EZB kurzerhand das Zwei-Prozent-Ziel neu, und zwar großzügig gemittelt über einen längeren Zeitraum:[45] Da die Eurozone lange deflationäre Jahre hinter sich hatte, war nun auch eine gewisse Zeit mit einer erhöhten Inflationsrate um die fünf Prozent zulässig, ohne dass die Zentralbank ihre Leitzinsen sofort erhöhen musste. Die EZB-Präsidentin Christine Lagarde verkündete, dass sie für die Eurozone nach dem Abklingen der Pandemie einen Rückgang der Inflation auf die gewünschten zwei Prozent erwarte. Und hätte sich die Welt in relativer Ruhe von Corona erholen können, so wäre ihre Einschätzung auch durchaus realistisch gewesen.

Leider folgte aber im Februar 2022 mit dem russischen Einmarsch in der Ukraine schon die nächste Katastrophe. Darauf stiegen die Preise für Gas und Öl weltweit und sorgten erneut für einen globalen Angebotsschock. Im Herbst des Jahres 2022 stieg die Inflation in Deutschland auf über zehn Prozent. Für Europa galt nach wie vor, dass die Preissteigerungen ausschließlich von der Angebotsseite kamen und ein erhöhter Leitzins keinerlei Einfluss auf die Energiepreise hat. Aber diesmal behielt die EZB die Nerven nicht, sondern erhöhte die Zinsen, obwohl die nächste Rezession aufgrund der hohen Energiepreise bereits vor der Tür stand. Sie beugte sich dem allgemeinen Druck, denn insbesondere in Deutschland konnte man die Untätigkeit der Zentralbank bei dieser hohen Inflationsrate nicht ertragen.

Gegen Angebotsschocks ist kein Kraut gewachsen

Doch wenn alle übereinstimmen, dass hohe Staatsausgaben zur Stabilisierung notwendig sind, dann kann es nicht sinnvoll sein, wenn gleichzeitig die Zentralbank ihren Leitzins erhöht. Denn nun gibt der

Staat Gas mit dem Finanzministeriums-Fuß und tritt gleichzeitig mit dem Zentralbank-Fuß auf die Bremse. Die Regierungen haben höhere Zinskosten und die Halter:innen von Staatsanleihen, meist Banken, erhalten risikolose Renditen. Dabei kann der Zins am Grundproblem nichts ändern, weil es außerhalb der eigenen Volkswirtschaft und Währungszone liegt. Und zwar in diesem Fall in der Knappheit von Gas, die zu einer allgemeinen Reorganisation und Preisanstiegen auf den Energiemärkten geführt hat. Das neue Preisniveau bildet schlichtweg die neuen Realitäten, also einen tatsächlichen Verlust von Ressourcen, ab.

Statt von Inflation könnte man im Fall eines externen Schocks daher auch einfach von einer allgemeinen Erhöhung des Preisniveaus sprechen. Denn Inflation ist im strengen Sinne erst der längerfristige Prozess, bei dem die Preise mit den Löhnen über einen gewissen Zeitraum auf breiter Front steigen. In der Regel wird aber auch die Folge eines externen Schocks als Inflation bezeichnet. Umso wichtiger ist es, zu spezifizieren, dass die Ursachen angebotsseitig sind, und sich klarzumachen, dass die Gegenmaßnahme der Leitzinserhöhung nicht greift.

Auch bei einer Angebotsinflation müssen natürlich diejenigen Menschen unterstützt werden, die sich notwendige Güter zu den erhöhten Preisen nicht mehr leisten können. Mindestlohn, Sozialleistungen und niedrige Renten sollten dementsprechend angehoben werden. Man darf dabei allerdings nicht mit der Gießkanne, sondern muss nach tatsächlichem Bedarf vorgehen, denn andernfalls erzeugt man am Ende das, was man vermeiden will: zusätzliche Nachfrage. Dasselbe gilt für die Unternehmen. Bei einem externen Schock ist es richtig, bedrohten Unternehmen finanziell über die Durststrecke zu helfen. Wenn die Krise allerdings vorbei ist und die Unternehmensgewinne wieder zulegen, sollte sich der Staat das Geld auch wieder zurückholen.

Gewinninflation und Spekulation

Zudem gibt es in einer inflationären Situation das Risiko, dass Unternehmen versuchen, ihren Gewinn unabhängig von den tatsächlich gestiegenen Kosten zu erhöhen und sich bei den Gütern des täglichen Bedarfs an die Schmerzgrenze der Verbraucher heranzutasten.

Solange die Löhne nicht steigen, müsste diese allerdings relativ bald erreicht sein und der Wettbewerb der Unternehmen um günstigere Preise wieder einsetzen. Wenn das nicht geschieht, »ist das ein klarer Fall für das Kartellamt, nicht einer für die Zentralbank.« Denn »Oligopolstrukturen im Bereich des Einzelhandels [...] sind nichts, was es zu schützen gilt«, so die Ökonom:innen Flassbeck und Spiecker.[46]

Außerdem zeigte sich in der Gaspreiskrise erneut, dass endlich die Finanzmärkte reguliert werden müssen. Denn sie spekulieren auf die Knappheit von Ressourcen und treiben so die Preise weiter nach oben. Das lässt sich auch daran ablesen, dass der Gaspreis nach seinem steilen Anstieg bis Mitte 2022 wieder rapide abfiel. Durch das Herdenverhalten der Spekulanten können die Preise für Energie, Rohstoffe und Nahrungsmittel unabhängig von den realwirtschaftlichen Zahlen über einen längeren Zeitraum in die falsche Richtung getrieben werden – bis die Übertreibung wieder in sich zusammenbricht.[47] In der Zwischenzeit haben aber Menschen aus Sorge um ihre Heizkostenrechnung gefroren, konnten sich Lebensmittel nicht mehr leisten oder mussten ihre Betriebe aufgeben, weil die Energiekosten sie unrentabel machten. Auch dabei handelt es sich um ein Problem, gegen das der Leitzins nichts ausrichten kann, sondern nur Maßnahmen gegen die Spekulation.

5. Nachfrage-Inflation: Die Lohn-Preis-Spirale der 1970er Jahre

Steigende Preise als Folge des Arbeitskampfes

Schauen wir uns als Nächstes die große inflationäre Phase der Nachkriegsgeschichte an, die 1970er Jahre. Es war ein Jahrzehnt, in dem die Inflation sowohl von der Nachfrage- als auch von der Angebotsseite Futter bekam. Als Auslöser werden oft die zwei Ölpreisschocks von 1973 und 1979 angeführt, als die arabischen Länder ihre Marktmacht nutzten, um den Ölpreis zu erhöhen. Tatsächlich betrug die Inflationsrate aber in Deutschland bereits in den zwei Jahren vor dem ersten Ölpreisschock über fünf Prozent. Und im Juni 1973 lag die deutsche Inflation fast schon auf ihrem Höchststand,[48] also Monate bevor die OPEC im Oktober den Ölpreis von drei Dollar pro Barrel auf über fünf Dollar erhöhte. Der Grund für die bereits bestehende Inflation war der

Kampf zwischen Arbeitnehmer:innen und Arbeitgeber:innen um ihren Anteil am Wirtschaftswachstum. In den 1960er Jahren waren die deutschen Gewerkschaften zurückhaltend und konziliant gewesen.[49] Als dann aber die Löhne, entgegen den Versprechungen, auch in den folgenden Jahren nicht mit den Wachstumsraten mitstiegen, kam es zu wilden Streiks und nun standen die Gewerkschaften unter großem Druck, höhere Tarifabschlüsse zu liefern.[50] Die Arbeitgeber:innen waren aber nicht bereit, ihrerseits auf Gewinne zu verzichten, und schlugen die gestiegenen Lohnkosten einfach auf die Preise drauf. Dank der höheren Löhne konnten sich die Leute die neuen Preise leisten und die Produkte fanden dennoch Absatz. Weil die Arbeitnehmerschaft nun wiederum Lohnsteigerungen forderte, entstand eine Lohn-Preis-Spirale. Dummerweise begannen sich gerade in dieser Phase die äußeren Umstände tatsächlich zu verschlechtern. Das Bretton-Woods-Währungsabkommen war geplatzt,[51] die Wechselkurse begannen wild zu schwanken, der Ölpreis ging in die Höhe[52] – und auch diesen Preisanstieg gaben die Unternehmen an ihre Kund:innen weiter. Trotz der Intervention von Kanzler Brandt setzten die Gewerkschaften Anfang 1974 erneut Reallohnerhöhungen durch.

Die radikale Deutsche Bundesbank

Dieser Kampf um den Anteil von Arbeitnehmerschaft und Unternehmern am Kuchen wurde in Deutschland sehr früh wieder beendet – und zwar von der Bundesbank, die die Lohn-Preis-Spirale schon 1974 durchschlug, indem sie die Leitzinsen radikal nach oben setzte. Und zwar, obwohl sich wegen der gestiegenen Ölpreise eine globale Wirtschaftskrise entwickelte und zum Beispiel die amerikanische Fed trotz höherer Inflation ihre Zinsen leicht senkte.[53] Die Bundesbank dagegen schickte die Bundesrepublik sehenden Auges in ihre bislang tiefste Rezession und es entstand erstmals eine Arbeitslosigkeit, von der rund eine Millionen Menschen betroffen waren. Damit war die Macht der Gewerkschaften, weitere Lohnerhöhungen zu fordern, gebrochen und sie sollten sich auch nie wieder wirklich erholen.

Mit der zweiten Ölkrise 1979/80 erreichte der Ölpreis sein bisheriges Allzeithoch und lag nun ein Vielfaches höher als zu Anfang des Jahrzehnts.[54] Diesmal bekämpfte die Fed die amerikanische Inflation erstmals entschieden, mit Zinsen bis zu 20 Prozent.[55] Um davon zu profitieren, schickten internationale Anleger ihr Geld in die Staaten, so dass der Dollarkurs stieg. Dadurch verteuerten sich in Deutschland alle in Dollar gehandelten Rohstoffe. Es kam erneut zu einer Inflation von bis zu sechs Prozent, die in der Bundesrepublik aber diesmal ausschließlich auf diese externen, angebotsseitigen Faktoren zurückzuführen war. Die Lohnerhöhungen hielten sich dagegen im Rahmen. Dennoch hob die Bundesbank ohne Not den Leitzins wieder drastisch an. Um den Arbeitnehmer:innen frühzeitig zu zeigen, wo der Hammer hängt, schickte sie die Republik präventiv in eine Rezession. An den Inflationsursachen konnte die Bundesbank damit nichts ändern, sie vertiefte nur die nächste Krise, in der die Arbeitslosigkeit diesmal auf zwei Millionen stieg.

Das Ende des Keynesianismus, der Aufstieg des Neoliberalismus

In den USA und in Großbritannien, den Mutterländern des Keynesianismus, dauerten die Kämpfe um Löhne und Preise besonders lange und wurden besonders heftig geführt. Die Inflation war dementsprechend die ganzen 1970er Jahre hindurch sehr hoch. Der einflussreiche Ökonom und Keynesianer John Kenneth Galbraith sagte 1977, er glaube nicht, dass in Ländern wie den USA die Bevölkerung ihr Vertrauen einer Regierung schenken würde, die langfristig erhebliche Inflationsraten zuließe und dass »die Inflation nicht eine Situation ist, an die wir uns anzupassen versuchen sollten«.[56] Zudem sei es wichtig, dass die Vereinigten Staaten die Inflation in den Griff bekämen, als notwendige Voraussetzung dafür, sie auch in anderen Ländern wieder zu kontrollieren. Es war also keineswegs so, dass die Keynesianer:innen eine mittlere Inflation schlichtweg für hinnehmbar erklärten. Allerdings zeigten sie sich grundsätzlich kritisch gegenüber Zinserhöhungen als Gegenmittel, denn sie fürchteten die dadurch entstehende Arbeitslosigkeit. Stattdessen predigten sie seit jeher, die Löhne zwar mit der Produktivität, aber nicht stärker als die Produktivität wachsen zu lassen – das sei das beste Mittel gegen nachfragebedingte Inflation.

Doch die Tarifpartner, also Gewerkschaften und Arbeitgebervertretung, versagten bei der Umsetzung dieses Ziels. Stattdessen erzeugten sie in ihrem Tauziehen Schwankungen in beide Richtungen, so dass einerseits gerechtfertigte Lohnerhöhungen ausblieben, es andererseits aber zu überhöhten Forderungen in Krisenzeiten kam. Amerikanische Präsidenten und deutsche Kanzler versuchten auf die Tarifparteien Einfluss zu nehmen, in entscheidenden Momenten oft ohne Erfolg.[57] Um die Wirtschaft zu bremsen, gab es in Deutschland eine elfprozentige Investitionssteuer und Abschreibungsmöglichkeiten wurden gestrichen.[58, 59] Keynesianer wie Galbraith sprachen auch von der Möglichkeit, die überschüssige Nachfrage durch Steuern abzuziehen.[60] Damit würden die übermäßigen Lohnerhöhungen zunichtegemacht, die Käufer:innen könnten sich weitere Preiserhöhungen nicht leisten – und die Unternehmen sie also auch nicht verlangen, ohne dass die Ware liegen blieb. Doch diese Vorschläge wurden von keiner Regierung umgesetzt, sie wären zu unpopulär gewesen.

In diesem Klima witterten die neoklassischen Ökonomen Morgenluft und erklärten die Keynesianische Wirtschaftspolitik rundherum für gescheitert. Und auf einmal konnten sie sich durchsetzen, und zwar nicht nur mit ihrer Forderung, die Zentralbanken mögen hart durchgreifen, sondern auch mit ihren allgemeinen Rufen nach Deregulierung, Liberalisierung und Privatisierung. Der Staat, hieß es nun, möge sich zurückhalten und sparen, der Markt könne alles am besten regeln. Einzig die Zentralbanken waren gefragt und sollten die Inflation möglichst niedrig halten, denn das allein wäre gleichbedeutend mit ökonomischer Stabilität.

Die USA und Großbritannien – vorher keynesianische Bastionen – wurden unter Ronald Reagan und Margaret Thatcher nun Vorreiter bei diesem großen Umschwung, auch bekannt als der Siegeszug des Neoliberalismus, der schließlich die meisten Staaten in irgendeiner Form erreichte. Ironischerweise stiegen die Staatsausgaben und das öffentliche Defizit in den USA erst unter Reagan steil an. Das Neoliberale an seiner staatlichen Geldschöpfung war: Sie kam allein den Reichen zugute. Angeblich hätte das Geld über den sogenannten *Trickle-down*-Effekt dann zu den ärmeren Schichten durchrieseln sollen.[61] Empirisch ließ sich das nicht zeigen: In den nächsten 30 Jahren öffnete sich die Schere zwischen Arm und Reich immer weiter.[62] Die drei keynesianischen Nachkriegsjahrzehnte, in denen sich der Abstand zwischen den Schichten kontinuierlich verringert hatte, blieb eine einmalige Episode in der Geschichte.

MYTHOS 20
Niedrige Inflationsraten sind gleichbedeutend mit Wachstum und Stabilität.

Die neoklassische Ökonomie behauptet, dass niedrige Inflationsraten das Wirtschaftswachstum fördern und Krisen verhindern. Doch für diese Annahme fehlt jede Evidenz: Obwohl die Inflationsraten in den Industrieländern ab Mitte der 1980er Jahre sanken, stiegen die Wachstumsraten dadurch nicht – sie sanken ebenfalls. Denn die Macht der Gewerkschaften war gebrochen und die mittleren Löhne blieben regelmäßig hinter der Produktivität zurück. Aber wenn der Output pro Arbeitsstunde steigt, die Löhne hingegen nicht – wer soll dann von welchem Geld die zusätzlich gefertigten Produkte kaufen? Realwirtschaftliche Investitionen wurden also wegen der fehlenden Nachfrage unattraktiv. Gleichzeitig konnte Geld nun dank der fehlenden Inflation verlustfrei in andere Anlageobjekte fließen. Da traf es sich gut, dass zeitgleich auch die Finanzmärkte liberalisiert wurden und zahlreiche neue spekulative Anlagemöglichkeiten entstanden. Unter diesen neuen neoliberalen Regeln wurde es selbst für Unternehmen »rentabler, im Finanzkasino zu spekulieren, als bieder Waren herzustellen und zu verkaufen«.[63] Die Preise von Aktien, Immobilien und Wertpapieren stiegen, zahllose Derivate wurden erfunden und eine riesige Blase begann sich über der Realwirtschaft aufzupumpen. Auf längere Sicht müssen sich die Wertsteigerungen der Finanzpapiere aber an ihren Renditen messen lassen. Doch Dividenden, Gewinne und Mieten hängen letzten Endes von der realwirtschaftlichen Entwicklung ab, die aber aufgrund fehlender Nachfrage und fehlender Investitionen nicht Schritt halten kann. Die Folge ist, dass sich regelmäßig Immobilien- und Wertpapierblasen aufpumpen – und dann wieder auf dem Boden der Realität zerplatzen. In den inflationsarmen Jahrzehnten erlebte die Weltwirtschaft daher so viele Finanzkrisen wie nie zuvor, die ihrerseits wieder Schocks in der Realwirtschaft auslösten. Die Welt ist unter der neoliberalen Doktrin bei niedriger Inflation also nicht stabiler geworden.[64]

6. Inflation, Wachstum und steigender Wohlstand in Italien

Man könnte sagen, dass Deutschland zu Zeiten der Bundesbank auf jedes Zeichen von Inflation am radikalsten reagierte. Italien war dagegen das westliche Industrieland mit der höchsten Inflationstoleranz und ist damit ein interessantes Gegenbeispiel. Mitte der 1970er bis Mitte der 1980er Jahre lagen die italienischen Inflationsraten im zweistelligen Bereich mit einem Spitzenwert von 21 Prozent 1979, während der Höchststand in Deutschland schon 1973 mit gut 7 Prozent erreicht war. Ab den frühen 1980er Jahren sank die Inflationsrate fast überall, doch in Italien betrug sie in den kommenden zwei Jahrzehnten gemittelt immer noch knapp 6 Prozent.[65] Dennoch hatte das Land in dieser Zeit weit höhere reale Wachstumsraten (also abzüglich Inflation) als später im Euro.[66] Die Kombination von Inflation und Wachstum zwang italienische Unternehmen fast zu investieren[67] und die Reallöhne wuchsen dort zwischen 1960 und 2000 stärker als in Deutschland.[68] Um die ärmeren Schichten vor der Inflation zu schützen, wurde der Mechanismus der *Scala mobile* (»Rolltreppe«) erfunden, der die niedrigen Einkommen automatisch mit der Inflation steigen ließ.[69]

Als die Wirtschaft dann im Euro nicht mehr wuchs und die jüngere Generation bestenfalls schlecht bezahlte, prekäre Arbeit fand, konnten ihre Familien sie dank der Rücklagen aus den vorherigen Jahrzehnten unterstützen. Denn es war nicht so, dass die Inflation die Italienier:innen am Aufbau von Vermögen gehindert hätte: Zeitweise lag der Zins auf Staatsanleihen so hoch, dass er die Inflation ausglich. Oft aber hatten die Haushalte auch Kredite aufgenommen, Wohnungen gekauft und Häuser gebaut – schließlich verlieren die Schulden mit der Inflation ebenfalls an Wert. Die Wohneigentumsquote liegt in Italien heute bei 74 Prozent, in Deutschland dagegen nur bei 50 Prozent.[70]

Inflation und Wechselkurse

Italien soll hier dennoch nicht zum Vorbild erklärt werden. Es geht lediglich darum zu zeigen, dass Länder mit mittleren bis hohen Inflationsraten durchaus gut fahren können und dass Inflation nicht zwangsläufig immer die schlechtere Wahl darstellt. Allerdings ist der italienische Sonderweg genauso wenig verallgemeinerbar wie das deutsche Niedriglohn-Exportmodell. Denn Italien profitierte in dieser

Zeit auch davon, dass die Inflation in anderen Ländern geringer war. Nur deswegen wertete die Lira im Vergleich zu anderen Währungen stetig ab. Dadurch wurden italienische Produkte im Ausland ständig günstiger und gern gekauft. Im Inland dagegen wurden Importe teurer, so dass auch die Italiener:innen sich lieber für einen Fiat entschieden als für einen Volkswagen. Diese Strategie funktioniert aber zum einen nur, wenn sich nicht alle vergleichbaren Länder genauso verhalten. Und zum anderen auch nur für ein exportorientiertes Industrieland wie Italien. Für ein ärmeres Land, das viele hochpreisige Güter importieren muss, überwiegt dagegen der Nachteil der schwachen Kaufkraft der Währung.

MYTHOS 21
Die »kleinen Leute« leiden zwangsläufig am stärksten an der Inflation.

Natürlich soll die Inflation nicht schöngeredet werden. Ohne Gegenmaßnahmen erzeugt sie für Menschen mit geringen Einkünften existenzielle Probleme, weil sie ihre Lebenshaltungskosten nicht mehr bestreiten können. Allerdings hat der Staat, dank seines Währungsmonopols und seiner Gesetzgebung, die Möglichkeit, die Einkünfte der ärmeren Bürger:innen zu erhöhen. Er kann zum Beispiel den Mindestlohn, Sozialleistungen und niedrige Renten parallel zur Inflationsrate steigen lassen. Die Unterstützung der ärmeren Schichten wirkt zudem nicht inflationär, da keine zusätzliche Nachfrage entsteht. Vielmehr ermöglicht die staatliche Hilfe den Menschen lediglich, ihren ursprünglichen Bedarf weiterhin zu decken. Bei so einer Politik müssen nicht mehr »die kleinen Leute« die Rechnung zahlen. Jenes Drittel der Haushalte, das gar keine Ersparnisse besitzt, ist dann von der Inflation sogar besonders wenig betroffen. Die Geldentwertung verringert in diesem Falle die Ungleichheit sogar[71] – wobei es auch dafür natürlich bessere und gerechtere Maßnahmen gibt. Inflation ist nicht wünschenswert, aber wen sie wie hart trifft, fällt nicht vom Himmel, sondern hängt nicht zuletzt von den politischen Rahmenbedingungen ab.

7. Die Bundesbank und die unnötige Rezession der 1990er Jahre

In den Jahren direkt nach der Wiedervereinigung erzeugte die Deutsche Bundesbank als strenge Inflations-Zuchtmeisterin dann eine weitere, besonders folgenschwere Krise. Die Regierung Kohl hatte 1990 große staatliche Investitionen für den Aufbau Ost beschlossen, die zunächst auch zu den gewünschten hohen Wachstumsraten führten. Allerdings stieg gleichzeitig die Inflation auf bis zu fünf Prozent. Die Ursachen dafür waren der Umtausch der ostdeutschen Sparguthaben in D-Mark, die dadurch gestiegene Konsumnachfrage, ein erster Schritt zur Angleichung der Ost-Löhne an die im Westen[72], sowie die steigenden Mieten in Ostdeutschland.[73] Es handelte sich dabei um sehr spezifische, einmalige Effekte der Wiedervereinigung und keineswegs um eine beginnende Lohn-Preis-Spirale.

Dennoch setzte die Bundesbank die Zinsen »drakonisch nach oben und würgte die Wirtschaft ab. Am Ende waren die Kredite sogar noch teurer als 1974, obwohl die Inflation diesmal deutlich niedriger lag.«[74] Damit wurde Deutschland von seiner eigenen Zentralbank in eine lange Phase der Stagnation mit massiver Arbeitslosigkeit geschickt, so dass sich für einen großen Teil der Ostdeutschen die erste Erfahrung mit der freien Marktwirtschaft traumatisch gestaltete. Es war nicht zuletzt dieser Beginn, der zu einem dauerhaften Fremdeln vieler Ostdeutschen mit der Bundesrepublik führte. Denn für die Neubürger:innen bestand ihre einzige Chance auf wirtschaftliche Teilhabe in einem Arbeitseinkommen. Ersparnisse, die dringend gegen die Inflation verteidigt werden mussten, hatten sie dagegen nicht – ebenso wenig wie viele unvermögende Westdeutsche.

Die Folgen dieser Zinspolitik beschränkten sich nicht nur auf Deutschland, denn auch der Rest Europas wurde mit auf die Talfahrt genommen. Denn was in der größten Volkswirtschaft passiert, hat Auswirkungen auf alle anderen. Die Wirtschaftspublizistin Ulrike Herrmann fasst es so zusammen: »Auch für Europa war die deutsche Vereinigung zunächst ein Glücksfall, [...] ein Konjunkturprogramm. Die Bundesbank vereitelte allerdings, dass daraus eine für Europa erfolgreiche Periode wurde. Im Jahr 1991 straffte sie wegen vermeintlicher Inflationsgefahren und trotz klarer Anzeichen für eine Abkühlung der Konjunktur ihren Kurs scharf, die kurzfristigen

Zinsen stiegen auf zehn Prozent. [...] Wenig überraschend versanken Deutschland und Europa 1992 bis 1993 in einer tiefen Krise.«[75] Noch bis Mitte der 2000er Jahre galt Deutschland dann als »der kranke Mann Europas«. Die rot-grüne Regierung unter Schröder nahm die lange Flaute als Anlass für die Einführung der Hartz-Gesetze, mit der Druck auf Empfänger:innen von Sozialleistungen und Arbeitssuchende ausgeübt werden sollte. Durch diese und ähnliche Maßnahmen entstand in Deutschland der größte Niedriglohnsektor Europas.[76] Die Ostdeutschen haben daher den Kapitalismus nur im neoliberalen Gewand, aber nie von seiner freundlicheren, keynesianischen Seite kennengelernt. Lediglich die älteren Westdeutschen erinnern sich noch an Jahrzehnte der Vollbeschäftigung und steigenden Löhne für alle.

MYTHOS 22
Zentralbanken sollten so unabhängig wie möglich und nur dem Geldwert verpflichtet sein.

In Deutschland gilt eine möglichst unabhängige Zentralbank, die nur den Geldwert verteidigt, als besondere Errungenschaft. Nach diesem Ideal wurde die Bundesbank[77] und später, auf deutschen Druck, auch weitgehend die EZB gestaltet. Tatsächlich ist so eine Zentralbank aber die Ausnahme, da ihr die demokratische Legitimation fehlt.[78] Bis in die 1990er Jahre waren viele Zentralbanken weisungsgebunden und noch heute müssen sich die meisten von ihnen entweder dem Finanzministerium oder dem Parlament gegenüber verantworten. Bei der amerikanischen Fed ist zum Beispiel letzteres der Fall. Vor allem aber besitzt sie ein unparteiisches, ausgeglichenes Mandat, denn neben der Verteidigung des Geldwerts muss sie auch das Ziel der Vollbeschäftigung verfolgen. Eine unabhängige, einseitig beauftragte Zentralbank entzieht dagegen eine der schwierigsten und folgenreichsten Abwägungen – nämlich die zwischen Inflation und hoher Arbeitslosigkeit – dem demokratischen Prozess. Die Entscheidung wird damit vorweggenommen, und zwar zugunsten der wenigen Vermögensbesitzer, für die ihre Renditen wichtiger sind als ein sicheres, monatliches Arbeitseinkommen. Eine unabhängige, einseitig dem Geldwert verpflichtete Zentralbank ist deshalb in einer Demokratie ein Fremdkörper. Schon gar nicht sollten ihre Aufgaben und Entscheidungsspielräume weiter ausgeweitet werden.[79]

8. Der Leitzins ist ein einseitiges und brutales Werkzeug

An einer Schnur schieben

Man kann mit dem Leitzins verlässlich eine Rezession und Arbeitslosigkeit erzeugen, wenn man ihn nur hoch genug zieht – er hilft aber herzlich wenig dabei, wieder aus ihr herauszukommen. Keynes meinte, eine Wirtschaftskrise mit dem Leitzins zu bekämpfen sei wie an einer Schnur zu schieben.[80] Denn im Falle einer Rezession wird die Rückzahlung des Kredits selbst riskant – und damit ist er auch zum Nullzins zu teuer. Das bedeutet: Die Geldpolitik kann sehr effektiv die Ersparnisse der Vermögenden vor Inflation schützen. Sie ist dagegen völlig ungeeignet, wenn es darum geht, die Arbeitseinkommen der breiten Mehrheit zu verteidigen. Das kann nur die Regierung mit ihren Defizitausgaben – wenn sie nicht gerade das Pech hat, von einer unabhängigen Zentralbank torpediert zu werden.

Die Zentralbanken wissen um die einseitige Wirksamkeit ihres Zinses. Deswegen streben sie in der Regel ein Inflationsziel von um die zwei Prozent an. Sollte die Inflation unter diesen Wert fallen, hat die Zentralbank noch einen Sicherheitsabstand zu den gefährlichen null Prozent und kann versuchen, die Wirtschaftstätigkeit rechtzeitig mit einem Zinsnachlass zu stimulieren. Ob die Anregung durch den Leitzins in einer wirtschaftlichen Flaute funktioniert, ist bestenfalls unklar, denn die Investitionsentscheidungen der Privaten hängen von vielen weiteren Faktoren ab. Damit die Zentralbank den Leitzins aber überhaupt in beide Richtungen bewegen kann, müsste sie ihn in den gemäßigten Zeiten immer wieder auf ein mittleres Niveau hochsetzen. Aber noch nicht einmal das funktioniert, wenn eine Krise die nächste jagt und die Leitzinsen daher über lange Strecken ohnehin nahe null liegen.[81]

Der Leitzins wirkt nur verlässlich bei einer Vollbremsung

Wir haben bereits an mehreren Beispielen gesehen, dass die Zentralbank ein Land in die Rezession schicken kann, um eine nachfragegetriebene Inflation zu brechen. Oft wird argumentiert, dass es sich dabei um Unglücksfälle handle und man den Leitzins auch weniger grobmotorisch verwenden könne, indem man früh und sanft bremst, sobald sich eine Überhitzung der Wirtschaft abzuzeichnen beginnt. Alle sind sich einig, dass es sehr schwer ist, diesen Punkt im komplexen Wirtschaftsgeschehen auszumachen. Schlimmer noch: Es gibt berechtigte Zweifel, ob ein sanftes Bremsen überhaupt funktioniert. Denn solange die Nachfrage hoch ist und Unternehmen Gewinne machen können, lassen sie sich nicht von einem höheren Zins abhalten. Es besteht auch das Risiko, dass die Unternehmen ihre höheren Zinskosten einfach auf die ohnehin steigenden Preise draufschlagen und sie sich so von den Käufer:innen zurückholen. Die Zinserhöhung treibt dann sogar die Inflation.[82]

Um tatsächlich wirksam zu bremsen, muss die Zentralbank den Leitzins also so erhöhen, dass der Zins den Gewinn auffrisst und ein entsprechender Preisaufschlag so hoch ist, dass die Kunden tatsächlich Abstand vom Kauf nehmen. Wenn aber die Gewinne unwahrscheinlich werden und die Wirtschaftsteilnehmer:innen sich deshalb auf einen Abschwung einstellen, dann ist bald der Umschlagpunkt erreicht, an dem die Investitionen zu stark zurückgehen. Das heißt, entweder wird der Leitzins (noch) nicht ernst genommen und hat keinen Effekt – oder er wird ernst genommen und die privaten Wirtschaftsteilnehmer:innen laufen nun, als die berühmte Herde, die sie sind, kollektiv in Richtung Rezession. Es gibt sehr wenig Belege dafür, dass der Leitzins zur Feinsteuerung in der Lage ist. Viel wahrscheinlicher ist es, dass er tatsächlich nur wie ein AN/AUS-Regler auf die Konjunktur wirkt – wobei die An-Funktion kaputt ist.

Stabiles Geld um den Preis von Arbeitslosigkeit

Im Grunde geht es bei der Leitzinspolitik um die Erzeugung oder zumindest die Androhung von Arbeitslosigkeit. Denn, wie wir am Beispiel der Stagflation der 1970er Jahre gesehen haben, reicht selbst eine wirtschaftliche Stagnation als Drohszenario nicht aus, wenn die Gewerkschaften und die Arbeitnehmer stark genug sind. Das bedeutet, dass die eigentliche Macht der Zinspolitik darin liegt, Arbeitslosigkeit zu erzeugen und so den Willen der Arbeitnehmerschaft zu brechen, höhere Löhne durchzusetzen. In Deutschland haben die Gewerkschaften das schon 1974 gelernt und später nie wieder Lohnerhöhungen jenseits der Produktivität gefordert. In den USA und in vielen anderen Ländern war es 1979 so weit, als die Fed die Weltwirtschaft in eine Rezession schickte. Ab da wurden auch kleine Zinserhöhungen als Drohungen gelesen. Außerdem lagen die Arbeitslosenraten ab den 1980er Jahren ohnehin so hoch, dass große Sprünge bei den mittleren Löhnen ausgeschlossen waren. Die Globalisierung mit ihrer internationalen billigen Arbeitskraft hat ihr Übriges getan.

Tatsächlich ist sogar schon die Verkündung eines Inflationsziels mit der glaubhaften Behauptung, man sei bereit, es um jeden Preis zu verteidigen, eine implizite Drohung. Der Ökonom Paul Davidson bezeichnet diese Geldpolitik daher als barbarisches System und schreibt: »Zentralbanken verwenden das Instrument der angekündigten Inflationsziele, um Unternehmen und Arbeitern Angst zu machen: Wenn sie zulassen (fordern), dass Löhne und Preise steigen, laufen sie Gefahr, die Möglichkeit zu verlieren, ihren Lebensunterhalt zu verdienen. Man kann diese Art von Politik, welche die Forderungen nach Lohnerhöhungen einschränkt, als ›Einkommenspolitik der Angst‹ bezeichnen [...]: vor Arbeitsplatzverlust, Umsatzverlust und Gewinnausfall bei Unternehmen [...].«[83] Die Begründung, Zentralbanken müssten ab einem bestimmten Punkt der Inflation zwangsläufig ihre Zinsen erhöhen, um ihre »Glaubwürdigkeit« nicht zu verlieren, bekommt damit einen sehr viel düstereren Klang.

Wir sehen: Die klassische Geldpolitik bekämpft immer ein Übel, die Inflation, mit einem anderen, ebenso großen Übel: der Arbeitslosigkeit. Tatsächlich gilt in der neoklassischen Wirtschaftswissenschaft, dass es eine gewisse Zahl an Arbeitslosen braucht, um Inflation zu verhindern.[84] Diese Menschen wären damit der Preis, der für die Stabilität des Geldes zu zahlen ist.

MYTHOS 23
Die Zinspolitik wirkt über die Inflationserwartung.
Der Leitzins wirkt nur indirekt auf die Geldschöpfung der Banken, seine sogenannten »Transformationsmechanismen« sind komplex und unklar.[85] Das könnte der Grund dafür sein, dass oft behauptet wird, der Leitzins würde seine Ziele auch über die Steuerung der Inflationserwartung erreichen. Letzten Endes kommt es aber an auf »die Veränderungen der Kosten wie Energiepreise und Löhne, die von Unternehmen standardmäßig über höhere Preise auf die KonsumentInnen abgewälzt werden«.[86] An den Energiepreisen ändern die Erwartungen mittelfristig wenig. Was wiederum die Löhne betrifft, sind die einzig relevanten Inflationserwartungen diejenigen der Tarifpartner. Sie sind es daher, die es zu beeinflussen gilt. Wenn die Zentralbank aber ein Inflationsziel oder gar eine Leitzinserhöhung verkündet, dann ist das für die Gewerkschaften kein freundliches Zeichen, dass sie sich entspannen können und mit stabilen Preisen rechnen dürfen. Aus der historischen Erfahrung ist eine Zinserhöhung für die Gewerkschaften vielmehr ein Warnschuss, der sie daran erinnert, dass die Zentralbank die Volkswirtschaft herunterbremsen und Arbeitslosigkeit erzeugen kann, wenn ihr die Lohnentwicklung nicht gefällt. Inflationserwartung wäre somit nur ein Euphemismus für die Angst vor Arbeitsplatzverlust.

9. Eine bessere Geldpolitik ist möglich: Steuern statt Leitzins!

Das Finanzministerium hat Gaspedal und Bremse

Selbst Ben Bernanke gab als Chef der Fed bei einer Befragung vor dem amerikanischen Kongress zu, dass die Geldpolitik »nicht das ideale Instrument« zur Steuerung der Wirtschaft sei.[87] Warren Mosler, ehemaliger Investmentbanker und Vater der Modern Monetary Theory, formuliert es sogar drastischer: »Leider funktioniert Zinspolitik nicht. Sie hat noch nie funktioniert.« Die Zentralbanken »sind wie ein Kind, das mit seinem Kinderlenkrad auf dem Beifahrersitz sitzt. Sie tun so, als würden sie den Wagen steuern, und wir glauben gerne, dass sie das tun, weil sie so seriös wirken. Aber es steuert der Fahrer.«[88] Und das ist die Regierung mit ihrer Fiskalpolitik, die tatsächlich Nachfrage in die Wirtschaft bringt oder abzieht.

Die (Post-)Keynesianer:innen wissen seit langem, dass die Regierung einen viel direkteren Weg hat, auf Nachfrage und Arbeitslosigkeit Einfluss zu nehmen, als die Zentralbank mit ihrem tumben Leitzins. Schließlich kann die Regierung nicht nur durch Defizitausgaben ohne Umweg die Nachfrage erhöhen, sondern auch über die Steuern ganz direkt Kaufkraft und Nachfrage abziehen. Es muss nicht über den Leitzins mit unklarem Erfolg die Kreditgeldschöpfung beeinflusst werden. Und schon gar nicht ist es nötig eine Schwelle zu überschreiten, ab der sich private Investitionen nicht mehr lohnen und eine Kettenreaktion beginnt.

Dagegen können die Steuern tatsächlich stufenlos ansteigen und Gewinne wie Nachfrage kontrolliert reduzieren. In dem Moment, wo die privatwirtschaftlichen Investitionen zu stark zurückgehen, kann mit niedrigeren Steuern dafür gesorgt werden, dass die Nachfrage sofort wieder steigt. Um es mit einer anderen Auto-Metapher zu sagen: Das Finanzministerium verfügt nicht nur über ein Gaspedal für die Wirtschaft – die Defizitausgaben –, sondern auch über ein Bremspedal – die Besteuerung. Und das Beste daran: Beide wirken direkt und stufenlos. Fiskalpolitik ist somit die bessere Geldpolitik.[89]

Der natürliche Zins ist der Nullzins

Hier verlassen wir endgültig den deskriptiven Bereich der MMT, den Stephanie Kelton mit dem Diagnose-Instrument einer Ärztin vergleicht, und sind mitten in der Verordnung der Behandlung: Die Regierung sollte sich selbst aktiv um die Erhaltung des Geldwerts kümmern, statt diese Aufgabe der dazu ungeeigneten Zinspolitik zu überlassen. Ein weiterer Vorteil: Wenn die Bekämpfung der Inflation nicht mehr die Aufgabe der Zentralbanken wäre, dann könnte der Leitzins bei null bleiben. Die staatliche Geldschöpfung wäre damit ohne Zinszahlungen und ungewollte Umverteilungseffekte möglich. Da sie ohnehin auf dem Währungsmonopol beruht, gibt es auch keinen Grund, warum der Staat dafür Zinsen an irgendjemand zahlen sollte. MMT-Ökonom:innen sagen: Die natürliche Zinsrate für den Staat ist null. Denn auch rein technisch betrachtet würde die staatliche Geldschöpfung zu einem Nullzins für Zentralbankgeld im Bankensystem führen, wenn nicht durch den ständigen Verkauf von Staatsanleihen künstlich für Verknappung gesorgt würde, so dass ein positiver Leitzins erst möglich wird. Jeder Zins über null entsteht also erst durch die Intervention des Staates selbst.[90]

Zudem wäre es ein Gewinn für die globale Stabilität, wenn mächtige staatliche Akteure dauerhaft auf eine Geldpolitik mittels des Leitzinses verzichten würden. Denn, wie bereits erwähnt, haben Zinserhöhungen in den Vereinigten Staaten oder der Eurozone regelmäßig die Folge, dass Kapital aus ärmeren Ländern abgezogen wird, um es in die nun ertragreicheren US- oder Euro-Anlageprodukte zu stecken. Der dazu nötige Währungsumtausch führt zu steigenden Dollar- und Euro-Kursen. So verlieren arme Länder nicht nur Kapital, auch die Importkosten steigen stark, ebenso wie die Zinsen auf etwaige Auslandsschulden. Blieben dagegen die Leitzinsen der mächtigen Staaten dauerhaft bei null, würden diese spekulativen Wellen von investiertem und wieder abgezogenem Geld entfallen.[91]

Auch in einer Welt mit Nullzins hätte die Zentralbank noch wichtige Aufgaben: Zuallererst ist sie die Bank des Staates. Sie erzeugt die Währung und stellt der Regierung das nötige Geld für Defizitausgaben zur Verfügung. Außerdem finanziert sie die Geschäftsbanken und greift in Finanzkrisen wie 2008 als Geldgeberin der letzten Instanz ein, stabilisiert die Banken und garantiert so ein funktionierendes Zahlungssystem.

Sozialsysteme stabilisieren die Wirtschaft und das Geld

Die Steuerung des Geldwerts über die Fiskalpolitik hat jedoch einen Haken. Die Haushaltpolitik verfolgt viele unterschiedliche Ziele gleichzeitig. Es wäre daher unrealistisch, von der Regierung auch noch die aktive Feinsteuerung des Geldwerts zu erwarten. Zumal im Falle einer Inflation insbesondere die Steuern für die mittleren Einkommen steigen müssten, da es darum geht, auf breiter Front Nachfrage abzuziehen. Politiker:innen, die um ihre Wiederwahl fürchten, möchten es sich aber nur ungern mit großen Wählerschichten verscherzen. In den 1970er Jahren hat die Politik daher den Vorschlag, die Inflation durch höhere Besteuerung zu bekämpfen, auch nicht befolgt.

Die MMT-Ökonom:innen haben genau an dieser Stelle weiter gedacht, an der die Keynesianer:innen damals gescheitert sind. Ihre Lösung: Man muss die fiskalischen Brems- und Gaspedale auf Automatik stellen, über sogenannte automatische Stabilisatoren. Damit sind Sozialsysteme gemeint, die dem politischen Tagesgeschehen entzogen sind, wie die Arbeitslosenversicherung oder die Grundsicherung. In Zeiten hoher Beschäftigung zahlen automatisch mehr Menschen Steuern, die zudem automatisch mit den Löhnen steigen. In der Rezession, wenn viele arbeitslos werden, zieht der Staat automatisch weniger Steuern ein und bringt über die Sozialsysteme automatisch mehr Geld unter die Leute.

So wird die Nachfrage auf niedrigerem Niveau stabilisiert und dafür gesorgt, dass Wirtschaftskrisen nie wieder so bodenlos ausfallen wie im 19. Jahrhundert, als es noch keine staatliche Absicherung gab.[92] Dennoch verlieren in der Rezession bis heute Menschen ihre Arbeitsplätze und einen Gutteil ihrer Einkünfte, so dass die Nachfrage stets aufs Neue einbricht – was dann Ad-hoc-Maßnahmen zur Stützung der Wirtschaft und der Gesellschaft über außerplanmäßige Defizite erfordert. Der Vorschlag der MMT-Ökonom:innen lautet daher, die Pufferwirkung der Sozialsysteme weiter auszubauen, indem man nicht mehr nur über die Arbeitslosenversicherung einen Teil der Einkünfte von einem Teil der Bürger:innen stabilisiert, sondern gleich die Arbeit selbst. Das Prinzip von Reserven oder Puffer-Lagern zur Kontrolle von Preisen ist bei Rohstoffen und Gold bekannt.[93] Wieso sollte man diese Idee nicht auch auf einen so wichtigen Wert wie Arbeit anwenden?

VI Zukunftschancen und Wachstumsschmerzen

1. Die Jobgarantie: gegen Inflation, für sozialen Frieden und politische Utopien!

Ein staatliches Arbeitsplatzprogramm

Hiermit sind wir also bei dem großen Vorschlag der MMT-Ökonom:innen angekommen: der staatlichen Arbeitsplatzgarantie für alle. Bevor wir uns ihrem utopischen, gesellschaftlichen Potenzial zuwenden, soll es zunächst um die volkswirtschaftlichen Vorzüge gehen. So wie das Jobgarantie-Programm von Hyman Minsky entworfen[1] und von L. Randall Wray und Pavlina Tcherneva weiterentwickelt wurde,[2] umfasst es einen einheitlichen Stundenlohn und die üblichen Leistungen wie Kranken- und Sozialversicherung sowie Urlaubsansprüche. Es gibt natürlich keine Form von Arbeitszwang und die bisherigen sozialen Sicherungssysteme bleiben erhalten. Auf Wunsch werden auch Teilzeitstellen angeboten oder Saisonarbeit, ebenso wie Kinderbetreuung. Ein einheitlicher Mindestlohn soll die Konkurrenz des Staates mit privaten Arbeitgeber:innen verhindern. Die Finanzierung erfolgt mittels des staatlichen Geldschöpfungsprivilegs auf Bundesebene oder europäischer Ebene, die Arbeitsplätze selbst werden aber von den Kommunen geschaffen, in Abstimmung mit den Arbeitssuchenden und entsprechend dem Bedarf an Dienstleistungen vor Ort.

Gleichzeitig wirksam gegen Inflation und Arbeitslosigkeit

Der ökonomische Zweck einer Arbeitsplatzgarantie ist es, sowohl Inflation als auch Deflation zu vermeiden und endlich den ewigen Widerspruch zwischen Arbeitslosigkeit und Geldwertstabilität aufzulösen. Bei der herkömmlichen Konjunkturpolitik muss der Staat in jeder Rezession die Wirtschaft mit Sondermaßnahmen stützen, um Arbeitslosigkeit zu vermeiden, oder mit noch höheren Investitionen einen Aufschwung erzeugen, in dem dann hoffentlich wieder neue Arbeitsplätze entstehen. Mit der Jobgarantie löst man das Problem viel direkter:[3] Die Staatsausgaben werden ganz gezielt dazu verwendet die fehlenden Arbeitsplätze zu schaffen, statt in der wirtschaftlichen Flaute Geld mit der Gießkanne über die Ökonomie zu schütten, in der Hoffnung, dass daraufhin die Privatwirtschaft nicht nur wieder in die Gänge kommt, sondern dass sie auch bereit ist, neue Arbeitsplätze zu schaffen. Stattdessen würde die Arbeitsplatzgarantie als zusätzlicher automatischer Stabilisator greifen, wenn während einer Krise viele Menschen in der Privatwirtschaft ihren Job verlieren. Der Nachfrageeinbruch wird somit stärker abgefedert als bisher, was auch den Unternehmen nützt.

Die staatlichen Ausgaben für die Jobgarantie haben selbst keinen inflationären Effekt. Denn zum einen steigen sie genau wie klassische Konjunkturpolitik immer dann, wenn die Privatwirtschaft schwächelt – also in Zeiten ohne Inflationsdruck oder sogar mit deflationärer Tendenz. Zum anderen entstehen parallel mit den Ausgaben für die geschaffenen Arbeitsplätze zusätzliche Dienstleistungen oder Waren. Die Jobgarantie wirkt Inflation aber auch entgegen, weil sie eine Reserve von arbeitenden Menschen darstellt, auf welche die Privatwirtschaft zurückgreifen kann, wenn sie wieder wächst. Bisher werden im Boom die Löhne nach oben geboten, weil Unternehmen miteinander um Arbeitnehmer:innen konkurrieren. Dieser Prozess verlangsamt sich, wenn sie zunächst die Jobgarantie-Beschäftigten zu den üblichen Löhnen anwerben können. Dabei bekommen die Unternehmen frische Angestellte, deren Fertigkeiten nicht vermeintlich oder tatsächlich durch Arbeitslosigkeit gelitten haben. In den Vorschlägen zur Jobgarantie spielen daher auch Weiterbildung und Qualifikation immer eine wichtige Rolle, damit möglichst viele Arbeitskräfte für einen Wechsel in die Privatwirtschaft in Frage kommen.[4] Auf diese Weise wird der Preis für Arbeit in beide Richtungen stabilisiert und kann als Anker für alle Preise dienen. Denn die Löhne sind – noch vor der Energie – der größte Kostenblock und damit der wichtigste Preis in der Ökonomie[5].

Eine Arbeitsplatzgarantie könnte also eine Lohn-Preis-Spirale verhindern, wie sie zum Beispiel in den 1970er Jahren entstanden war, und wie sie 2022 auf einmal wieder denkbar erschien. Natürlich handelt es sich dabei um ein präventives Konzept, das möglichst implementiert werden muss, bevor es zu einer nachfragegetriebenen Inflation kommt.

Gegen eine allgemeine Preiserhöhung in Folge eines Angebotsschocks, wie bei der Corona-Pandemie oder der Energiepreiskrise, hilft allerdings eine Jobgarantie genauso wenig wie der Leitzins der Zentralbank. Denn das Preisniveau ist wegen der internationalen Verknappung von Gütern entstanden und bildet den tatsächlichen Wohlstandsverlust ab. Die weiteren Folgen eines externen Schocks würde die Jobgarantie aber abfedern: Sie verhindert anschließende Arbeitslosigkeit ebenso wie die Gefahr, dass sich aus der allgemeinen Erhöhung des Preisniveaus eine Lohn-Preis-Spirale entwickelt. Natürlich muss der Lohn der Jobgarantie im Moment des Angebotsschocks so steigen, dass er weiter den Lebensbedarf abdeckt, ebenso wie andere Sozialleistungen, die die Existenz sichern. Menschen mit höheren Einkommen wären dagegen gezwungen, die realen Verluste zu ertragen, wenn der Geldwert stabil gehalten werden soll.

Ein Mindeststandard und das Recht auf Arbeit

Die Idee eines Rechts auf Arbeit hat eine lange Tradition: Arbeit als Menschenrecht stand bereits in der ersten französischen Verfassung von 1793, in der Weimarer Verfassung sowie in der Verfassung der DDR und es steht noch heute zum Beispiel in der UN-Menschenrechts-Charta, in der italienischen Verfassung und der hessischen Landesverfassung. Eine staatliche Arbeitsplatzgarantie wäre eine gesellschaftliche Verbesserung, wie wir sie seit langem nicht mehr erlebt haben. Sie würde einen eindeutigen Schlusspunkt hinter die neoliberalen Jahrzehnte setzten und einen gesetzlich verankerten Mindeststandard einziehen, nicht nur was den Lohn, sondern auch was die Arbeitsbedingungen angeht. Die Entwicklung der letzten Jahrzehnte zu zunehmend prekären Jobs hätte damit ein Ende. Arbeitslosigkeit bedeutet für viele Menschen Leid, Armut und Randständigkeit, andere fürchten sich ein Leben lang davor. Zudem trifft sie die ohnehin Unterprivilegierten ohne Polster besonders hart und verstärkt bestehende Ungleichheiten weiter. Es ist nie gelungen, das Problem der unfreiwilligen Arbeitslosigkeit im Rahmen von privatwirtschaftlichen Arbeitsmärkten zu lösen.[6] In einer durchmonetarisierten, arbeitsteiligen Gesellschaft sind Menschen zum Leben auf Geld angewiesen. Man kann daraus sehr gut schlussfolgern, dass ein Staat, der das Währungsmonopol besitzt, daher die Pflicht hat, selbst für die nötigen Arbeitseinkommen zu sorgen.[7]

Mythos 24: Arbeitsmärkte tendieren zur Vollbeschäftigung.
Die neoklassische Theorie geht davon aus, dass der Arbeitsmarkt ein Markt wie jeder andere ist: Auf dem Kartoffelmarkt werden alle Kartoffeln verkauft, wenn Angebot und Nachfrage für den richtigen Preis sorgen. Am Nachmittag sinken die Preise, bis der Markt geräumt ist. Liegengebliebene Kartoffeln zeigen, dass der Preis zu hoch und zu unflexibel war. Für Neoklassiker:innen sind Arbeitslose wie liegengebliebene Kartoffeln: Sie waren zu teuer. Würden die Löhne nur flexibel genug nachgeben, hätten irgendwann alle einen Job. Diese Theorie verkennt zweierlei: Zum einen das Offensichtliche, nämlich dass Menschen keine Kartoffeln sind und daher von ihren Löhnen anständig leben können müssen. Jedenfalls in einer humanen Welt und ganz bestimmt in einer modernen Demokratie. Zum anderen wird ignoriert, dass der Arbeitsmarkt, selbst ausschließlich ökonomisch betrachtet, etwas völlig anderes ist als ein Kartoffelmarkt. Denn Kartoffeln kaufen keine Kartoffeln und auch sonst nichts. Dagegen kaufen Löhne andere Waren auf anderen Märkten. Löhne sind also nicht einfach ein Preis, sondern gleichzeitig der Großteil der gesamtwirtschaftlichen Nachfrage.[8] Die neoklassische Theorie wirkt spätestens beim Thema Arbeit wie eine undurchsichtige Melange aus Herzlosigkeit und Dummheit.

Die Jobgarantie im Vergleich zum Bedingungslosen Grundeinkommen (BGE)

Es soll hier weder Arbeit idealisiert noch ein faules oder fleißiges Menschenbild behauptet werden. Und es soll auch nicht bestritten werden, dass ein BGE ebenso über die staatliche Geldschöpfung finanziert werden könnte wie die Jobgarantie. Der Einwand gegen das BGE ist vielmehr, dass dessen Auswirkungen auf den Geldwert, das Wirtschaftsgeschehen und die Gesellschaften um ein Vielfaches unkalkulierbarer sind als garantierte Arbeit.[9] Das BGE setzt darauf, dass eine Vielzahl individueller Vorlieben und Interessen am Ende, wie von unsichtbarer Hand, ein sinnvolles ökonomisches und gesellschaftliches Ganzes ergeben – und ähnelt darin neoliberalen Wirtschaftsvorstellungen.[10]

Dagegen ist das Besondere an der Jobgarantie: Bei ihr handelt es sich um ein von Ökonom:innen erdachtes Gesamtpaket, das Nachfrage und Produktion koordiniert, Krisenphänomene wie Inflation und Arbeitslosigkeit bekämpft, und dabei gleichzeitig Raum eröffnet für politische Visionen.

Die Jobgarantie setzt auf Steuerung und führt die keynesianische Erkenntnis fort, dass die private Wirtschaft zu ihrer Stabilisierung ein staatliches Gegengewicht braucht. Sie ist konservativer, insofern sie an Arbeit als Verteilungskriterium festhält, aber damit sind ihre Folgen nicht nur besser zu kalkulieren, sondern die Idee ist auch anschlussfähiger an verschiedene gesellschaftliche Milieus. Das Projekt einer Jobgarantie geht außerdem davon aus, dass es in unserer Ökonomie nicht an Arbeit fehlt, sondern nur an der Bereitschaft, das gesellschaftlich Sinnvolle auch zu bezahlen. Denn bereits heute wird zum einen viel Arbeit unentgeltlich geleistet und zum anderen gibt es reichlich sozial wünschenswerte Tätigkeiten, die von niemandem getan werden, weil angeblich kein Geld für sie da ist.

Ein weiteres Manko des BGE: Auf europäischer Ebene wäre es – gerade wegen der hohen Arbeitslosenquoten in manchen Ländern – weder innerhalb der Gesellschaften noch als Transferleistung zwischen den Staaten vermittelbar.

Europäische, demokratische und feministische Utopien

Auf europäischer Ebene wäre eine Jobgarantie endlich der Befreiungsschlag, das utopische Signal, das den abgehängten Europäer:innen einen Neuanfang verheißt. Die Jobgarantie könnte als das fehlende fiskalische Element in der Eurozone dienen, ohne dass es einer Veränderung der Verträge bedürfte. Denn die Jobs würden zwar über die europäische Geldschöpfung finanziert, aber lokal umgesetzt.[11] Selbst wenn sich ansonsten die Konzentration wirtschaftlicher Macht und produktiver Industrien in bestimmten Regionen fortsetzen würde, könnte die Jobgarantie eine Möglichkeit der Umverteilung darstellen, die den ganzen Kontinent befriedet und durch bezahlte Arbeit in vielfältiger Weise weiterentwickelt. Ein Jobgarantie-Programm hätte als automatischer Stabilisator eine besonders große Bedeutung, da viele europäische Länder nicht über starke soziale Sicherungssysteme verfügen. Zukünftige Wirtschaftskrisen wären damit stärker abgefedert. Bisher hat man als europäisches Sozialprojekt allenfalls eine Arbeitslosenversicherung diskutiert. Wie viel kreativer wäre aber eine Jobgarantie, mit all ihren gesellschaftlichen und ökologischen Potenzialen?[12]

Die kommunale Ausgestaltung der Jobgarantie erlaubt auch demokratisches Experimentieren und gesellschaftliche sowie ökologische Visionen: Strukturschwache Regionen würden gestärkt und ihre Bewohner:innen dazu ermutigt, über die Frage von erwünschten Arbeitsverhältnissen einerseits und benötigten Dienstleistungen andererseits zu verhandeln. »Brotlose« Maler und Schauspielerinnen könnten Kurse für Kinder, Alte und andere Interessierte anbieten. Menschen kurz vor der Rente, die in der Privatwirtschaft keine Stelle mehr finden, könnten mit ihren Fähigkeiten in den Gemeinden einen wichtigen Beitrag leisten. Pavlina Tcherneva schreibt: »Es handelt sich um einen Bottom-up-Ansatz im wahrsten Sinne des Wortes [...]. Gemeinden, gemeinnützige Organisationen und Arbeitslose selbst beteiligen sich an der Konzipierung, Gestaltung und Realisierung der Projekte.« Eine ganz neue Aktivierung der Zivilgesellschaft wäre die Folge.[13] So könnte man Tätigkeiten bezahlen, die ökologischen Mehrwert schaffen: die Aufforstung der Wälder, eine tier- und bodengerechte Biolandwirtschaft und der klimagerechte Umbau der Städte.

Auch Ideen aus der feministischen Ökonomie ließen sich umsetzen: Die Jobgarantie selbst könnte flexiblere Arbeitszeiten für Mütter, aber auch Väter garantieren sowie für Menschen, die ihre Angehörigen selbst pflegen. Aber wir könnten uns auch eine artgerechte Kinder- und Altenbetreuung gönnen, mit einem großzügigen Betreuungsschlüssel und zumutbaren Arbeitszeiten für alle Beteiligten. Und wir würden ganz grundsätzlich neu verhandeln, welche bislang unbezahlten und dadurch unsichtbaren Tätigkeiten wir vielleicht erstmals bezahlen wollen: Wäsche könnte in Wäschereien gewaschen, Mittag- und Abendessen in Nachbarschaftsmensen gegessen und mehr psychologische Unterstützung für Menschen in schwierigen Situationen angeboten werden. Erkenntnisse, welche die feministische Ökonomie und Soziologie seit Jahrzehnten insbesondere zu Care-Arbeit und reproduktiver Arbeit anhäuft, würden hier endlich zu praktischer Anwendung kommen.[14]

Frauen und Männer aus Brandenburg, Italien, Griechenland und Andalusien könnten das europäische Projekt endlich wieder am eigenen Leib als hilfreich und positiv erfahren. Eine Jobgarantie würde auch das Interesse der anderen EU-Länder an einem Beitritt zum Euro wieder verstärken und dem europäischen Projekt als solchem neues Leben einhauchen. Nach den neoliberalen Jahrzehnten würden Solidarität und Sicherheit wieder spürbar zunehmen und viele Menschen könnten sich erstmals entspannen. Und schließlich brauchen wir auch dringend eine solidarische, weniger ängstliche Gesellschaft, wenn wir die Veränderungen angehen wollen, die uns die ökologischen Krisen abverlangen werden.

Natürlich wirkt die Jobgarantie, noch dazu für die Eurozone oder gar die ganze EU, wie eine Utopie. Das Konzept ist außerdem im Gegensatz zum BGE weitgehend unbekannt. Aber es ist im Grunde die Fortsetzung der keynesianischen Sozialsysteme, die den westlichen Gesellschaften über Jahrzehnte immer mehr Sicherheit, Wohlstand und auch mehr Gleichheit beschert haben. Ja, es handelt sich um eine Utopie. Aber es ist eine, die die ökonomischen und gesellschaftlichen Fragen von Anfang an zusammendenkt und auf Prinzipien aufbaut, die unsere Gesellschaften erst erfolgreich gemacht haben, in demokratischer wie ökonomischer Hinsicht.

2. Ökosystem Erde und ein Wirtschaftssystem, das wachsen muss

Der ökonomische Systemzwang

Auch wenn die klugen MMT-Ökonom:innen und andere (Post-)Keynesianer:innen dazu tendieren, die Schlussfolgerung ihrer Theorien für die Wachstumsfrage zu umschiffen, muss ich in Anbetracht der Klimakrise noch dringend auf diesen Elefanten im Raum zu sprechen kommen: Unser Wirtschaftssystem mit seinem Kreditgeld erzeugt einerseits Wachstum, ist andererseits aber auch darauf angewiesen. Um es noch einmal zusammenzufassen: Der Kapitalismus ist als dynamisches System entstanden, als wir irgendwann vor ungefähr

200 Jahren damit begannen, Kreditgeld in immer bessere Technik zu investieren, was uns erlaubte, pro Arbeitsstunde immer mehr zu produzieren.[15] Aus den Investitionen entsteht so Wachstum, neue Unternehmen schauen optimistisch in die Zukunft und nehmen weitere Kredite auf. Die Geldmenge wächst und somit können die Gewinne für die früheren Investitionen realisiert und die alten Kredite zurückgezahlt werden. Ohne neues Wachstum und ein ständiges Steigen der Geldmenge wäre nicht genug Geld im System, um die Gewinne der alten Investitionen zu bezahlen.[16] Gleichzeitig braucht es die Gewinne als Anreiz für die nächste Unternehmergeneration, sich zu verschulden. Auch für die lohnende Kreditvergabe der Banken müssen Gewinne ausreichend wahrscheinlich sein.[17] Aber nur wenn die Wirtschaft wächst, kann die Mehrzahl der Kreditnehmer:innen den nötigen Gewinn machen.[18] Dagegen wird bei fehlendem Wachstum die Kreditvergabe schnell zum Verlustgeschäft, weswegen die Banken sie herunterfahren. Weil aber weiterhin alte Kredite zurückgezahlt werden müssen, sinkt die Giralgeldmenge und nun fehlt nicht nur das Geld für die Gewinne im System, sondern es gibt nicht einmal mehr genug Geld zur Begleichung der alten Kredite.

Wir haben oben wiederholt gesehen, wie diese Krise sich auf die Realwirtschaft auswirkt, wo nun Investitionen sowie Nachfrage fehlen und die Arbeitslosigkeit steigt. Ohne staatliche Intervention gibt es eine deflationäre Abwärtsspirale, in der Geldmenge und Preise immer weiter sinken und auch die Vermögenstitel ihren Wert verlieren. Denn nun wird alles verkauft, um die Löcher zu stopfen, die sich in den Bilanzen auftun. Um diese Abwärtsspirale mit allen sozialen Problemen und politischen Risiken zu verhindern, springt der Staat in jeder Wirtschaftskrise ein. Dank seines Geldschöpfungsprivilegs ist er in der Lage, die Nachfrage zu ersetzen und genügend Wachstum zu erzeugen, bis die Privatwirtschaft wieder Hoffnung schöpft. Wenn sie glaubt, dass es aufwärts geht und demnächst wieder Gewinne zu machen sind, dann wird sie wieder investieren.

Es ist also die Aussicht auf individuellen Gewinn in einem wachsenden Umfeld, der unser Wirtschaftssystem am Laufen hält. Im besten Fall reicht eine kleine globale Wachstumsrate – aber wachsen muss die Weltwirtschaft.[19] Außerdem ist auch der Wettbewerb der Unternehmen untereinander ein Wachstumstreiber, da er sie zu Investitionen in die neuste Technik zwingt, um nicht von ihren Konkurrenten gefressen zu werden.[20] Diejenigen Ökonom:innen, die einen systemischen Wachstumszwang leugnen, stützen sich in aller Regel auf neoklassische Gleichgewichtsmodelle, bei denen Geld, Gewinn und Wachstum von vornherein keine Rolle spielen, die also die Dynamik einer kreditbasierten Produktionswirtschaft nicht abbilden.[21] Dass der gesamten Theorie eine empirisch nicht haltbare Geldtheorie zu Grunde liegt, wurde in diesem Buch ausführlich gezeigt. So attraktiv die neoklassischen Versprechen einer ökologischen, stabilen Zukunftswirtschaft auch klingen mögen, so substanzlos sind sie in der Herleitung.[22]

Es ist nicht schön, aber wahr: Wachstum ist keine gierige charakterliche Unart, die wir als Gesellschaften einfach abstellen könnten, wenn wir nur wollten, sondern der Wachstumszwang ist unserem ökonomischen System eingeschrieben. Wenn er nicht befriedigt wird, stürzt die Volkswirtschaft ab und erzeugt Arbeitslosigkeit sowie soziale und politische Instabilität. Letzten Endes konsumieren wir nicht aus Gier mehr, als notwendig ist und uns guttut, sondern um den Laden am Laufen zu halten.[23] Und deswegen ist die Lösung auch so schwer zu finden: Wir haben es mit zwei ernsthaften Systemzwängen zu tun, die unvereinbar sind – einem ökologischen und einem ökonomischen.[24]

Der ökologische Systemzwang

Nun können wir unschwer vorhersehen, dass es langfristig gefährlicher ist, den ökologischen Zwang zu ignorieren. Aber kurz- und mittelfristig sind auch Wirtschaftskrisen sehr bedrohlich. Zumal Effekte wie Arbeitslosigkeit und der Aufstieg radikaler Parteien schneller sichtbar werden und uns unmittelbarer betreffen. Vor allem aber ist es relativ einfach eine Wirtschaftskrise zu stabilisieren, wie wir in der Corona-Pandemie und der Energiepreis-Krise wieder gesehen haben. Aber danach geht das Wachstum weiter und die ökologische Frage zieht wieder den Kürzeren. Dieses Muster wird sich noch eine Weile wiederholen, denn wir sind schlichtweg ahnungslos, wie wir unsere Gesellschaften stabil halten können, ohne einfach ein weiteres Mal den guten alten keynesianischen Zaubertrick vorzuführen.

Wie unversöhnlich ökologische und ökonomische Bedürfnisse sind, sieht man sehr gut an Grafiken zum CO2-Ausstoß: Er wächst kontinuierlich. Aber es gibt kleine Dellen, kurze Phasen, in denen er zurückgeht – und das sind die Wirtschaftskrisen, die Weltfinanzkrise 2008/09, zuletzt die Corona-Pandemie. Die düstersten Jahre für Gesellschaften und Volkswirtschaften sind für das Klima die hoffnungsvollsten. Dummerweise sind die Logiken von Ökonomie und Ökologie einander diametral entgegengesetzt.

3. Kann Wachstum grün, nachhaltig und verträglich sein?

Vergebliche Preissignale, relative und absolute Entkopplung

Im Moment wird von allen Seiten behauptet, dass grünes Wachstum die Lösung sei.[25] Die Hoffnung hinter dem sogenannten grünen, nachhaltigen oder qualitativen Wachstum ist, dass die Wirtschaft und das BIP weiter wachsen können, während gleichzeitig der Ressourcenverbrauch und der Schadstoffausstoß sinken. Ist das realistisch? Wenn wir uns das einzelne Produkt angucken, dann scheint es zu funktionieren: Dank effizienterer Technik ist es uns in den letzten Jahrzehnten tatsächlich gelungen, den Energieverbrauch und CO_2-Ausstoß bei der Produktion einer einzelnen Waschmaschine stetig zu senken. Es gibt also eine sogenannte relative Entkopplung von Produktion und negativen Umwelteffekten, die tatsächlich funktioniert.

Doch dummerweise werden die Einsparungen der relativen Entkopplung immer sofort an anderer Stelle wieder verbraten, ein Phänomen, das als Rebound-Effekt bezeichnet wird: Sobald man unter geringerem Energieeinsatz ein Haus bauen oder Konsumgüter herstellen kann, vergrößern die Menschen ihren Wohnraum und stellen neben die Waschmaschine noch eine Spülmaschine und einen Trockner. Autos könnten heute mit weniger Sprit weitere Strecken zurücklegen – das passiert aber in Wirklichkeit nicht, weil sie inzwischen doppelt so leistungsfähig und schwer sind wie früher. Zudem besitzen wir mehr Autos als je zuvor.[26] Wir sind also weit davon entfernt, den weltweiten Ressourcenverbrauch und die ausgestoßenen Klimagase in absoluten Zahlen zu senken, bei gleicher oder bei wachsender Produktion. Es ist aber diese absolute Entkopplung, auf die es ankommt.

Trotz der gegenteiligen Erfahrungen der letzten Jahrzehnte behaupten viele, es könne trotzdem funktionieren, und vertrauen dabei auf die enormen Einsparpotenziale zukünftiger, teilweise noch unbekannter Technologien.[27] Die absolute Entkopplung könne außerdem auf dem guten alten kapitalistischen Weg über Anreize erreicht werden. Ständig steigende Preise für Energie und CO_2-Ausstoß würden die Entwicklung von sparsamen Techniken so sehr befeuern, dass am Ende eine Wirtschaft stünde, die mit null Ressourcenverbrauch und fast ohne CO_2-Ausstoß weiterwachsen könnte.

Aber bereits die Idee, höhere Preise wären ein Anreiz, den gesamtwirtschaftlichen Verbrauch zu senken, ist eine Illusion. Denn Preise verteilen das Geld nur anders, ändern aber am Gesamtkonsum nichts. Steigt zum Beispiel der Energiepreis in Deutschland, dann sinkt zwar die Nachfrage hierzulande. Aber als Folge gibt der Preis auf den Weltmärkten nach – so dass die Nachfrage derer steigt, die sich nun mehr Öl und Gas leisten können.[28] Erhebt der Staat eine Energiesteuer und gibt sie hinterher über den Staatshaushalt wieder aus, verteilt er nur Geld und Konsum von einer Gruppe an die andere um.[29] Preise allein können den Verbrauch nicht begrenzen.

Leider ist quantitatives Wachstum notwendig

Eine Technik, die keine Ressourcen mehr verbraucht und kaum mehr CO_2 ausstößt, aber weiteres Wachstum bis in die Unendlichkeit zulässt, klingt erst recht märchenhaft. Deswegen heißt es dann oft, dass das Wachstum in Zukunft ein anderes sein würde. Mehr qualitativ, mehr ideell, mehr immateriell – oder so ... Nun sind wir aber in der bisherigen Analyse unseres Geld- und Wirtschaftssystems von einem sehr konkreten, ökonomisch fest umrissenen Wachstumsbegriff ausgegangen: Wachstum entsteht, wenn durch die Investition in Technologie eine höhere Produktivität der Volkswirtschaft erreicht wird. Mit dem Einsatz von weniger Arbeitsstunden kann dann eine höhere Stückzahl produziert werden, so dass dadurch wiederum Arbeitskraft für andere Tätigkeiten frei wird. Es ist diese Art Wachstum, die es uns erlaubt, Rohstoffe immer billiger zu fördern, Maschinen, Computer sowie Impfstoffe in hoher Stückzahl immer billiger zu produzieren und in überschaubaren Zeiträumen einen Tunnel unter dem Ärmelkanal hindurchzufräsen. Das hat in den letzten 200 Jahren zu dem einzigartigen technischem Fortschritt und Wohlstand geführt, in dem wir heute leben.

Das heißt nicht, dass jeder Lebensbereich in unseren Volkswirtschaften nach dieser quantitativen Logik organisiert ist. Natürlich gab und gibt es immer wieder auch qualitatives Wachstum: Bestimmte Dinge werden teurer, weil sie sich verbessern. Für bestimmte Dienstleistungen nehmen sich Menschen extra viel Zeit – weswegen sie als Luxusprodukt gelten.[30] Ebenso gibt es große Bereiche, in denen kein quantitatives Wachstum und keine Effizienzgewinne möglich sind und die wir trotzdem als Gesellschaft dringend brauchen. In kleinen Läden oder in Genossenschaften verdienen Menschen ihren Lebensunterhalt ohne jährliche Wachstumssteigerungen. Und in Bereichen wie Bildung, Gesundheit oder Pflege funktioniert die Logik des quantitativen Wachstums per se nicht.

Aber all diejenigen, die dort arbeiten, wo es um menschliche Beziehungen, Qualität und das Gute, Wahre und Schöne geht, profitieren in ihrem Lebensstandard mit von der großen Wachstumsmaschine des kapitalistischen Systems. Denn es ist in der Lage, die Güter des täglichen Lebens, aber auch komplexe Produkte wie Computer, Funktionsklamotten und Elektrofahrräder in riesiger Stückzahl zu Preisen zu produzieren, die für viele erschwinglich sind – mit der Arbeitskraft von immer weniger Menschen, so dass die anderen sich gesellschaftlich ebenso relevanten, arbeitsintensiven Bereichen zuwenden können.[31] Das darf uns aber nicht darüber hinwegtäuschen, dass es die hochproduktiven arbeitsteiligen Industrien sind, in denen der allergrößte Teil der globalen Gewinne erwirtschaftet wird.[32]

Unser aller Lebensstandard, Arbeitsplätze und Vermögenswerte hängen an dieser globalen Produktivitätsmaschine, die sich in Bewegung setzte, weil Geld erzeugt und investiert wurde, das zukünftige Gewinne erwirtschaften sollte, um dann auch die ursprünglichen Kredite zurückzuzahlen. Damit dieses Schneeballsystem aus immer neuen Investitionen nicht zusammenbricht, muss man ihm ein gewisses Maß an weiterem Wachstum in Aussicht stellen. Auch ein Umdefinieren des Begriffes »Wachstum« oder eine neue Art der Bilanzierung des Sozialprodukts wird an diesem Zusammenhang nichts ändern.[33]

4. Nur der Staat kann sich von Gewinn und Wachstum unabhängig machen

Ohne Wachstum keine kapitalistische Marktwirtschaft

Wie wir gesehen haben, ist allein der Staat unabhängig von diesem Gewinn- und Wachstumszwang. Aber bisher hat er seine Geldschöpfung dennoch immer wieder eingesetzt, wenn die private, gewinnmotivierte Wirtschaft ins Stocken geriet. Denn letzten Endes profitieren alle gemeinsam vom Wachstum: die Unternehmen, die Bürger:innen und die Regierung selbst, die durch die wachsenden Steuereinnahmen einen immer größeren Kuchen verteilen kann. Was aber würde passieren, wenn die Regierung tatsächlich eines schönen Tages beschließen würde, dass die Wirtschaft zur Rettung des Klimas aufhören muss zu wachsen? Einerseits dürfte der Staat dann die Nachfrage in der nächsten Krise nicht mehr ersetzen. Andererseits dürfte er aber auch nicht einfach zusehen, wie die Privatwirtschaft in einer Abwärtsspirale bergab trudelt, wie Massenarbeitslosigkeit um sich greift und die demokratische Gesellschaft vor eine Zerreißprobe gestellt wird.

Wirtschaftliche Gegenmodelle müssen erforscht werden

Bliebe das Wachstum endgültig aus, würden die Vermögenswerte zwangsläufig in der üblichen Kettenreaktion steil abstürzen. Die Preisbildung über Angebot und Nachfrage würde nicht mehr funktionieren Investitionen und Produktion in sich zusammenbrechen. Während die privatwirtschaftlichen Mechanismen versagen, müsste der Staat sehr schnell auf andere Weise dafür sorgen, dass Produktion und Verteilung der notwendigen Güter dennoch weitergehen. Wie das aussehen könnte, ist völlig unklar.

Was passiert dann mit den hochproduktiven Unternehmen, die den größten Teil des Outputs generieren, aber allein vom Gewinn getrieben sind? Was soll sie dann motivieren? Was und wie viel sollen sie noch produzieren und wer entscheidet das? Wie wird der Preis bestimmt, wenn der internationale Wettbewerb um Gewinne und Marktanteile wegfällt? Wie organisiert man die Verteilung, wenn der Output aus ökologischen Gründen sinken muss und die Gerechtigkeitsfrage aufkommt, wer wie viel von den nun knapperen Gütern bekommen soll? Diese Fragen werden zwar nicht ernsthaft diskutiert, aber man kann sich die Antwort an allen fünf Fingern ausrechnen: Der Staat wird sich etwas Neues einfallen lassen müssen, wenn die Märkte ihrer Natur nach versagen – wer sonst?

Leider sind unsere Gesellschaften durch die sehr ungute Erfahrung mit der sozialistischen Planwirtschaft gebrannte Kinder und weigern sich, über mögliche Arten staatlicher Steuerung und Verteilung in der Wirtschaft auch nur nachzudenken. Ulrike Herrmann ist eine der wenigen, die sich in Deutschland seit Jahren laut Gedanken über die Notwendigkeit von Planung in schrumpfenden Wirtschaften macht[34] und die darauf hinweist, dass das Konzept einer Kreislaufwirtschaft noch nicht den Weg dorthin beschreibt. Denn tatsächlich stellt der *Übergang* vom dynamisch wachsenden Kapitalismus in eine Postwachstumswirtschaft das eigentliche Problem dar.[35] Daher fordert sie, dass sich die Volkswirtschaftler:innen aller Länder endlich daran machen müssen, an dieser alles entscheidenden Zukunftsfrage zu forschen – was sie bislang nicht tun.[36]

Schließlich hat Herrmann selbst in der Geschichte des 20. Jahrhunderts eine originelle Blaupause für eine demokratisch schrumpfende, zivile Ökonomie gefunden, und zwar im Rahmen der britischen Kriegswirtschaft. Denn Großbritannien musste sehr plötzlich und drastisch seine Friedenswirtschaft herunterfahren, um die Kriegsproduktion zu ermöglichen. Gleichzeitig blieb das Land eine Demokratie und die Unternehmen in privater Hand, auch wenn der Staat bestimmte, was produziert wurde. Interessanterweise war die Bevölkerung hochzufrieden mit der gerechten Lösung der Rationierung.[37] Herrmann tröstet ihre Leser:innen: »Rationierung klingt unschön. Aber vielleicht wäre das Leben sogar angenehmer als heute, denn Gerechtigkeit macht glücklich.«[38] Außerdem rechnet sie vor, dass Deutschland materiell nicht ärmer sein müsste, als es die bundesdeutsche Gesellschaft 1978 war. Denn der damalige Konsum entspricht ungefähr dem deutschen Anteil an den globalen Ressourcen, wenn die Weltwirtschaft in ihren ökologischen Grenzen operieren würde. Alle, die in den 1970er Jahren schon dabei waren, können bestätigen, dass dies keine ganz schlimme Vorstellung ist.[39]

Es ist höchste Zeit, sich derartig unkonventionelle Gedanken zu machen. Denn wir sollten zumindest ein paar Pläne in der Schublade haben, für den Moment, in dem auch die Optimist:innen einsehen müssen, dass wir das Problem nicht allein mit technischen Neuerungen lösen können. Die Umweltfolgen werden schon in der näheren Zukunft so einschneidend sein, dass sie in den Augen von immer mehr Menschen auch drastische Eingriffe in unser bestehendes Wirtschaftssystem rechtfertigen. Dringend gebraucht werden dann mehr Ökonominnen und Politiker, die begreifen, dass es dabei nicht um die Veränderung des Verhaltens von einzelnen Konsumentinnen und Produzenten oder die Anpassung von Preismechanismen geht. Vielmehr brauchen wir auf der volkswirtschaftlichen Ebene neue Spielregeln für Produktion und Verteilung, die unabhängig von Gewinnen funktionieren. Nur so lässt sich das einmal losgetretene Wachstum aufhalten.

Übergangsjahre: Green-New-Deal und soziales Netz

Da wir aber von so grundsätzlichen Veränderungen unserer Wirtschaftsordnung noch weit entfernt sind, müssen wir die Politik in den vor uns liegenden Übergangsjahren drängen, sich nicht weiter mit unnötigen Fragen nach der Staatsschuld aufzuhalten, sondern die Macht ihres Geldschöpfungsmonopols zu begreifen und mit Weitsicht zu nutzen – ganz im Sinne der Modern Monetary Theory.[40] Die Regierungen sollten allerdings so ausschließlich wie möglich in eine zukünftige ökologische Infrastruktur wie das Schienennetz und regenerative Energien investieren – etwas, was unter dem Begriff des *Green New Deal* in verschiedenen Varianten propagiert wird.[41] Es dürfen dabei nur nachhaltige Techniken im engen Sinne gefördert werden, bei denen die Einsparungspotentiale erwiesen sind und auch möglichst kurz- und mittelfristig eintreten. Denn momentan besteht das Risiko, dass auch sehr viele Industriezweige die Hand aufhalten, die zur Zukunftsfähigkeit nichts beizutragen haben. In diesem Fall wird das Geldschöpfungsmonopol nur ein weiteres Mal für ein klassisches keynesianische Konjunkturprogramm genutzt, um das gute alte Wachstum wieder anzuheizen, wobei die Ausweitung nicht-nachhaltiger Unternehmungen Material und Fachkräfte bindet, die anderswo für die Transformation gebraucht werden.

Außerdem sollten wir die Übergangsjahre möglichst dafür nutzen, die Gesellschaften und die Demokratie selbst resilienter zu machen und möglichst weite Teile des gesellschaftlichen Lebens der Markt-

und Gewinnlogik zu entziehen. So stellen wir sicher, dass sie nicht mit in den Strudel gezogen werden, wenn das Wachstum wirklich endet und eine grundsätzliche Veränderung notwendig wird.[42] Wir sollten schon vorher die lebenswichtigen Bereiche wieder ausschließlich staatlich betreiben, wie die Energie- und Wasserversorgung, den öffentlichen Nah- und Fernverkehr sowie das Gesundheitssystem.[43] Schwieriger, aber nicht weniger wichtig wäre es, das Grundbedürfnis Wohnen immer stärker der Marktlogik zu entziehen.[44] Wenn es uns dann noch gelänge, eine europäische Arbeitsplatzgarantie mit kommunaler Selbstverwaltung und demokratischer Partizipation zu etablieren – ja, dann hätten wir alle nicht mehr ganz so viel zu verlieren, selbst wenn sich der Staat schließlich entscheiden würde, das Wachstum mit seinem Geld nicht immer wieder anzuschieben. Es ist unklar, wie eine dauerhaft geplante, aber nicht zentralisierte Friedenswirtschaft aussehen würde. Aber wenn wir jetzt beginnen, ein starkes staatliches Sicherheitsnetz zu spannen, können wir als Gesellschaft vielleicht die Nerven behalten, wenn es schließlich gilt, eine Wirtschaft jenseits der Gewinnmotivation demokratisch und solidarisch zu steuern.

Glossar

Grundlegendes

(Geschäfts-)Bank: Ein Geldinstitut, das in seiner Grundfunktion für Haushalte und Unternehmen Konten führt, Kredite vergibt und auf diese Weise Giralgeld schöpft. Zusätzlich können Geschäftsbanken – je nach geltender Regulierung – auch sonstige Finanzdienstleistungen anbieten und zugunsten der Kund:innen oder auf eigene Rechnung an den Finanzmärkten spekulieren. Sie sind in ihrem Geschäftsmodell immer auf das übergeordnete staatliche Zentralbankgeld angewiesen.

privater/öffentlicher Sektor: Der private Sektor umfasst alle Haushalte und Unternehmen, inklusive der Geschäftsbanken, und steht dem öffentlichen Sektor, also den Staaten, gegenüber. Jeder Wirtschaftsteilnehmer gehört entweder zum einen oder anderen. Damit sind für die ganze Welt betrachtet Abflüsse beim öffentlichen Sektor zwangsläufig Zuflüsse für den privaten Sektor und umgekehrt. Daraus folgt auch, dass die Guthaben des privaten Sektors notwendigerweise den Schulden des öffentlichen Sektors entsprechen. Untersucht man die Volkswirtschaft eines einzelnen Landes, gibt es noch einen dritten Sektor, nämlich das Ausland.

Zentralbank: Die Zentralbank ist die Bank eines Staates (wie die amerikanische Fed) oder einer Währungsgemeinschaft (wie die EZB). Sie gibt die staatliche Währung heraus, die sie als Bargeld drucken lässt und in ihren Computern in unbarer Form schöpft. Die Zentralbank stellt das Geld für die Defizitausgaben der Regierung bereit, wobei das Prozedere unterschiedlich kompliziert sein kann. Außerdem schöpft sie in Eigenregie Zentralbankgeld für das Bankensystem und stabilisiert die Banken in der Krise als Geldgeberin der letzten Instanz.

Geldbegriffe

Giralgeld (auch Bankengeld, Bankeinlagen oder früher Buchgeld genannt): Die Guthaben der Privaten auf der Aktiv-Seite ihrer Giro- und Sparkonten. Giralgeld wird von den Banken erzeugt, und zwar immer dann, wenn sie Kredite an Haushalte und Unternehmen vergeben oder ihnen einen Wert abkaufen. Es erlischt, wenn Kredite zurückgezahlt werden oder wenn Private etwas von einer Bank kaufen. Für die Banken stellt das Giralgeld eine Schuld gegenüber den Kontoinhabern dar. Es wird durch den Anspruch auf Auszahlung in staatlicher Währung besichert. Das Giralgeld zirkuliert zwischen Haushalten und Unternehmen in der Realwirtschaft und fragt dort echte Güter und Dienstleistungen nach.

Fiatgeld: Ein Fachterminus für die heutigen staatlichen Währungen, der unterstreicht, dass diese nicht durch irgendeinen materiellen Gegenwert, wie beispielsweise Gold, gedeckt sind. Fiatgeld ist spätestens seit 1971, als die USA den letzten Rest der Goldbindung aufhoben, der internationale Normalfall des Geldes. Es wird zwar als Kreditgeld bilanziert, aber die Staatsschuld ist dennoch nicht mit anderen Schulden vergleichbar, denn der Staat schuldet die Währung, die er selbst herausgeben kann.

Kreditgeld: Alles Geld, das durch eine Schuld erzeugt wird und einen Rückzahlungsanspruch begründet. Unser heutiges Geld ist eine Version des Kreditgeldes. Historisch geht Kreditgeld dem Münzgeld voran, seine simpelste Form ist der Schuldschein. Es kann immer dann erschaffen werden, wenn neues Geld für ein mögliches Geschäft gebraucht wird, und macht dadurch wirtschaftliche Dynamik und Wachstum erst möglich. Gleichzeitig schafft Kreditgeld Unsicherheit, weil die Rückzahlung in einer ungewissen Zukunft versprochen wird. Das Gegenteil von Kreditgeld ist Warengeld, also Geld, das seinen Wert aus sich selbst bezieht (wie etwa Goldbarren oder Zigaretten im Gefängnis).

Zentralbankgeld (auch Währung, Reserven, Geldbasis, M0 für Geldmenge null oder Liquidität genannt): Die eigentliche staatliche Währung. Sie entsteht als Bargeld in Form von Münzen und Scheinen oder unbar auf den Rechnern der Zentralbank. Regierungen, Zentralbanken und Banken nutzen untereinander für ihre Kredit- und

Wertpapiergeschäfte ausschließlich Zentralbankgeld. Haushalte und Unternehmen können die staatliche Währung dagegen nur in Form von Bargeld nutzen.

Staatsschulden und Politik

Defizitausgaben: Ausgaben, die der Staat im Rahmen seines jährlichen Haushalts tätigt, die nicht durch gleich hohe Steuereinnahmen gedeckt sind und die durch staatliche Geldschöpfung finanziert werden. Defizitausgaben und staatliche Geldschöpfung können daher synonym verwendet werden. Das neugeschöpfte Geld wird im Rahmen der jährlichen Staatsausgaben ausgezahlt, landet auf den Konten des privaten Sektors und erhöht dessen Geldvermögen.
Fiskalpolitik: Maßnahmen, bei denen der Staat im Rahmen seines jährlichen Haushalts Geld ausgibt oder einnimmt, also insbesondere Defizitausgaben sowie Besteuerung. Ein großer Teil der Staatsausgaben wird nicht jährlich neu verhandelt, sondern erfolgt in Form von sogenannten automatischen Stabilisatoren wie der Arbeitslosenversicherung und der Grundsicherung, bei denen automatisch Geld ausgezahlt wird. Die MMT betont, dass die Regierung durch Besteuerung und die Ausweitung automatischer Stabilisatoren auch den Geldwert effektiver steuern könnte, als es die Zentralbank über den Leitzins vermag.
Geldpolitik: Maßnahmen, die dazu dienen, den Geldwert stabil zu halten und Inflation, aber auch Deflation zu verhindern. Bislang sind es vor allem die Zentralbanken, die mit der Setzung ihres Leitzinses-Inflation bekämpfen sollen. Zwar können sie über ihren Leitzinssatz (und eventuell zusätzliche Staatsanleihenkäufe) alle Zinsen in der Volkswirtschaft effektiv kontrollieren. Die Möglichkeiten, allein über dieses Instrument so komplexe Phänomene wie Arbeitslosigkeit, Gesamtnachfrage, Löhne und Preise zu steuern, sind dagegen eher bescheiden.
Leitzins: Der Zinssatz, den die Zentralbank von den Geschäftsbanken für ihr Zentralbankgeld verlangt und den sie autonom festsetzt. Zentralbanken verfügen über bis zu drei verschiedene Leitzinssätze, weswegen der Begriff teils im Singular, teils im Plural verwendet wird.

Durch die Kombination dieser Zinssätze kann die Zentralbank die Zinsen in der gesamten Volkswirtschaft steuern, den für die Staatsanleihen eingeschlossen. Ohne den Verkauf von Staatsanleihen würde der Leitzins automatisch gegen null sinken.

Primär- und **Sekundärmarkt** (für Staatsanleihen): Auf dem **Primärmarkt** verkauft das Finanzministerium seine neu auszugebenden Staatsanleihen an eine Bietergruppe aus registrierten Großbanken, die sich zu einer jährlichen Mindestabnahme verpflichtet haben. In den meisten Ländern darf die Zentralbank die Staatsanleihen nicht auf dem Primärmarkt kaufen. Sie sorgt aber im Hintergrund für Konditionen, die sicherstellen, dass die Geschäftsbanken die Staatsanleihen abnehmen. Auf dem **Sekundärmarkt** handeln Banken und andere Private mit Staatsanleihen. Auch die Zentralbank kann auf dem Sekundärmarkt Staatsanleihen kaufen und somit den Preis in ihrem Sinne manipulieren.

Staatsanleihen: Schuldscheine des Staates, die auf seine Währung lauten, eine Laufzeit und einen Zins besitzen. Bei Anleger:innen sind Staatsanleihen als sicherste mögliche Anlage beliebt, für institutionelle Anleger wie etwa Versicherungen und Banken sind sie sogar unverzichtbar. Entgegen der üblichen Auffassung dienen Staatsanleihen in Wirklichkeit nicht dazu, Geld für den Staat aufzutreiben, sondern dazu, überschüssiges Zentralbankgeld, das durch staatliche Defizitausgaben entstanden ist, wieder aus dem Bankensektor zu holen und so die Wirksamkeit des Leitzinses zu garantieren.

Staatsschuld(en): Die Summe aller jährlichen Haushaltsdefizite, abzüglich der Haushaltsüberschüsse anderer Jahre. Daher entspricht die Staatsschuld dem Geld, das der Staat im Laufe seiner Existenz zugunsten des privaten Sektors geschöpft und nicht zurückgesteuert hat. Staatsverschuldung ist somit die bilanzielle Kehrseite privater Ersparnisse.

Staatsschuldenquote: Die Staatsschuld ausgedrückt in Prozent zum Bruttoinlandsprodukt. Da es sich um eine relative Größe handelt, verändert sie sich mit der Wirtschaftsleistung. Die Staatsschuldenquote kann also steigen oder sinken, ohne dass ein einziger Euro für die Rückzahlung der Staatsschuld verwendet oder neu aufgenommen wurde.

Ich danke Katrin und Matthias, die ich kenne, seit wir sieben Jahre alt waren, und die wundersamerweise zusammen alle nötigen Kompetenzen hatten, um mich beim Schreiben und Veröffentlichen eines Buches über Geldtheorie zu unterstützen. Ich danke außerdem meiner Partnerin Giorgia für ihre Leidensfähigkeit und Begeisterung für die gute Sache der europäischen Makroökonomik. Und schließlich danke ich meinen Eltern, die mich unterstützt haben, obwohl sie dachten, ich solle was Vernünftiges machen – Kunst zum Beispiel.

Bibliographie

Abelshauser, Werner, 2011 (2004), Deutsche Wirtschaftsgeschichte: Von 1945 bis zur Gegenwart, München: C. H. Beck.

Atkinson, Anthony B., 2016 (2015), Ungleichheit: Was wir dagegen tun können, Stuttgart: Klett-Cotta.

Bali, Kaki, 2022, Griechenland: Im Hafen von Piräus ist China der Boss, deutsche welle online, 27.10.2022.

Mc Leay et al., 2014, Money creation in the modern economy, Bank of England Quarterly Bulletin Q1 2014.

Bell (Kelton), Stephanie, 1998, Can Taxes and Bonds Finance Government Spending?, The Levy Economics Institute Working Paper 244.

Bell (Kelton), Stephanie, 2001, The role of the state and the hierarchy of money, Cambridge Journal of Economics, Band 25, S. 149–163.

Bibow, Jörg; Flassbeck, Heiner, 2018, Das Euro-Desaster: Wie deutsche Wirtschaftspolitik die Eurozone in den Abgrund treibt, Frankfurt (Main): Westend Verlag.

Binswanger, Hans Christoph, 2008, Das Wachstum muss verringert werden – aber nicht auf Null, Interview, welt-sichten.org, 11.09.2008.

Binswanger, Hans Christoph, 2013 (2006), Die Wachstumsspirale: Geld, Energie und Imagination in der Dynamik des Marktprozesses, Marburg: Metropolis.

Binswanger, Mathias, 2015, Geld aus dem Nichts: Wie Banken Wachstum ermöglichen und Krisen verursachen, Weinheim: Wiley-VCH.

Binswanger, Mathias, 2019, Der Wachstumszwang: Warum die Volkswirtschaft immer weiterwachsen muss, selbst wenn wir genug haben, Weinheim: Wiley-VCH.

Blaich, Fritz, 1994 (1985), Der Schwarze Freitag: Inflation und Wirtschaftskrise, München: dtv.

Bofinger, Peter, 2012, Zurück zur D-Mark? Deutschland braucht den Euro, München: Droemer.

Bofinger, Peter, 2020, Unser Erfolgsmodell läuft nicht mehr so gut, der Aktionär, Januar 2020, S. 32.

Brühl, Jannis; Zydra, Markus, 2021, Bargeld, das man nicht anfassen kann, Süddeutsche Zeitung, 30.12.2021.

Bundesministerium für Finanzen, 2022, https://www.bundesfinanzministerium.de/Content/DE/Bilderstrecken/Infografiken/2022-04-27-Ergaenzungshaushalt-2022/2022-04-27-ergaenzungshaushalt-2022.html (zuletzt abgerufen: 09.02.2023).

Busch, Berthold, 2019, Die italienische Misere, Köln: Institut der deutschen Wirtschaft.

Chang, Ha-Joon, 2003, Kicking Away the Ladder: The »Real« History of Free Trade, FPIF Special Report, Dezember 2003.

Chang, Ha-Joon, 2010, 23 Lügen, die sie uns über den Kapitalismus erzählen, München: Bertelsmann.

Costafreda, Marcelino; Galbraith, John Kenneth, 1977, Inflation: Von den wirtschaftlichen Ursachen zu den alltäglichen Auswirkungen, Hamburg: Rowohlt.

Davidson, Paul, 1972, Money and the real world, The Economic Journal Nr. 325, Band 82, S. 101–115.

Davidson, Paul, 2011 (2009), Was würde Keynes heute tun: Wie wir zu globalem Wohlstand kommen, Kulmbach: Börsenmedien.

Deutsche Bundesbank; Eurosystem, 2014, Geld und Geldpolitik, Frankfurt (Main): Deutsche Bundesbank.

Deutsche Bundesbank, 2017, Die Rolle von Banken, Nichtbanken und Zentralbank im Geldschöpfungsprozess, Deutsche Bundesbank Monatsbericht April 2017, S. 15–32.

Deutsche Bundesbank, 2019, Zum Einfluss der Löhne auf die Preise in Deutschland: Ergebnisse ausgewählter empirischer Analysen, Deutsche Bundesbank Monatsbericht September 2019.

Ehnts, Dirk, 2017, »Modern Monetary Theory« und Europäische Makroökonomie, Berliner Debatte Initial 28, S. 89–103.

Ehnts, Dirk 2020 (2014), Geld und Kredit: eine €-päische Perspektive, Marburg: Metropolis.

Ehnts, Dirk, 2021, Der Europäische Solidaritätsmechanismus zur Stabilisierung der Eurozone, Ökonomenstimme, 02.07.2021 (zuletzt abgerufen: 13.02.2023).

Ehnts, Dirk, 2022, Was sind Inflationserwartungen und wen interessiert das?, dirk-ehnts.de, 26.10.2022 (zuletzt abgerufen: 13.02.2023).

Ehnts, Dirk, 2022, Rekordbeschäftigung in der Eurozone, dirk-ehnts.de, 08.12.2022 (zuletzt abgerufen: 12.02.2023).

Ehnts, Dirk; Paetz, Michael, 2021, COVID-19 and its economic consequences for the Euro Area, Eurasian Economic Review, 16.01.2021, https://doi.org/10.1007/s40822-020-00159-w (zuletzt abgerufen: 12.02.2023).

Eichengreen, Barry, 2000, Vom Goldstandard zum Euro: Die Geschichte des internationalen Währungssystems, Berlin: Klaus Wagenbach.

Eichengreen, Barry, 2017 (2015), Die großen Crashs 1929 und 2008: Im Spiegelsaal der Geschichte, München: FinanzBuch.

Europäische Zentralbank; Eurosystem, 2022 (2016), Was ist die Mindestreservepflicht? 11.08.2016 (aktualisiert: 27.10 2022), https://www.ecb.europa.eu/ecb/educational/explainers/tell-me/html/minimum_reserve_req.de.html (zuletzt abgerufen: 12.02.2023).

Feininger, Anna, 2021, Durch Corona-Krise: Reiche immer reicher, Arme immer ärmer, BR24, 14.07.2021 (zuletzt abgerufen: 25.01.2022).

Flassbeck, Heiner, 2010, Die Marktwirtschaft des 21. Jahrhunderts, Frankfurt (Main): Westend Verlag.

Flassbeck, Heiner, 2020, Der begrenzte Planet und die unbegrenzte Wirtschaft: Lassen sich Ökonomie und Ökologie versöhnen? Frankfurt (Main): Westend Verlag.

Flassbeck, Heiner, 2022, Interest rates up, sanity down, Flassbeck Economics International, 01.12.2022 (zuletzt abgerufen: 12.02.2023).

Flassbeck, Heiner; Spiecker, Friederike; Jäckel, Johann, 2005, Die deutsche Lohnpolitik sprengt die Europäische Währungsunion, WSI-Mitteilungen, Dezember 2005.

Flassbeck, Heiner; Spiecker, Friederike, 2007, Das Ende der Massenarbeitslosigkeit: Mit richtiger Wirtschaftspolitik die Zukunft gewinnen, Frankfurt (Main): Westend Verlag.

Flassbeck, Heiner; Spiecker, Friederike; Meinhardt, Volker; Vesper, Dieter, 2012, Irrweg Grundeinkommen: Die große Umverteilung von unten nach oben muss beendet werden, Frankfurt (Main): Westend Verlag.

Flassbeck, Heiner; Spiecker, Friederike; Heidegger, Constantin, 2022, Atlas der Weltwirtschaft 2022/2023: Zahlen, Fakten und Analysen zur globalisierten Ökonomie, Frankfurt (Main): Westend Verlag.

Flassbeck, Heiner; Spiecker, Friederike, 2023, Die Zinserhöhung durch die EZB ist eine grandiose Fehlentscheidung, fspiecker.de, 03.02.2023 (zuletzt abgerufen: 12.02.2023).

Flassbeck, Heiner; Steinhardt, Paul, 2018, Gescheiterte Globalisierung: Ungleichheit, Geld und die Renaissance des Staates, Berlin: Suhrkamp.

Forstater, Mathew; Mosler, Warren, 2005, The Natural Rate of Interest Is Zero, Journal of Economic Issues, Band XXXIX, Juni 2005, S. 535 f.

Friedman, Milton, 2002 (1962), Kapitalismus und Freiheit, Frankfurt (Main): Eichborn.

Fullwiler, Scott T., 2008, Modern Central Bank Operations— The General Principles, Juni 2008, https://ssrn.com/abstract=1658232 (zuletzt abgerufen: 12.02.2022).

Galbraith, James K., 2016 (2014), Wachstum neu denken: Was die Wirtschaft aus den Krisen lernen muss, Zürich: Rotpunktverlag.

Galbraith, John Kenneth, 2005, Der große Crash 1929: Ursachen, Verlauf, Folgen, München: FinanzBuch.

Gleeson-White, Jane, 2015, Soll und Haben: Die doppelte Buchführung und die Entstehung des modernen Kapitalismus, Stuttgart: Klett-Cotta.

Godley, Wynne, 1992, Maastricht and All That, London Review of Books Nr. 19, 08.10.1992.

Godley, Wynne; Lavoie, Marc, 2007, Fiscal Policy in a Stock-Flow Consistent (SFC) Model, Journal of Post Keynesian Economics 30 (1), S. 79–100.

Graeber, David, 2011, Schulden: Die ersten 5000 Jahre, Stuttgart: Klett-Cotta.

Helmedag, Fritz, 2014, Mit der Schuldenbremse zum Systemcrash, S. 123–137, Perspektiven der Wirtschaftswissenschaften, Wiesbaden: Springer Gabler.

Habermas, Jürgen, 2011, Zur Verfassung Europas, Berlin: Suhrkamp.

Hermann, Ulrike, 2013, Der Sieg des Kapitals: Wie der Reichtum in die Welt kam: Die Geschichte von Wachstum, Geld und Krisen, Frankfurt (Main): Westend Verlag.

Hermann, Ulrike, 2016, Kein Kapitalismus ist auch keine Lösung: Die Krise der heutigen Ökonomie oder Was wir von Smith, Marx und Keynes lernen können, Frankfurt (Main): Westend Verlag.

Hermann, Ulrike, 2019, Deutschland, ein Wirtschaftsmärchen: Warum es kein Wunder ist, dass wir reich geworden sind, Frankfurt (Main): Westend Verlag.

Hermann, Ulrike, 2022, Putins Inflationskosmetik, taz, 25.03.2022, S. 16.

Hermann, Ulrike, 2022, Das Ende des Kapitalismus: Warum Wachstum und Klimaschutz nicht vereinbar sind – und wie wir in Zukunft leben werden, Köln: Kiepenheuer & Witsch.

Hinsch, Stefan; Langthaler Wilhelm, 2016, Europa zerbricht am Euro: Unter deutscher Vorherrschaft in die Krise, Wien: Promedia.

Holtemöller, Oliver, 2008, Geldtheorie und Geldpolitik, Tübingen: Mohr Siebeck.

Holtfrerich, Carl-Ludwig, 1980, Die deutsche Inflation 1914–1923, Berlin: Walter de Gruyter.

Huffschmid, Jörg; Kade, Gerhard; Ipsen, Dirk; Galbraith, John Kenneth, 1975, Die Krise und die Grenzen der bürgerlichen Ökonomie, Köln: Pahl-Rugenstein.

Hunter, John Stanley, 2022, Facebook begräbt Kryptowährung – was bleibt von Diem?, Capital, 27.01.2022.

Hünnekes, Franziska; Schularick, Moritz; Trebesch, Christoph, 2019, Exportweltmeister: The Low Returns on Germany's Capital Exports, Kiel Working Paper 2133, Kiel: Institute for the World Economy.

Issing, Otmar, 2007, Einführung in die Geldtheorie, München: Franz Vahlen.

Jackson, Tim, 2013, Wohlstand ohne Wachstum: Leben und Wirtschaften in einer endlichen Welt, München: Oekom.

Kelton, Stephanie, 2018, Geld ist zum Schöpfen da, Interview, Süddeutsche Zeitung, 16.12.2018.

Kelton, Stephanie, 2020, The deficit myth: Modern Monetary Theory and How to Build a Better Economy, London: John Murray.

Kelton, Stephanie, 2021, Der Defizit-Mythos: Die Modern Monetary Theory und die Gestaltung einer besseren Wirtschaft, Berlin: Lola Books.

Kelton, Stephanie, 2021, Dieses Pulverfass wird hochgehen, Interview, IPG Journal, 09.06.2021.

Kelton, Stephanie; Wray, L. Randall, 2009, Can Euroland Survive? The Levy Economics Institute Public Policy Brief 106.

Kennedy, Margrit, 2011, Occupy Money: Damit wir zukünftig alle die Gewinner sind, Bielefeld: Kamphausen.

Keynes, John Maynard, 1937, The general theory of employment, Quarterly Journal of Economics Nr. 2, Band 51, S. 209–223.

Kindleberger, Charles P., 2001 (1973), Manien – Paniken – Crashs: Die Geschichte der Finanzkrisen dieser Welt, Kulmbach: Börsenmedien.

Knapp, Georg F., 1905, Staatliche Theorie des Geldes, München, Leipzig: Duncker & Humblot.

Koo, Richard, 2011, The world in balance sheet recession: causes, cure, and politics, Real-world Economics Review Nr. 58.

Krastev, Ivan, 2017, Europadämmerung, Berlin: Suhrkamp.

Krugman, Paul, 2021, Armen zu helfen, hilft der gesamten Wirtschaft, Interview, Süddeutsche Zeitung, 24.06.2021.

Land Wien (Hrsg.) 2022, Wien in Zahlen 2022, Wien: Landesstatistik Wien.

Lerner, Abba, 1943, Functional Finance and Federal Debt, Selected Economic Writings of Abba Lerner, S. 297–310.

Mazzucato, Mariana (2014), Das Kapital des Staates: Eine andere Geschichte von Innovation und Wachstum, München: Kunstmann.

Mazzucato, Mariana, 2019 (2018), Wie kommt der Wert in die Welt: Von Schöpfern und Abschöpfern, Frankfurt (Main): Campus.

Mazzucato, Mariana (2021), Mission: Auf dem Weg zu einer neuen Gesellschaft, München: Kunstmann.

Minsky, Hyman P., 1992, The Financial Instability Hypothesis, The Levy Economics Institute Working Paper 74.

Minsky, Hyman P., 2011, Instabilität und Kapitalismus, Zürich: diaphanes.

Mitchell, William, 2017 (2015), Dystopie Eurozone: Gruppendenken und Leugnung in großem Stil, Berlin: Lola Books.

Mitchell-Innes, Alfred, 1913, What is Money?, The Banking Law Journal, Mai 1913, S. 377–408.

Mosler, Warren, 1996, Soft Currency Economics: What Everyone Thinks That They Know About Monetary Policy Is Wrong, Christiansted: Valance Company.

Mosler, Warren, 2010, Proposals for the Banking System, Huffpost, 23.03.2010 (zuletzt abgerufen: 12.02.2023).

Mosler, Warren, 2017 (2010), Die sieben unschuldigen, aber tödlichen Betrügereien der Wirtschaftspolitik, Berlin: Lola Books.

Novy, Andreas; Bärnthaler, Richard; Heimerl, Veronika, 2020, Zukunftsfähiges Wirtschaften, Weinheim: Beltz Juventa.

Offe, Claus, 2016, Europa in der Falle, Berlin: Suhrkamp.

Picheta, Rob, 2020, The EU is facing a »moment of truth« as it tackles mammoth economic crisis, Macron warns, CNN, 17.04.2020 (zuletzt abgerufen: 12.02.2023).

Pieper, Oliver, 2021, Warum Argentinien immer wieder pleitegeht, deutsche welle online, 14.11.2021 (zuletzt abgerufen: 12.02.2023).

Piketty, Thomas 2014 (2013), Das Kapital im 21. Jahrhundert, München: C.H. Beck.

Piketty, Thomas, 2015, Die Schlacht um den Euro, München: C.H. Beck.

Piketty, Thomas 2017, Für ein anderes Europa, München: C.H. Beck.

Piketty, Thomas, 2022 (2021), Eine kurze Geschichte der Gleichheit, München: C. H. Beck.

Plumpe, Werner, 2017 (2010), Wirtschaftskrisen: Geschichte und Gegenwart, München: C. H.Beck.

Reinert, Erik S., 2014, Warum manche Länder reich und andere arm sind, Stuttgart: Schäffer-Poeschel.

Schieritz, Mark, 2013, Die Inflationslüge: Wie uns die Angst ums Geld ruiniert und wer daran verdient, München: Knaur.

Schularick, Moritz; Hünnekes, Franziska; Trebesch, Christoph; 2021, Lindner verteidigt Schuldentrick, taz, 16.12.2021.

Schumpeter, Joseph, 1993 (1942), Kapitalismus, Sozialismus und Demokratie, Stuttgart: UTB.

Sheard, Paul, 2013, Repeat After Me: Banks Cannot And Do Not »Lend Out« Reserves, Standard and Poor's, 13.08.2013.

Sinn, Hans-Werner, 2012, Kasinokapitalismus: Wie es zur Finanzkrise kam, und was jetzt zu tun ist, Berlin: Ullstein.

Sinn, Hans-Werner, 2006, Der kranke Mann Europas: Diagnose und Therapie der deutschen Krankheit, Internationale Politik, 01.05.2006.

Skidelsky, Robert, 2010, Die Rückkehr des Meisters: Keynes für das 21. Jahrhundert, München: Kunstmann.

Spieker, Friederike 2022, Die herrschende Ökonomie unterliegt keinen physikalischen Gesetzen, Interview, fspiecker.de, 21.12.2022 (zuletzt abgerufen: 12.02.2023).

Spoerer, Mark; Streb, Jochen, 2013, Neue deutsche Wirtschaftsgeschichte des 20. Jahrhunderts, München: Oldenbourg.

Sprenger, Bernd, 2002, Das Geld der Deutschen, Paderborn: Schöningh.

Stemmer, Monika, 2020, Modernes Geld: Der Staat macht es möglich – Eine Einführung in unser Geldsystem gemäß den Erkenntnissen der Modern Monetary Theory, https://lp.economic-literacy.eu/ (zuletzt abgerufen: 09.02.2023).

Stiglitz, Joseph, 2016, Europa spart sich kaputt: Warum die Krisenpolitik gescheitert ist und der Euro einen Neustart braucht, München: Siedler.

Stützel, Wolfgang, 2011 (1978), Volkswirtschaftliche Saldenmechanik, Tübingen: Mohr Siebeck.

Taylor, Frederick, 2013, Inflation – Der Untergang des Geldes in der Weimarer Republik und die Geburt eines deutschen Traumas, München: Siedler.

Tcherneva, Pavlina, 2008, Keynes's Approach to Full Employment: Aggregate or Targeted Demand, The Levy Economics Institute Working Paper 542.

Tcherneva, Pavlina, 2012, Full Employment through Social Entrepreneurship: the Nonprofit Model for implementing a Job Guarantee, The Levy Economics Institute Policy Note 2012/2.

Tcherneva, Pavlina, 2020, The case for a Job Guarantee, Cambridge: Polity Press.

Teupe, Sebastian, 2022, Zeit des Geldes: Die deutsche Inflation zwischen 1914 und 1923, Frankfurt (Main): Campus.

Ther, Philipp, 2016, Die neue Ordnung auf dem alten Kontinent: Eine Geschichte des neoliberalen Europa, Berlin: Suhrkamp.

Truger, Achim, 2015, Reform der EU-Finanzpolitik: Die Goldene Regel für öffentliche Investitionen, WISO direkt, Bonn: Friedrich-Ebert-Stiftung.

Varoufakis, Yanis, 2016, Das Euro-Paradox: wie eine andere Geldpolitik Europa wieder zusammenführen kann, München: Kunstmann.

Vogel, Steffen, 2020, Merkels Wende: Europas letzte Chance?, Blätter für deutsche und internationale Politik, Juli 2020.

Vogt, Jürgen, 2022, Dauerkrise in Argentinien: Schulden ohne Ende, taz, 07.01.2022.

Wray, L. Randall, 2009, The Social and Economic Importance of Full Employment, The Levy Economics Institute Working Paper 560.

Wray, L. Randall, 2018 (1998), Modernes Geld verstehen: Der Schlüssel zu Vollbeschäftigung und Preisstabilität, Berlin: Lola Books.

Wullweber, Joscha, 2022, Zentralbankkapitalismus, Berlin: Suhrkamp.

Anmerkungen

Einleitung: Geld ist der Schlüssel zum Verständnis von Wirtschaft, Krisen, Wachstum und Verteilung

1. **Kelton 2018.**
2. Siehe zum Beispiel den Monatsbericht der **Deutschen Bundesbank 2017, S. 15–36**, der die Konzepte von Banken als reinen Finanzintermediären und des Geldschöpfungsmultiplikators widerlegt. Damit ist die neoklassische Theorie des neutralen Geldes nicht mehr haltbar und ihren Gleichgewichtsmodellen der Boden entzogen. Ebenso die **Bank of England 2014** in ihrem Quarterly Bulletin.
3. Der Begriff »Postkeynesianer:innen« unterstreicht, dass sie zu der Sorte Keynesianer:innen gehören, die die grundsätzlichen Einsichten von John Maynard Keynes in wirtschaftliche Dynamik, Instabilität, Unsicherheit, Geld und Spekulation aufgenommen und weiterentwickelt haben. Zu ihnen gehören auch die MMT-Ökonom:innen. Das »Post-« ist wichtig, um sie abzugrenzen von den sogenannten Neokeynesianer:innen oder auch Neukeynesianer:innen, die nur Einzelteile der keynesianischen Lehre, insbesondere die kurzfristige Krisenintervention, in neoklassische Gleichgewichtsmodelle integriert haben.
4. Einen unterhaltsamen Einblick in die unterschiedlichen ökonomischen Theorien und das Leben ihrer Begründer liefert **Herrmann 2016.**
5. **Wray 2018, S. 119.**

I. Die vier Grundtatsachen unseres Geldsystem

1. Zur Gründung des Bretton-Woods-Systems: **Varoufakis 2016, S. 28 ff.**
2. **Mosler 2017, S. 22**, vergleicht das Geld der Regierung daher mit einem elektronischen Punktesystem: »Wenn die Bundesregierung Ausgaben tätigt, ›kommt‹ das Geld nicht ›von irgendwoher‹, genauso wenig wie die Punkte im Footballstadion oder in der Bowlingbahn ›von irgendwoher kommen‹« und daher auch nicht ausgehen können. Daher ist die amerikanische »Bundesregierung […] nie in der Situation, in der sie entweder ›Geld hat‹ oder ›kein Geld hat‹«, **Mosler 2017, S. 19.**
3. Zitiert nach **Kelton 2018.**
4. Es kam mit der Aufhebung des Bretton-Woods-Abkommens zwar zu Währungsturbulenzen, diese hatten aber nicht mit der Aufkündigung des Goldstandards als solchem zu tun, sondern mit dem Ende des Systems der festen Wechselkurse. Durch die Handelsungleichgewichte war es für die Regierungen immer schwieriger geworden, die Kurse zu stabilisieren. Schließlich mussten die Wechselkurse

freigegeben werden, und die Währungen begannen dauerhaft stark gegeneinander zu schwanken. Siehe dazu **Herrmann 2019, 130 ff.**

5. **Wray 2018, S. 93 ff.**
6. Die Idee, dass der Staat dem Geld seinen Wert gibt, indem er definiert, welche Währung er zur Zahlung von Steuern entgegennimmt, findet sich bereits in kanonischen Texten wie Adam Smiths *Wealth of Nations* oder in John Maynard Keynes *A Treatise on Money*, in Georg Friedrich Knapps und Alfred Mitchell-Innes' Werken, in Abba P. Lerners Theorie zur Functional Finance sowie bei Hyman P. Minsky. All diese Autoren stehen in der Nachfolge der Chartalisten (für die Staat und die Rechtsordnung beim Geld entscheidend waren), die sich bereits im 16. und 17. Jahrhundert mit den Metallisten (für die der Warenwert der Münzen entscheidend war) über die Natur des Geldes stritten. Die Modern Monetary Theory ist dabei nur die neuste Schule, die die Rolle des Staates im Geldsystem wieder ins Zentrum rückt, nachdem sie über Jahrzehnte ignoriert wurde. Ausführlich dazu **Bell (Kelton) 2001, S. 149–163** und **Wray 2018, S. 33 ff.**
7. **Wray 2018, S. 3:** »Die Regierung ›braucht‹ das Geld der Öffentlichkeit nicht, um Ausgaben zu tätigen; stattdessen braucht die Öffentlichkeit ›das Geld der Regierung‹ zur Zahlung von Steuern.«
8. **Bell (Kelton) 1998** untersuchte die Bewegungen von Zentralbankgeld im Bilanzsystem der amerikanischen Fed und konnte zeigen, dass die Ausgaben der US-Regierung zu einer Erhöhung der Zentralbankmenge führen, unabhängig von den Steuereinnahmen oder dem Verkauf von Staatsanleihen. Sie bestätigt damit **Mosler 1996, S. 34 f.**, den Begründer der MMT, der dieses Ergebnis in seinem Buch *Soft Currency Economics* vorweggenommen hatte.
9. Wobei es sich dabei um die Nettokreditaufnahme handelt und die zusätzlichen Defizite für die jährlichen Zinskosten noch nicht eingerechnet sind. Siehe **Bundesfinanzministerium 2022.**
10. **Mosler 2017, S. 32.**
11. **Ehnts 2020, S. 72.**
12. Eine hohe Nachfrage kann unter Umständen sogar zu einer übertriebenen Ausweitung der Produktionsanlagen und auf lange Sicht zu sinkenden Preisen führen. Siehe **Ehnts 2020, S. 154.**
13. Jede zusätzliche Nachfrage kann dann ein Problem werden, unabhängig davon, ob der Staatshaushalt ausgeglichen, negativ oder positiv ist. Siehe **Kelton 2021, S. 61.**
14. In der Eurozone geben die Finanzministerien der Nationalstaaten die Münzen heraus. **Deutsche Bundesbank; Eurosystem 2014, S. 23.**
15. »Modernes Geld ist ein Tabellenblatt«, sprich: eine Excel-Tabelle, so James K. Galbraith in **Mosler 2017, S. XVI.**
16. **Kelton 2020, S. 30**: Der damalige Notenbankchef der Fed Ben Bernanke erklärte auf Nachfrage, dass zur Bankenrettung kein Steuergeld nötig war: »The banks have accounts with the Fed [...] We just use the computer to mark up the size of the accounts.«
17. **Ehnts 2020, S. 81.**
18. **Binswanger 2015, S. 86 ff.**
19. **Deutsche Bundesbank; Eurosystem 2014, S. 74**, zum Teil wird auch der Begriff »Bargeld« generisch für das gesamte Zentralbankgeld verwendet, siehe etwa **Ehnts 2020, S. 67.**
20. **Ehnts 2020, S. 69.**

21. **Ehnts 2020, S. 69**: »Kein Unternehmen und auch kein Haushalte unterhält ein Konto bei der Zentralbank, wobei allerdings einige Unternehmen eine Bank besitzen und darüber indirekt ein Zentralbankkonto.«
22. Was von den Zahlen auf den unterschiedlichen Konten als Giralgeld der flüssigen Geldmenge zuzurechnen ist, lässt sich gar nicht so einfach entscheiden. Wenn Geld für mehr als zwei Jahre festgelegt wird, dann gilt es für Ökonom:innen und Zentralbanker:innen nur noch als Teil des Vermögens, wird aber nicht mehr zur Geldmenge gezählt. Die EZB unterscheidet je nach dem Grad der Liquidität sogar drei Geldmengen: M1 umfasst neben dem zirkulierenden Bargeld alle täglich fälligen Einlagen. M2 umfasst zusätzlich auch alle Sparanlagen mit einer Kündigungsfrist von bis zu drei Monaten und Termineinlagen bis zu zwei Jahren. M3 umfasst zusätzlich noch weitere kurzfristige Geldanlagen, die von Banken herausgegeben werden. Siehe **Deutsche Bundesbank; Eurosystem 2014, S. 70 ff.**
23. Oder wie die Bundesbank es formuliert: »Im Unterschied zu Banknoten und Münzen ist das Buchgeld kein gesetzliches Zahlungsmittel.« Der Kontostand erhält seinen Wert erst dadurch, »dass er jederzeit wieder in Bargeld umgewandelt werden kann«. **Deutsche Bundesbank; Eurosystem 2014, S. 57.**
24. Das Zentralbankgeld »ist das Geld, das als Bindeglied zwischen der öffentlichen und der privaten Zahlgemeinschaft dient«. **Wray 2018, S. 121.**
25. **Ehnts 2020, S. 76.**
26. Der ehemalige Wirtschaftsweise Peter **Bofinger 2020, S. 32** zur Ausweitung der Zentralbankgeldmenge durch Mario Draghi: »Die Leute bringen leider viel durcheinander. [...] Was stark ansteigt, sind die Guthaben, die Banken bei der Notenbank halten. Das ist aber überhaupt nicht inflationsrelevant [...]. Ich blicke auf das Geld, das die Banken halten, deswegen mache ich seit Jahren ziemlich gute Inflationsprognosen. Alle, die auf die Guthaben schauen, die Banken bei den Notenbanken halten, machen dagegen seit Jahren völlig unsinnige Crash-Prognosen.«
27. Deswegen gehört für MMT-Ökonom:innen der »Verkauf von Staatsanleihen zur Geld- oder Zinspolitik statt zur Fiskalpolitik«. **Wray 2018, S. 3 f.**
28. Siehe auch **Brühl; Zydra 2021, S. 17.**
29. **Hunter 2022.**
30. **Graeber 2011, S. 45.**
31. Zwei übliche Warengeldformen im alten Mesopotamien. **Graeber 2011, S. 45.**
32. Vom Kerbholz leitet sich auch der englische Begriff »stock holder«, auf Deutsch »Anteilseigner«, ab. **Graeber 2011, S. 55.**
33. Alfred **Mitchell-Innes 1913, S. 379** schreibt über den fehlenden Zusammenhang zwischen Materialwert und nominalem Wert von Münzen: »... but there is overwhelming evidence that there never was a monetary unit which depended on the value of coin or on a weight of metal; that there never was, until quite modern days, any fixed relationship between the monetary unit and any metal; that, in fact, there never was such a thing as a metallic standard of value.« Von dieser Erkenntnis ausgehend sind die Chartalisten unter den Geldtheoretikern der Ansicht, dass es sich auch bei Münzen immer schon um eine Sorte Geld handelte, deren Wert sich daraus ergab, dass sie von Staaten zur Zahlung angenommen wurden, also um staatliches Kreditgeld. Die Münze steht so betrachtet für die Schuld des staatlichen Herausgebers, sie zur Ablösung der Steuerschuld zu akzeptieren. Siehe auch **Wray 2018, S. 72 ff.**
34. **Gleeson-White 2015, S. 71 f.**

35. **Binswanger 2015, S. 57ff.**
36. Es war nicht nur schwierig die Menge an Edelmetallen zu vermehren, tatsächlich tendierte sie sogar ständig zu schrumpfen. Denn seit der Zeit der Römer kauften die Europäer:innen damit begehrte Produkte wie Gewürze, Seide und Porzellan aus Indien und China, während die Europäer wenig Ebenbürtiges zu bieten hatten. So flossen über die Jahrhunderte gewaltige Mengen an Silber nach Osten ab – zuhause aber fehlte das Geld und ließ sich schwer ersetzen. Siehe **Hermann 2013, S. 25, 112.**
37. **Sprenger 2002, S. 191:** »Der Anteil der Bankeinlagen (Buchgeld) am gesamten Geldvolumen erhöhte sich von 59 Prozent im Jahre 1876 auf 88 Prozent im Jahre 1913.«
38. **Gleeson-White 2015, S. 67, 71.**
39. **Binswanger 2015, S. 86ff.**
40. In ihrem Buch *Soll und Haben* beschreibt Jane **Gleeson-White 2015** die Geschichte der doppelten Buchführung von Spätmittelalter in Norditalien bis heute erstaunlich farbig und spannend, ebenso ihre Unverzichtbarkeit für die Entwicklung unseres modernen Geld- und Wirtschaftssystems.
41. **Gleeson-White 2015, S. 17, 33, 45.**
42. Eine Bank, die nur ein Finanzintermediär wäre, »müsste ihren Kunden […] von Zeit zu Zeit mitteilen: Leider haben wir im Moment keine Ersparnisse […] mehr, aber sie können sich in eine Warteliste eintragen und wir benachrichtigen Sie dann, wenn wieder Ersparnisse bei uns eingetroffen sind.« So **Binswanger 2015, S. 22.** Dies passiert aber nie, »weil Banken für die Kreditvergabe unmittelbar keine Ersparnisse brauchen«.
43. **Binswanger 2015, S. 24**
44. Orthodoxe Ökonomen hängen an der Idee von Banken als Finanzintermediären, weil »die Anerkennung der Rolle von Banken als Geldproduzenten die schöne Vorstellung einer rein realen, das heißt ohne Geld erklärbaren Theorie eines allgemeinen Gleichgewichts zerstört […]«. **Binswanger 2015, S. 26.**
45. »Geschäftsbanken schaffen Geld durch Kreditvergabe.« **Deutsche Bundesbank; Eurosystem 2014, S. 76.** Siehe ausführlich: **Deutsche Bundesbank 2017, S. 17f.**
46. Damit wir eine möglichst konkrete Vorstellung davon bekommen, wie Geld in Büchern und Computern entstehen kann und wie das aussieht, übernehme ich die Darstellung in Form von vereinfachten T-Konten, die **Ehnts 2014** durchgehend als Methode verwendet. Auch die **Deutsche Bundesbank; Eurosystem 2017, S.18** verwendet T-Konten, um die Kreditgeldschöpfung ausführlich darzustellen.
47. **Stemmer 2020, S. 10f.**
48. **Deutsche Bundesbank; Eurosystem 2014, S. 79f.**
49. **Deutsche Bundesbank; Eurosystem 2017, S. 20.**
50. Siehe **Deutsche Bundesbank; Eurosystem 2017, S. 20.**
51. Da sich die Käufe und Verkäufe der Banken nicht zwangsläufig ausgleichen, ist die Höhe aller Guthaben und aller Schulden nicht völlig identisch.
52. **Kelton 2021, S. 21ff.**
53. **Mitchell 2017, S. 494.**
54. **Kelton 2018.**

II. Der Bankkredit schafft Krisen – der Staat sorgt für Stabilität

1. **Hermann 2013, S. 118 ff.**
2. **Hermann 2013, S. 34 ff.** schildert sehr anschaulich, wieso die Industrialisierung und der moderne Kapitalismus ausgerechnet im England des 18. Jahrhunderts entstanden, weil es zu diesem Zeitpunkt und an diesem Ort die weltweit höchsten Löhne gab. Daher lohnte es sich erstmals, systematisch in Technik und steigende Produktivität zu investieren. Durch die Konkurrenz der Unternehmen und immer weitere Investitionen wurde schließlich das dynamische Wachstum ausgelöst, das wir heute für selbstverständlich halten.
3. **Binswanger 2019, S. 39.**
4. So heißt das Buch von Milton Friedman, dem wichtigsten Vertreters dieser Schule, programmatisch *Kapitalismus und Freiheit* und in der von ihm vorgestellten freien Gesellschaft ist die Regierung imaginiert »als Spielleiter und Schiedsrichter«, der sich naturgemäß aus dem Spiel herauszuhalten hat, so **Friedman 2002, S. 49 ff.** Insbesondere solle der Staat nicht mit Mindestlöhnen, Versicherungspflichten Subventionen, sozialem Wohnungsbau, staatlichem Fernverkehr oder einem Postwesen den Markt stören, siehe **Friedman 2002, S. 59 f.**
5. In Anbetracht dieser fundamentalen Unsicherheit der Zukunft ist die Idee des »Risikomanagements«, bei dem »Spezialisten« die Sicherheit von Anlagen wahrscheinlichkeitstheoretisch bewerteten, sinnlos. Oder wie **Galbraith 2005, S. 75** schreibt: »Wenn man unbekannte Variablen miteinander kombiniert, erhält man notwendigerweise ein Ergebnis, das keinerlei Aussagekraft besitzt. [...] Die zukünftige ökonomische Entwicklung lässt sich grundsätzlich nicht vorhersagen.«
6. **Deutsche Bundesbank; Eurosystem 2017, S. 23 f.**
7. Hyman **Minsky 2011, S. 14 f.** hat sich früh mit dieser inhärenten Anfälligkeit beschäftigt und geschlussfolgert: »Stabilität wirkt destabilisierend.« Nicht nur gehen die privaten Akteure in guten wirtschaftlichen Phasen immer höhere Risiken ein – auch die Politik macht mit und lockert nun die gesetzliche Regulierung der Finanzmärkte –, denn schließlich gab es ja schon lange keine Krise mehr.
8. **Minsky 2011, S. 57** unterscheidet zwischen drei verschiedenen Stufen der Verschuldung: Bei der abgesicherten Finanzierung sind die Kreditnehmer:innen in der Lage, sowohl den Zinsdienst als auch die Rückzahlung auf der Basis ihrer bisherigen Einkünfte zu gewährleisten. Bei der spekulativen Finanzierung können sie nur den Zinsdienst gewährleisten und sind für die Rückzahlung auf Wertsteigerungen und andere spekulative Faktoren angewiesen. Schließlich gibt es die Ponzi-Finanzierung, bei der selbst der Zinsdienst vom Erfolg des weiteren Geschäftsgangs abhängt. Dabei ist Ponzi-Finanzierung ein Teil des ganz normalen kapitalistischen Wirtschaftsgeschehens, vor allem bei großen Investitionsprojekten, wie zum Beispiel bei Immobilien, wo der jeweils nächste Bauabschnitt mit dem Verkauf von noch nicht gebauten Immobilien finanziert wird. Je größer der Anteil an spekulativer oder Ponzi-Finanzierung, »umso größer die Wahrscheinlichkeit einer Finanzkrise, denn umso größer die Wahrscheinlichkeit, dass steigende Zinssätze den Barwert in den Negativbereich bringen«, so **Minsky 2011, S. 46.**
9. **Minsky 2011, S. 48**
10. Womit die Entstehung der amerikanischen Subprime-Krise ein perfektes Beispiel für eine Ponzi-Finanzierung im Sinne von **Minsky 2011, S. 39** ist.
11. In den USA haften Kreditnehmer:innen in der Regel nur mit der Immobilie für

den Kredit, und nicht persönlich, wie in Europa üblich. Indem sie die Hausschlüssel bei der Bank abgaben, waren die Kreditnehmer frei. Die Gläubiger konnten nicht auf Arbeitseinkommen oder anderweitige Vermögenswerte zugreifen, sondern mussten sich mit den stark eingebrochenen Verkaufspreisen für die massenhaft von den Banken auf den Markt geworfenen Häuser begnügen. Siehe **Sinn 2012, S. 139 f.**

12. Deflation ist im Kapitalismus die wahrscheinlichere Entwicklung, denn durch die sich ständig erhöhende Produktivität sinken die Preise tendenziell. Dieser Trend wird nur aufgefangen, wenn gleichzeitig die Löhne steigen und die Nachfrage Schritt hält – und wenn ausfallende Nachfrage, die durch Sparen entsteht, vom Staat durch zusätzliche Ausgaben ersetzt wird. Siehe **Herrmann 2013, S. 135.**
13. Keynes hat die Wichtigkeit des Sparens für die Ökonomie und seine paradoxe Wirkung entdeckt. Während in der neoklassischen, berechenbaren Welt Sparen irrational ist, weil Konsum oder Investition ertragreicher wären, spricht Keynes von der Liquiditätspräferenz und meint damit unser Bedürfnis, jederzeit flüssig zu sein, falls – wie so oft – etwas Unvorhergesehenes, nicht Berechenbares geschieht. Siehe **Skidelsky 2010, S. 144.**
14. **Stützel 2011, S. 44.**
15. Dafür, dass die individuell rationalen Entscheidungen auf der nächsthöheren Ebene nicht zu einem rationalen und guten Ergebnis führen, gibt es das anschauliche Kino-Beispiel: Wenn ich im Saal aufstehe, sehe ich gegebenenfalls besser – allerdings nur, solange nicht alle anderen dasselbe tun. Wenn alle aufstehen, sieht niemand besser und alle haben nun einen unbequemen Kinoabend. Für die Gesamtgruppe gelten also andere Regeln als für die einzelnen Akteur:innen. Was für die Mikroökonomik auf der Ebene des einzelnen Unternehmens gilt, lässt sich nicht auf die Makroebene der ganzen Volkswirtschaft übertragen. Siehe auch **Stützel 2011, S. 23 ff.**
16. Richard **Koo 2011, S. 19 ff.** prägte für dieses Phänomen den Ausdruck *Balancesheet Recession*, also etwa »Bilanz-Rezession«.
17. **Ehnts 2020, S. 47**: »Ein absolut stabiles Finanzsystem wäre nur ohne Kredite möglich. Das allerdings wäre dann eben kein Finanzsystem mehr.«
18. Zinskritiker:innen sind zum Beispiel David **Graeber 2011** oder Margrit **Kennedy 2011.**
19. **Binswanger 2013, S. 74 f.** interpretiert daher den Zins gleich als einen »Bestandteil des Unternehmungsgewinns«, der dem Fremdkapitalgeber zusteht und teilweise als Vorschuss ausgezahlt wird. Unternehmer wie Kapitalgeber werden beide durch den Gewinn für das Risiko entschädigt.
20. **Herrmann 2013, S. 132.**
21. **Herrmann 2013, S. 132**: »Zinsen gab es schon immer, trotzdem nahm die Ungleichheit in der Bundesrepublik lange Zeit kaum zu. Erst ab dem Jahr 2000 drifteten Arm und Reich beschleunigt auseinander [...]. Offenbar profitieren die Wohlhabenden von anderen Mechanismen [...] etwa von der Senkung des Spitzensteuersatzes oder der faktischen Abschaffung der Erbschaftssteuer.«
22. Die Verteilungswirkung von Zinsen lässt sich verändern oder aufheben durch einen Nullzins der Zentralbank, durch die Besteuerung von Zinsen (bis zu 100 Prozent) sowie durch die höhere Besteuerung der Gruppen, die gewöhnlich von Zinsen profitieren. Siehe **Ehnts 2020, S. 116.**
23. **Herrmann 2016, S. 192.**
24. **Wray 2018, S. 118**: »Aufgrund der allgemein üblichen Präferenzen des Privatsek-

tors hinsichtlich Nettoersparnissen erfordert ein Wirtschaftswachstum anhaltende Staatsdefizite.«

25. Siehe hierzu ausführlich **Bibow; Flassbeck 2018, S. 23 f.**
26. Ein so unterhaltsamer wie informativer erster Einblick in Leben und Werk von John Maynard Keynes findet sich in **Herrmann 2016.**
27. https://www.bundesfinanzministerium.de/Web/DE/Themen/Oeffentliche_Finanzen/Corona/corona.html (zuletzt abgerufen: 09.02.2023).
28. https://www.destatis.de/DE/Themen/Wirtschaft/Volkswirtschaftliche-Gesamtrechnungen-Inlandsprodukt/_inhalt.html (zuletzt abgerufen: 09.02.2023).
29. Zudem lag dieser Krise auch keine Überschuldung des privaten Sektors zugrunde, sodass eine anschließende Nachfrageschwäche die Erholung der Wirtschaft erschwert hätte.
30. **Davidson 1972, S. 106 f.**
31. **Mazzucato 2014, S. 115 ff.**
32. **Mazzucato 2014, S. 4.**
33. **Flassbeck; Steinhardt 2018, S. 301.** Zudem steckt im sogenannten Markt viel mehr Planung, als man denkt. Denn der Kapitalismus neigt zur Konzentration, zum Oligopol und zum Monopol – also zu Großkonzernen. Und die haben die Macht, die Preise in ihren Lieferketten weitgehend zu kontrollieren und ihre Gewinne zu planen. Zudem hilft der verlässliche Partner Staat, die Risiken weiter zu reduzieren, so dass auch große Investitionen Sinn ergeben. Siehe **Chang, S. 277 f.**
34. Die Mindestreserve im EZB-System beträgt seit 2012 nur noch ein Prozent des Giralgeldes, das die Geschäftsbanken ihren Kund:innen schulden. Dieses wird verzinst und kann vorübergehend als Puffer im Zahlungsverkehr dienen. In Krisenzeiten, in denen die Banken mit zusätzlicher Liquidität geflutet werden und somit ohnehin über ungewöhnlich viel Zentralbankgeld verfügen (sogenannte Überschussreserven), spielt die Mindestreserve keine Rolle mehr.
35. **Bundesbank; Eurosystem 2014, S. 74.**
36. **Wray, 2018, S. 13**: »Obwohl bei vielen, tatsächlich bei den meisten Transaktionen der Gebrauch von Währung seitens der Teilnehmer nicht nötig ist, findet der abschließende Kontoausgleich unter den Banken in Form der Währung der Regierung statt.«
37. Girokonten sind für Banken dennoch finanziell interessant. Zum einen zahlen die Inhaber:innen Gebühren und sind potenzielle Kund:innen im privaten Kreditgeschäft, bei dem Zinsen anfallen. Zum anderen will die Bank den Abfluss von Giralgeld vermeiden, weil sie dieses mit Zentralbankgeld kompensieren muss. Eine Bank, der mehr Giralgeld ab- als zufließt, hat höhere Zinskosten ihre Konkurrenz und ist daher weniger wettbewerbsfähig. Viele Girokonten erhöhen die Chance, dass Überweisungen innerhalb der eigenen Bankbilanz bleiben und der Bank somit mehr Giralgeld und deshalb auch Zentralbankgeld zu- als abfließt.
38. Die Abrechnungsprozesse der Banken dargestellt als T-Konten bei **Ehnts 2020, S. 77.**
39. Der Prozess des Clearings ist komplex und erfolgt zwischen zwei Banken, innerhalb von Bankengruppen, die sich zu sogenannten Gironetzen zusammengeschlossen haben, oder über die Abrechnungssysteme, die die Deutsche Bundesbank oder das EZB-System zur Verfügung stellen (zum Beispiel SEPA-Clearer oder TARGET2). In jedem Fall geht es aber darum, die Bewegungen des Giralgelds in Zentralbankgeld zu kompensieren. Siehe **Deutsche Bundesbank; Eurosystem 2014, S. 57 ff.**

40. **Binswanger 2015, S. 40.**
41. Private Rating-Agenturen bewerten die Güte der Sicherheiten mit Noten, nach denen sich die Zentralbanken richten. Allerdings senken sie in einer Krise, wenn die herkömmlichen Sicherheiten nicht mehr reichen, einfach ihre Ansprüche, damit das Finanzsystem flüssig bleibt. Siehe **Ehnts 2020, S. 69.**
42. Die EZB lässt ihr Zentralbankgeld den Banken im Rahmen sogenannter Offenmarktgeschäfte zukommen, in Form von besicherten Krediten, Wertpapier-An- und Verkäufen oder Pensionsgeschäften. Letztere werden auch Repos genannt, von *Repurchases*, weil die Zentralbank die Werte kurzfristig ankauft, wobei die Banken zum Rückkauf an einem bestimmten Termin verpflichtet sind. Hauptrefinanzierungsgeschäfte werden als sogenannte Tenderverfahren in Form von Auktions- oder Zuteilungsverfahren organisiert. All diese technischen und organisatorischen Details finden im Text keine weitere Erwähnung, da Pensionsgeschäfte keine andere Wirkung haben als besicherte Kredite und die komplizierten Zuteilungsverfahren nur der Setzung des Leitzinses dienen. Ich spreche nur allgemein von Krediten der Zentralbank und vom Setzen des Leitzins, da so die Funktionen, auf die es ankommt, am besten in den Blick genommen werden.
43. **Ehnts 2020, S. 69.**
44. **Ehnts 2020, S. 77.**
45. **Wullweber 2021, S. 235.**
46. Die Bilanzen der Zentralbanken schwollen durch die großen Kredite an die Banken an. Da das Zentralbankgeld aber nur verliehen oder gegen Sicherheiten abgegeben wird, bleibt die Zentralbankbilanz trotzdem im Gleichgewicht, denn auf der Aktivseite befinden sich nun die Forderungen auf Rückzahlung oder die entsprechenden Sicherheiten in derselben Höhe.
47. Dass es diese Möglichkeit nach der Bankenkrise durchaus gegeben hätte, zeigt auch das Beispiel Irland, das von den anderen Euro-Staaten regelrecht zur Rettung seiner Banken genötigt wurde, um wiederum deren deutsche und französische Gläubiger zu schützen. Daraufhin stieg die irische Staatsschuldenquote von rund 25 auf fast 120 Prozent. 2013 wurde es der irischen Regierung schließlich in einem unbeobachteten Moment erlaubt, einen Teil dieser Schulden in die Bilanz der irischen Zentralbank zu verschieben, die Teil der EZB ist, woraufhin die Staatsschuldenquote wieder auf rund 75 Prozent sank. Siehe **Hermann 2013, S. 228** sowie **Kelton 2021, S. 119 f.** und außerdem: https://de.statista.com/graphic/1/167462/staatsverschuldung-von-irland-in-relation-zum-bruttoinlandsprodukt-bip.jpg (zuletzt abgerufen: 11.02.2023).
48. Die keynesianische und die neoklassische Ära im Vergleich, samt Grafiken zu Wachstum und Arbeitslosigkeit bei **Skidelsky 2010, S. 176 ff.**
49. Ausführlich zu den Gefahren und Dimensionen des Schattenbankensystems **Wullweber 2021, S. 140 ff.**
50. **Mazzucato 2019, S. 151 ff.**
51. **Flassbeck; Steinhardt 2018, S. 231** bezweifeln, dass es Sinn macht, ein Bankensystem privatwirtschaftlich zu betreiben, wenn die Haftung von Banken ausgeschlossen werden muss, weil man sie nicht pleitegehen lassen darf.
52. Irving Fisher forderte bereits in den 1930er Jahren das sogenannte »100 % Money«, also die vollständige Deckung des Giralgeldes durch Zentralbankgeld, was im Grunde einem einheitlichen Geldsystem gleichkommt. Im deutschsprachigen Raum setzen sich Joseph Huber und die Vollgeld-Initiative Monetative seit gerau-

mer Zeit für die Umstellung des gesamten Geldsystems auf Zentralbankgeld ein. Da es bei der Vollgeld-Idee aber stark um die Begrenzbarkeit und die Kontrolle der Geldmenge geht, wird sie als Monetarismus in neuen Kleidern kritisiert. Siehe **Bofinger 2012, S. 251** sowie **Flassbeck; Steinhardt 2018, S. 251f.**

53. In der Schweiz kam es 2018 sogar zu einem Volksentscheid in dem die Schweizer:innen über eine Umstellung auf Vollgeld abstimmen durften – wobei das Projekt bei der Bevölkerung erwartungsgemäß durchfiel. Siehe die Pressemeldung »Schweizer lehnen Vollgeld ab« von Zeit Online am 10. Juni 2018.
54. Siehe zum Beispiel die Vorschläge zur Bankenregulierung in **Mosler 2010**.

III. Der Staat macht das Geld und ist kein Schuldner wie andere

1. Der kapitalistische Bilderbuchfall sollte eigentlich so aussehen, dass die Unternehmen in der Summe investieren, also sich verschulden. Seit den 1980er Jahren sparen die deutschen Unternehmen aber – daher bleibt den Staaten gar nichts anderes übrig, als ihre Schulden immer weiter anwachsen zu lassen, um die Nachfragelücke zu schließen. Mit Grafiken zu Finanzierungssalden verschiedener Länder, siehe **Flassbeck; Spiecker; Heidegger 2022, S 21ff.**
2. Die Grundregel ist simpel: Staatsdefizite = private Geldvermögen. Diese Gleichung ergibt sich aus der Tatsache, dass jeder Abfluss in einer Bilanz einen Zufluss in einer anderen darstellt. Siehe **Godley; Lavoie 2007.**
3. Es handelt sich bei der Sektorenanalyse somit nicht um eine Theorie, bei der man auch anderer Meinung sein könnte. Vielmehr ist jede Wirtschaftstheorie falsch, wenn sie diesen Bilanzierungsregeln widerspricht. Siehe auch **Kelton 2020, S. 116.**
4. Die hohen staatlichen Überschüsse der Clinton-Jahre waren für Godley ein klares Zeichen, dass der private Sektor gerade dabei war, sich zu überschulden, und dass folglich eine Krise bevorstand. Siehe **Galbraith 2016, S. 119.**
5. **Feininger, Anna, 2021,** Durch Corona-Krise: Reiche immer reicher, Arme immer ärmer, Artikel auf BR24 vom 14.07.2021.
6. **Mosler 2017, S. 50.**
7. Wenn Unternehmen sparen, kann das auch so aussehen, dass sie ihre eigenen Aktien zurückkaufen, anstatt ihre Gewinne zu reinvestieren. Somit steigt die Rendite pro Aktie.
8. Der Vermögenszuwachs basiert zum einen ganz direkt auf den Staatsausgaben, die zu privaten Guthaben werden. Dazu kommt zum anderen aber auch, dass die Vermögenswerte wie Immobilien in der Krise im Wert gestiegen sind, weil Geld sichere Anlage suchte.
9. **Spieker 2022.**
10. **Piketty 2014, S. 785ff.**
11. **Kelton 2021, S. 41ff.**
12. Hier nehmen wir weiter an, dass sich die Geldzu- und -abflüsse aus dem Ausland die Waage halten. Sollte dagegen eine große Volkswirtschaft dauerhaft höhere Zuflüsse aus dem Ausland haben, werden andere Länder irgendwann ein Schuldenproblem bekommen.
13. Man könnte das Geld für die Schuldenrückzahlung auch über höhere Vermögens- Erbschafts- oder Spitzensteuersätze hereinholen. Es scheint allerdings sinnvoller, Geld aus politisch schwer erkämpften Steuererhöhungen dann ander-

weitig zu investieren – zum Beispiel in Bildung, Pflege oder für die ökologische Transformation.

14. **Kelton 2021, S. 121 ff.** stellt diesen Zusammenhang für die USA systematisch dar: Sieben Mal erwirtschafteten US-Regierungen über mehrere Jahre hinweg Überschüsse – und jedes Mal folgte eine Rezession auf dem Fuße. Zwischen 1823 und 1836 zahlte man sogar die gesamte Staatsschuld zurück und erzeugte dabei eine der schlimmsten Krisen in der amerikanischen Geschichte – woraufhin neue Schulden nötig wurden. Das jüngste Beispiel ist der Versuch der Clinton-Regierung, der sogar einige Jahre funktionierte, weil die Haushalte den Konsum aufrechterhielten, indem sie sich selbst verschuldeten – was dann ab 2007 zur berühmten Subprime- und der darauffolgenden Finanz- und Weltwirtschaftskrise führte.
15. **Koo 2011, S. 27 f.**
16. Zunächst sollte die Rückzahlung schon 2023 beginnen und über einen Zeitraum von 20 Jahren erfolgen. Im Winter 2021 wurde beschlossen die Rückzahlung über 30 Jahre zu strecken und sie nicht vor 2028 beginnen zu lassen.
17. **Krugman 2021,** Interview Süddeutsche Zeitung.
18. Die US-Ökonom:innen Carmen Reinhart und Kenneth S. Rogoff wurden von den Sparfüchsen in der Politik eine Weile als Kronzeug:innen herangezogen, weil sie ausgerechnet hatten, dass eine Staatsschuldenquote ab 90 Prozent dem Wachstum abträglich ist. Diese Studie wurde gern zitiert – bis man den Verfasser:innen grobe Rechenfehler nachweisen konnte. Siehe **Mitchell 2017, S. 414** und https://www.fr.de/wirtschaft/folgenschwerer-rechenfehler-11268208.html (zuletzt abgerufen: 05.01.2023).
19. https://de.statista.com/statistik/daten/studie/152666/umfrage/staatsverschuldung-japans-in-relation-zum-bruttoinlandsprodukt-bip/ (zuletzt abgerufen: 11.02.2023).
20. Obwohl neoklassische Ökonomen eine Inflation angekündigt hatten, kam sie nie. Siehe **Mitchell 2017, S. 503.**
21. **Krugman 2021,** Interview Süddeutsche Zeitung.
22. Tatsächlich ist dieses Wissen alt und nur von der neoklassischen Wirtschaftstheorie verdrängt worden. Abba P. **Lerner 1943, S. 297 ff.** entwickelte schon in den 1940er Jahren das Konzept der Functional Finance und forderte, die Fiskalpolitik möge sich ausschließlich darauf konzentrieren, dass die Nachfrage so zur produktiven Kapazität passt, dass weder Arbeitslosigkeit noch Inflation entstehen. Die Frage der Staatsschuld sei dagegen völlig vernachlässigbar, da der Staat sie als Währungsherausgeber immer tragen kann.
23. Dass es keine reale Umverteilung zwischen Generationen geben kann, illustriert folgende Frage von **Mosler 2017, S. 38:** »Schicken wir immer noch reale Güter und Dienstleistungen in die Vergangenheit, in das Jahr 1945, um die anhaltenden Schulden aus dem Zweiten Weltkrieg zu begleichen?« Natürlich nicht, denn jede Generation konsumiert, was sie produziert.
24. **Ehnts 2020, S. 116.**
25. **Ehnts 2020, S. 237.**
26. Zahlung von Steuern dargestellt in Form von T-Konten von Steuerzahlerin, Bank, Regierung und Zentralbank bei **Ehnts 2020, S. 117.**
27. **Wray 2018, S. 59:** »In der modernen Wirtschaft werden Steuern scheinbar mit Bankengeld gezahlt, doch eine Analyse der Reservebilanz ergibt, dass Steuerzahlungen immer zu einem Abfluss an Reserven führen […], sodass in Wirklichkeit

nur das Geld der Regierung definitiv ist (und die Steuerschuld schließlich tilgt).« In Deutschland wird diese Argumentation noch dadurch gestützt, dass der deutsche Staat gar keine Konten bei normalen Banken hält, sondern nur ein Konto bei der Bundesbank als Teil des EZB-Systems. Schon deswegen können ihm die Steuern nur in Form von staatlichem Zentralbankgeld zufließen. Siehe **Ehnts 2020, S. 117.**

28. Man kann »Anleihekäufe als nichts anderes betrachten als einen Kanal zur Abrechnung von Reserven, der nötig ist, damit die Zentralbank ihren Zielzinssatz erreichen kann. Das bedeutet, [...] dass Anleiheverkäufe als Teil der Geldpolitik getätigt werden, nicht, um Defizite zu finanzieren«. **Wray 2018, S. 9, 117 ff.**
29. Die EZB hat zeitweise bis zu 70 Prozent der Staatsanleihen über den Sekundärmarkt aufgekauft. **Gabor** nach **Wullweber 2021, S. 20.**
30. Auch die EZB operiert mit drei Zinssätzen: Im Eurosystem trägt der kurzfristige Übernachtzins den Namen Spitzenrefinanzierungssatz. Hauptrefinanzierungssatz heißt der Zinssatz, zu dem die Banken das Zentralbankgeld in den sogenannten Offenmarktgeschäften für Tage, Wochen oder seit der Finanzkrise auch für Monate oder gar Jahre beziehen. Und dann gibt es noch den sogenannten Einlagesatz, also den Zinssatz auf das Zentralbankgeld, das die Banken am Abend übrighaben und auf Zentralbankkonten parken. Siehe ausführlich **Ehnts 2020, S. 93 ff.**
31. Der Einlagezinssatz kann positiv sein, wenn die Zentralbank überschüssiges Zentralbankgeld gerade in Ordnung findet, er kann aber auch negativ sein und die Banken dadurch nötigen, ihr Zentralbankgeld an andere Banken weiter zu verleihen oder auch es zum Beispiel in Staatsanleihen umzutauschen. Siehe **Ehnts 2020, S. 97.**
32. **Kelton 2020, S.92 f.** Ausführlich zu den technischen Einzelheiten der Ausgabe von Staatsanleihen und der Zinsbildung in den USA: **S. 118 ff.**
33. Streng genommen steuert die Zentralbank den Interbankenzins, zu dem sich die Banken gegenseitig Geld leihen, indem sie mit ihren beiden Ausleih-Zinssätzen einen Korridor kreiert. Der Zins für Staatsanleihen liegt ganz leicht über diesem Interbankenzins. Will die Zentralbank den Zins für Staatsanleihen also senken, senkt sie den Korridor mit ihren beiden Ausleih-Zinssätzen. Siehe **Ehnts 2020, S. 86, 97.** Eine Zentralbank mit nur einem kurzfristigen Zins senkt diesen und kauft gegebenenfalls zusätzlich Staatsanleihen auf dem Sekundärmarkt, um die Zinsen für Staatsanleihen zu senken. Siehe **Kelton 2021, S. 118 f.**
34. Deswegen vergleicht Warren **Mosler 2017, S. 40** Zentralbank-Dollar und Staatsanleihen in Dollar mit einem Giro- oder Sparkonto bei der Fed. Stephanie **Kelton 2020, S. 36** wiederum betont die Ähnlichkeit, indem sie flüssige Zentralbankdollar *Green Dollars* und die, die in Staatsanleihen stecken, *Yellow Dollars* nennt. Beides sind unterschiedlich feste Formen derselben Währung, herausgegeben vom selben Staat.
35. Auch die Zinsen für Haushalte und Unternehmen werden so mitgesteuert. Der kurzfristigen Zinssatz beeinflusst direkt die kurzfristigen Zinsen für Bankkunden. Umso länger die Ausleihfristen des regulären Zinssatzes sind, umso stärker beeinflusst er die längerfristigen Kredite. Auf diese Basis schlagen Banken dann Zinsen auf, je nach dem jeweiligen Geschäftsrisiko. Siehe **Ehnts 2020, S. 84 ff.**
36. Mainstream-Ökonomen wie Paul Krugman oder Olivier Blanchard gehen inzwischen auch davon aus, dass die Staatsschuld kein Problem ist – jedenfalls solange die Zinsen nicht über der Wachstumsrate liegen. Die MMT geht einen Schritt

weiter und erklärt, dass auch die Zinsen kein Problem sind, da der Staat über die Zentralbank selbst die Zinsen kontrolliert und niedrig halten kann. Darüber hinaus wäre auch eine Staatsschuld, die wegen der Zinsen steigt, über das staatliche Währungsmonopol finanzierbar. **Kelton 2020, S. 91, 92** resümiert: »Under MMT, it is the inflation – not the relationship between interest rates and growth rates – that matters.«

37. Zur neoklassischen Zinstheorie: **Flassbeck; Steinhardt 2018, S. 123.**
38. Heiner **Flassbeck 2010, S. 148f.** fasst es so drastisch zusammen: »Die primitive Vorstellung der neoklassischen Theorie, der Zins gleiche automatisch Sparen und Investition bei Vollbeschäftigung aller Produktionsfaktoren aus, erweist sich [...] als falsch. [...] Absolut nichts spricht dafür, dass der Zins am Kapitalmarkt gebildet wird. [...] Das ist offensichtlich absurd, der Zins wird von der Notenbank gesetzt.«
39. Die kurzfristigen Zinsen steuert die Zentralbank über die Leitzinsen direkt, bei der Gestaltung der langfristigen haben die Banken etwas mehr Spielraum. Die Zentralbank kann aber auch gezielt die langfristigen Zinsen für Private senken, indem sie den Banken in Krisenzeiten große Mengen an Staatsanleihen abkauft oder ihnen günstige Kredite über Monate oder gar Jahre gibt. Siehe **Ehnts 2020, S. 85.**
40. **Koo 2011, S. 119ff.**
41. Stephanie **Kelton 2021, S. 98** erzählt, wie sie mit Politikern sprach, die alle die hohe Staatsschuld beklagten, aber US-Staatsanleihen für ein unverzichtbares Finanzinstrument halten – dabei sind beide dasselbe.
42. Ironischerweise waren es explizit neoliberale Politiken, wie die Senkung von Steuern für Reiche, die die Anleger:innen in Aufruhr geraten und das Schlimmste erwarten ließen. Selbst die Märkte glauben inzwischen nicht mehr, dass der Staat zugunsten des Marktes zurückgedrängt werden sollte.
43. **Ehnts 2020, S. 237.**
44. **Ehnts 2022 (26.10.).**
45. Siehe auch Mark **Schieritz 2013, S. 106.**
46. Wir sind es gewohnt, die derzeitige Verteilung über Löhne, Gewinne, Renditen für normal oder angemessen zu halten. Insbesondere bei Ersteren möchten wir annehmen, dass sie irgendwie mit Leistung zusammenhängen. Vergleicht man jedoch die Löhne eines Busfahrers in Neu-Delhi mit dem eines in Stockholm, stellt man fest, dass für nicht ihre Leistung, sondern die der jeweiligen Volkswirtschaft ausschlaggebend ist. Wie viel in einer arbeitsteiligen nationalen Volkswirtschaft wiederum die Einzelnen zum Gesamtergebnis beigetragen haben, ist nicht auszumachen, da der arbeitsteilige Gesamtkuchen des Zusammenwirkens aller Tätigkeiten bedarf. Wer innerhalb eines Landes wie viel verdient, ist daher eine politische Frage, die mit den Rahmenbedingungen verändert werden kann. Siehe ausführlich hierzu **Chang 2010, S. 46ff.**
47. Vor Mitte der 1980er Jahre war der Realzins häufig negativ, danach einige Zeit positiv, seither schwankt er. Siehe **Ehnts 2020, S. 161.**
48. Die Zinsen dürfen nicht höher sein als die Gewinne, weil andernfalls die Kreditnachfrage einbricht und Deflation droht. **Ehnts 2020, S. 49**: »Ein Grund für Niedrigzinsen liegt also darin, dass die Gewinne nicht höher sind.«
49. Die Einschränkung »technisch« bedeutet, dass ein politisch gewollter oder auch aus geldtheoretischer Ahnungslosigkeit erklärter Bankrott denkbar wäre. So erklärte Russland 1998 absichtlich seine Zahlungsunfähigkeit in Bezug auf Rubel-Staatsanleihen. Siehe **Ehnts 2020, S. 137.** Und Warren **Mosler 2017, S. 119ff.** erzählt sehr amüsant, wie er als Investmentbanker in den 1990er Jahren nach

Italien reiste, um herauszufinden, ob die italienische Regierung wusste, dass ihre Zentralbank nicht pleitegehen kann. Sie wusste es und Mosler kaufte italienische Staatsanleihen.

50. **Kelton 2021 (09.06.).**
51. Eine Inflation hätte das nicht zur Folge, denn die Halter von Staatsanleihen sind vor allem Banken, die dafür Zentralbankgeld bekommen, das nicht nachfragewirksam wird. Dass Private aufhören würden zu sparen, nur weil sie es nicht mehr in Form von Staatsanleihen tun könnten, darf bezweifelt werden. Siehe **Kelton 2020, S. 92 f.**
52. **Mosler 2017, S. 26.**
53. **Vogt 2022**: »Argentinien ist der mit Abstand größte Schuldner des IWF. 2018 gewährte der Fonds der damaligen liberalkonservativen Regierung von Präsident Mauricio Macri einen Kredit in Höhe von 57 Milliarden Dollar, von denen 44 Milliarden ausgezahlt wurden. Bisher hat Argentinien rund 5,2 Milliarden US-Dollar an Kapital und Zinsen getilgt. In diesem Jahr werden rund 19 Milliarden Dollar fällig, 2023 weitere 20 Milliarden und 2024 nochmals 5 Milliarden Dollar. Konsens ist, dass diese Summen nicht getilgt werden können. ›Der Fonds selbst hat erklärt, es sei unverständlich, wie ein solcher Kredit mit solchen Bedingungen überhaupt vergeben werden konnte‹, so Präsident Alberto Fernández.«
54. Die Ausgangsbedingungen Argentiniens waren eigentlich gut. Nach dem Zweiten Weltkrieg war die argentinische Währung hinter Dollar und Pfund die drittstärkste weltweit. In den 1950er Jahren waren die Argentinier:innen noch reicher als die Deutschen. Siehe **Pieper 2021.**
55. Kelton beschreibt, wie die internationalen Institutionen nach dem Ende des Bretton-Woods-Systems auf die neoliberalen Dogmen umgestellt wurden. **Kelton 2021, S. 190 f**
56. **Chang 2010, S. 92 ff.**
57. Fremdwährungsschulden können auch entstehen, wenn sich die Haushalte und Unternehmen in ausländischer Währung verschulden. Wenn dann der Staat die überschuldeten Privaten rettet, sitzt er selbst auf der Auslandsschuld. Dies ist zum Beispiel in Ungarn passiert. Nach der Wende wurden den Ungar:innen Kredite in Dollar, Franken und Euro zu sehr günstigen Bedingungen angeboten. Aber dann änderten sich die Währungskurse und auf einmal wurden die Zinsen sehr teuer. Ein Teil des Erfolgs von Victor Orbán beruht auf dem eingehaltenen Wahlversprechen, die Fremdwährungsschulden in die staatliche Bilanz zu übernehmen. Siehe **Ther 2016, S. 244, 246 f.**
58. Das trifft zumindest auf normale Länder zu. Ein Land wie die USA, das die Leitwährung besitzt, kann immer in der eigenen Währung zahlen, da die ganze Welt gegen Dollar verkauft, die sie aufgrund deren Status als Reservewährung haben will.
59. Nur unter den Bedingungen eigener, geschützter Binnenmärkte ist allen heutigen Industrieländern der Aufstieg gelungen. Siehe **Chang 2003, S. 3 ff.**
60. **Flassbeck; Steinhardt 2018, S. 21.**
61. **Kelton 2021, S. 199 f.**
62. Hilfreich wäre es bereits, vom heutigen neoliberalen Regelwerk der Welthandelsorganisation WTO zurückzukehren zu den Vorgängerregeln von GATT, die den Schutz sich entwickelnder Ökonomien nach dem Prinzip der Meistbegünstigung erlaubten. Siehe **Novy; Bärnthaler; Heimerl 2020, S.101 f.**
63. **Kelton 2021, S. 190.**

64. **Hinsch; Langthaler 2016, S. 41.**
65. **Kelton 2021, S. 182 ff**
66. Zur relativen Währungssouveränität in einer globalisierten, interdependenten Welt siehe auch **Flassbeck; Steinhardt, 2018, S.37 f.**

IV. Die Eurozone hat sich selbst kastriert

1. **Godley 1992:** »The Maastricht Treaty [...] is a crude and extreme version of the view [...] that governments are unable, and therefore should not try, to achieve any of the traditional goals of economic policy, such as growth and full employment. All that can legitimately be done, according to this view, is to control the money supply and balance the budget.« Entsprechend bestand die Delors-Kommission, die den Vertrag erarbeiteten auch vor allem aus Bankern.
2. Ab 2015 betrieb die EZB diese sogenannte Quantitative Lockerung, um den Regierungen über die Banken möglichst unkompliziert Geld für die Staatsanleihen, also die Staatsverschuldung, zukommen zu lassen. Siehe **Ehnts 2020, S. 240 f.**
3. **Vogel 2020, S. 5 ff.**
4. **Godley 1992:** »[...] if all these functions are renounced by individual governments they simply have to be taken on by some other authority [...] a system of institutions which fulfils all those functions at a Community level which are at present exercised by the central governments of individual member countries.«
5. Dieses Problem zeigte sich sofort in den Anfangsjahren des Euros. Es kam zu einer Überhitzung und zu Kreditblasen in Staaten wie Spanien und Irland. Deutschland erlebte hingegen eine schwierige Phase. Die EZB hatte nur einen Zinssatz für die gesamte Eurozone und zog es vor, nur die gemittelte Inflation zu betrachten und untätig zu bleiben. Da auch die Bankenaufsicht auf der nationalen Ebene geblieben war, pumpten sich die Blasen in Irland und Spanien bis 2008 weiter auf. Siehe **Ehnts 2020, S. 204 f.**
6. **Godley 1992:** »Another important role which any central government must perform is to put a safety net under the livelihood of component regions which are in distress for structural reasons [...] At present [...] if one region suffers an unusual degree of structural decline, the fiscal system automatically generates net transfers in favour of it.«
7. **Bibow; Flassbeck 2018, S. 214 f.**
8. **Abelshauser 2011, S. 447 ff.**
9. **Herrmann 2019, S. 194.**
10. **Godley 1992:** »If a country or region has no power to devalue, and if it is not the beneficiary of a system of fiscal equalisation, then there is nothing to stop it suffering a process of cumulative and terminal decline leading, in the end, to emigration as the only alternative to poverty or starvation.«
11. Die Länder hatten unterschiedliche Gründe dem Euro beizutreten. Vor allem aber war die wirtschaftliche Verflechtung so intensiv, dass es ohnehin einer hohen Abstimmung der Währungskursen und Leitzinsen bedurfte. Die Franzosen sahen nach der deutschen Wiedervereinigung die tiefere Integration als die einzige Chance, nicht von Deutschland und seiner Bundesbank dominiert zu werden, deren Zinssetzung sich auf alle europäischen Zentralbanken auswirkte. Sie hofften bei einer gemeinsamen Zentralbank mehr Einfluss auf die Geldpolitik zu haben. Siehe **Bibow; Flassbeck 2018, S. 164.**

12. Währungsschwankungen waren für die Exportindustrien ein Problem, die Zinsen für die Kapitalflüsse. Seit dem Auseinanderbrechen des Bretton-Woods-Systems hatten die Europäer:innen daher immer wieder versucht, neue Währungssystemen zu entwickeln. Siehe dazu ausführlich **Mitchell 63 ff.**
13. https://ec.europa.eu/commission/presscorner/detail/de/MEMO_11_898 (zuletzt abgerufen: 11.02.2023).
14. Die Drei-Prozent-Regel ist ebenso wie die 60-Prozent-Grenze völlig willkürlich und war wohl der Tatsache geschuldet, dass Deutsche und Franzosen zur Zeit der Beschlüsse Defizite in dieser Höhe hatten. Siehe **Mitchell 2017, S. 174.**
15. **Piketty 2015, S. 87.**
16. Griechenland wurde von der sogenannten Troika (aus Europäischer Kommission, EZB und IWF) ein teilweiser Schuldenschnitt sowie eine Umschuldung verordnet. Nicht-staatliche Halter:innen von Staatsanleihen mussten auf über 50 Prozent ihrer Forderungen gegenüber Griechenland verzichten. Dafür bekam Griechenland Kredite über den Euro-Rettungsschirm, um die verbleibenden Forderungen seiner Gläubiger:innen – vor allem französischen und deutschen Banken – bezahlen zu können. In Griechenland selbst blieb von diesen Krediten kaum etwas hängen. Stattdessen bekam der griechische Staat ein strenges Sparprogramm auferlegt. **Hinsch; Langthaler, 2016, S. 163 ff.**
17. Zu den extremen Sparmaßnahmen, den optimistischen Prognosen des IWFs und den tatsächlich verheerenden Wirkungen, siehe **Mitchell 2017, S. 344 ff.**
18. Der Spread führt also de facto zu Transfers der ärmeren an die reicheren Euro-Staaten. Siehe **Bofinger 2012, S. 127.**
19. **Ehnts 2020, S. 240 f.**
20. In den USA führt die Fed jeden Überweisungsauftrag der Regierung aus, indem sie das Konto der jeweiligen Empfängerbank erhöht, die wiederum dem endgültigen Empfänger Giralgeld gutschreibt. Staatsanleihen werden, wenn nötig, unabhängig davon begeben. Im EZB-System nehmen die jeweiligen Länder-Zentralbanken Überweisungen für ihre Regierungen vor, aber nur unter der Bedingung, dass das Regierungskonto durch Staatsanleihen oder Steuereinnahmen am selben Tag ausgeglichen wird. Allerdings handelt es sich sowohl bei den Staatsanleihen-Einnahmen wie auch bei den Steuereinnahmen um Zentralbankgeld, das ursprünglich in der staatlichen EZB-Bilanz entstanden ist und dann in einen Kreisverkehr geschickt wurde, um – mit Hindernissen – dann wieder bei der Regierung einzutreffen. Siehe **Ehnts 2021 (02.07.).**
21. **Bibow; Flassbeck 2018 , S. 54 ff.**
22. **Busch 2019, S. 19** sowie **Herrmann 2013, S. 229 f.**
23. Als sich die andere Länder von der Finanzkrise wieder erholten, stieg die Staatsverschuldung Italiens insbesondere 2012 und 2013 wieder steil in die Höhe und ließ die Staatsschuldenquote um weitere 15 Prozentpunkte wachsen – trotz Haushaltsüberschüssen.
24. **Piketty 2015, S. 134, 138 f.**
25. Auch zum Ende der Ära Berlusconi 2012 waren die Italiener:innen mehr Zuschauer als Akteure. Der unhaltbare Spread hatte ihn aus dem Amt gefegt. Die EZB war erst bereit, diesen zu schließen, nachdem Berlusconi durch die »technische« Regierung Monti ersetzt worden war. Ein weiteres Mal konnte man sehen, wie sehr das Euro-Regime mit demokratischen Prinzipien kollidierte. Siehe **Krastev 2017, S. 81.**

26. In der Originalformulierung: »Within our mandate, the ECB is ready to do whatever it takes to preserve the euro. And believe me, it will be enough.«
27. Im Jahr 2014 erreichte die italienische Staatsschuld ein Plateau von um die 135 Prozent – bis zum Ausbruch der Corona-Pandemie.
28. Das italienische Bruttoinlandsprodukt war bis zur Finanzkrise noch leicht gewachsen und dann ab 2008 in Wellen immer weiter abgestürzt. »In realer Rechnung lag es im Jahr 2018 um gut 4 Prozent unter dem Wert von 2007. Je Einwohner gerechnet lag das reale BIP Ende 2018 sogar noch unter dem Wert von 2000«, so Berthold **Busch 2019, S. 12.**
29. Sogenannte Skaleneffekte bedeuten: Wer mehr produziert, produziert billiger und gewinnt im Wettbewerb. Dies führt mit der Zeit zu Konzentrationsprozessen, die sich immer weiter verstärken.
30. Die Spekulation mit Währungen hat in den letzten Jahrzehnten ein besorgniserregendes Ausmaß angenommen. **Ehnts 2020, S. 213:** »Der Umsatz eines Tages an den globalen Devisenmärkten entspricht in etwa dem Welthandelsumsatz eines gesamten Jahres.« Weiter auf **S. 184:** »Die Spekulation kann die Kurse auch für eine längere Zeit in eine falsche Richtung treiben, weswegen Regulierung dringend nottäte. Trotz dieser Verzerrungen reagieren die Wechselkurse aber zumindest grundsätzlich und längerfristig auf größere Veränderungen in Inflation/Lohnkostenerwartung und soweit sie das tun, helfen freie Wechselkurse die Wettbewerbsfähigkeit von Ländern zu schützen und zu erhalten und einen Wettbewerb über niedrige Löhne zu verhindern. In festen Wechselkursregimen wird es dagegen zu unausgeglichenen Handelsbilanzen kommen, was irgendwann ebenfalls eine Abwertung bzw. Aufwertung zur Folge haben wird.«
31. **Flassbeck; Steinhardt 2018, S. 288 f.**
32. **Bibow; Flassbeck 2018, S. 22:** »Die eigentliche Ursache der Eurokrise – das ist inzwischen in der internationalen Literatur und Kommentierung kaum noch bestrittenen – war die Politik der ›Lohnzurückhaltung‹ in Deutschland. Deutschland hat damit gegen die fundamentalste Regel verstoßen, nämlich die Notwendigkeit, sich mit der Lohnpolitik an das gemeinsame beschlossene Inflationsziel anzupassen [...].«
33. **Bofinger 2012, S. 63.**
34. Siehe zum Beispiel **Sinn 2006.**
35. Es ist nicht richtig, dass die Lohnentwicklung nicht von der Politik beeinflusst wird, vielmehr hat die deutsche Politik die Lohnmoderation aktiv und erfolgreich betrieben. Siehe **Bofinger 2012, S. 64 ff.**
36. **Statistisches Bundesamt**, Reallöhne und Nettoverdienste, www.bpb.de/politik/innenpolitik/arbeitsmarktpolitik/322503/lohnentwicklung-in-deutschland-und-europa (zuletzt abgerufen: 09.02.2023).
37. Siehe Grafik **Bibow; Flassbeck 2018, S. 35.**
38. Die EZB schenkte dem Phänomen keine Beachtung, da sie nur die Inflationsrate der gesamten Eurozone beobachtete. Siehe **Bofinger 2012, S. 58.**
39. **Bofinger 2012, S. 63.**
40. **Bofinger 2012, S. 44, S. 66.**
41. **Bibow; Flassbeck 2018, S. 111 f.**
42. Nach einem Gutachten von **Schularick; Hünnekes; Trebesch** liegt die Rendite deutscher Auslandsvermögen deutlich niedriger als die anderer Länder. Seit 1975 betragen die jährlichen Erträge im Durchschnitt etwa 5 Prozentpunkte weniger

als die der Vereinigten Staaten und fast 3 Prozentpunkte weniger als die anderer europäischer Länder.

43. Nach der Finanzkrise gab es einen kurzen Moment der keynesianischen Konjunkturpolitik, aber schon kurz darauf wurde der Stabilitäts- und Wachstumspakt verschärft. **Bibow; Flassbeck 2018, S. 20:** »Deutschland hatte sich selbst [...] 2009 eine Schuldenbremse verpasst [...] Europartner sollten sich ähnlichen Selbstverpflichtungen [...] ergeben. Das gemeinsame Fiskalregelwerk wurde so gestrafft und die Strafverhängung bei Nichteinhaltung fast automatisiert.«
44. **Bali 2022.**
45. https://www.nzz.ch/international/italiens-haefen-einfallstor-chinas-in-europa-ld.1467501 (zuletzt abgerufen: 11.02.2022).
46. Die Länder der Eurozone, die G20-Staaten und insbesondere die USA – egal unter welcher Regierung – kritisieren Deutschland bereits seit Jahrzehnten wegen seiner Überschüsse und haben auch schon mit Gegenmaßnahmen gedroht. Siehe **Bibow; Flassbeck 2018, S. 136.**
47. **Bibow; Flassbeck 2018, S. 124:** »Aus Sicht der Theorie des internationalen Handels besteht der Sinn und Zweck von Exporten darin, einer Volkswirtschaft den Bezug von Import zu ermöglichen. [...] Warum aber verkauft Deutschland im Ausland beständig mehr, als es dort selber einkauft?«
48. **Novy; Bärnthaler; Heimerl 2020, S. 101–104.**
49. **Flassbeck; Steinhardt 2018, S. 32 ff.**
50. »Der Regierungschef Donald Tusk strebte die Einführung des Euros zu Beginn des Jahres 2012 an. [...] 2017 teilte das Finanzministerium mit, dass man eine Einführung des Euro in näherer Zukunft nicht plant.« https://euro-anwaerter.de/staaten/polen/ »Ursprünglich für 2008 geplant, verschob Tschechien die Euro-Einführung erst auf 2010, dann auf 2012. [...] Im Jahr 2018 teilte die aktuelle Regierung mit, dass sie gegen eine Einführung des Euro sei und die aktuelle Währung vorteilhafter als der Euro sei.« https://euro-anwaerter.de/staaten/tschechien/ (zuletzt abgerufen: 09.02.2023).
51. Siehe zum Vergleich Grafik bei **Stiglitz, S. 100.**
52. **Bibow; Flassbeck 2018, S. 121.**
53. statista.com sowie https://de.statista.com/statistik/daten/studie/74795/umfrage/jugendarbeitslosigkeit-in-europa/ (zuletzt abgerufen: 05.02.2023). Busch 2019, S. 16 über das schlimmste Jahr in Italien: „In der Spitze erreichte die Jugendarbeitslosigkeit einen Wert von über 43 Prozent im ersten Quartal 2014.«
54. **Ehnts 2020, S. 194.**
55. **Ehnts 2020, S. 223.**
56. **Krastev 2017, S. 78.**
57. **Stiglitz 2015, S. 90.**
58. Bei einer Umfrage von 2012, auf dem Höhepunkt der Eurokrise, glaubte nur ein Drittel der Europäer:innen, dass ihre Stimme auf EU-Ebene zähle. Und kümmerliche 18 Prozent der Italiener:innen und 15 Prozent der Griech:innen glaubten, dass ihre Stimme im eigenen Land Gewicht habe. Siehe **Krastev 2017, S. 75.**
59. Im Rahmen des sogenannten Pandemic Emergency Purchase Program (PEPP) kauft die EZB zusätzliche Staatsanleihen im Umfang von maximal 1850 Milliarden Euro, um günstige Finanzierungsbedingungen während der Pandemie aufrechtzuerhalten.
60. Der Europäische Stabilitätsmechanismus (ESM) ist ein Instrument des sogenannten Euro-Rettungsschirms und soll Eurostaaten in Not helfen – allerdings

gegen strenge Sparauflagen und unter Verlust politischer Souveränität. In der Corona-Pandemie sollte dieser Pferdefuß zwar entfallen, aber für Italien war das Instrument allein aufgrund seiner Geschichte als »fiskalpolitisches Folterwerkzeug« unzumutbar. Außerdem werden alle Hilfen des ESM als reine Kredite vergeben, müssen also im Gegensatz zu Staatsschulden in eigener Währung zurückgezahlt werden und belasten damit in der Zukunft die wirtschaftliche Erholung.

61. Zwar sind EU und Eurozone nicht identisch. Aber alle Staaten der Eurozone sind in der EU. Außerdem sind auch alle EU-Staaten Teil der Europäische Wirtschafts- und Währungsunion (EWU), die eine Währungskoordinierung im Hinblick auf eine gemeinsame Währung anstrebt und koordiniert.
62. **Ehnts 2022 (08.12.)**
63. Zu den Trickereien mittels eines Nachtragshaushalts Defizite, die unter die Corona-Ausnahmeregelung fallen, in die Zukunft zu verschieben, der Artikel »Lindner verteidigt Schuldentrick« in der *taz* vom 16.12.2021.
64. Autoren wie Thomas Piketty entwickelten bereits während der Eurokrise praktische Ideen für ein Eurozonen-Finanzministerium samt demokratischer Legitimation. Siehe **Piketty 2015, S. 104f., 122f., 127** sowie **Piketty 2017**. Auch der französische Präsident Emmanuel Macron warb direkt nach seinem Amtsantritt für ein Eurozonen-Finanzministerium, stieß damit aber in Deutschland auf Granit.
65. Schon der EU-Verfassungsvertrag scheiterte 2005 an Referenden in Frankreich und den Niederlanden. Der Lissabon-Vertrag, der nur alte Verträge abänderte, konnte nur gegen einigen Widerstand und mit Verzögerung in Kraft treten. Seither hat sich die Stimmung in Europa noch einmal stark verschlechtert.
66. Siehe hierzu zum Beispiel die goldene Regel, die alle öffentlichen Investitionen ermöglichen will, die zu Wachstum führen und von denen zukünftige Generationen profitieren werden, etwa bei **Truger 2015**.
67. Die Aufwertung ergibt sich aus der um 30 Prozent gewachsenen Wirtschaftskraft Deutschlands, die sich nie im Euro niedergeschlagen hat.
68. **Herrmann 2019, S. 201.**
69. **Ehnts 2020, S. 131.**
70. Stephan Schulmeister zum Beispiel **Herrmann 2019, S. 246.**
71. **Mitchell 2017, S. 543f.**
72. Während der Corona-Krise, im Streit um die Finanzierung der Krisenhilfe, machen der französische Präsident Macron und der italienische Ministerpräsident Conte gemeinsam Druck und unterstreichen, dass die fehlende Solidarität Europas und das Festhalten an den Verschuldungsgrenzen irreversible Konsequenzen für das europäische Projekt und den Euro haben würde. Siehe **Picheta 2020.**
73. **Habermas 2011, S. 115f.**
74. **Habermas 2011, S. 112.**

V. Inflation – wie gefährlich ist sie und was hilft?

1. Zur Inflationsrate: statista, https://de.statista.com/statistik/daten/studie/4917/umfrage/inflationsrate-in-deutschland-seit-1948/ (zuletzt abgerufen: 09.02.2023).
2. Im Jahr 1951, zur Zeit des Koreakriegs, 7,6 Prozent, dann 1973, dem deutschen Höhepunkt des globalen Inflationsjahrzehnts, 7,1 Prozent.
3. Nur die Immobilienpreise fließen über die Zeit durch die steigenden Mieten in die realwirtschaftliche Inflation ein.

4. Die EZB legt bei der Bewertung der Inflation den sogenannten harmonisierten Verbraucherpreisindex HVPI zugrunde, der von Eurostat ermittelt wird und die Vergleichbarkeit der Inflationsraten im Euroraum sicherstellen soll.
5. Wenn Angebot und Nachfrage gleichzeitig sinken oder wenn nur die Nachfrage sinkt, dann wird es dagegen zu sinkenden Preisen, also zu Deflation, kommen.
6. Milton Friedman wurde zum Vorkämpfer gegen den herrschenden Keynesianismus. Er stützte sich auf die neoklassische Wirtschaftstheorien aus der Zeit vor 1929, aus der auch die Vorstellung der Neutralität des Geldes stammt, und führte Konzepte wie die Inflationserwartung und die NAIRU ein, die in die Zeit zu passen schienen. Siehe **Skidelsky 2010, S. 162ff.**
7. Für eine ausführliche historische Herleitung der neoklassischen Neutralitätsvorstellung des Geldes, siehe **Binswanger 2015, S. 155ff.**
8. Mehr über die eigenartige Welt der neoklassischen Gleichgewichtswelt bei **Galbraith 2016, S. 95**, auch **Novy; Bärnthaler; Heimerl 2020, S.46ff.** und **Skidelsky 2010, S. 127ff.**
9. Paul Volcker war der letzte Zentralbankpräsident, der sich an der direkten Kontrolle der Geldmenge versuchte. Nach einem längeren Zeitraum von Handlungen, die lediglich demonstrierten, was die meisten Zentralbanker schon lange wussten – eine Kontrolle über die Geldmenge ist unmöglich –, gab Volcker diese Anstrengungen auf. Siehe **Mosler 2017, S.3.**
10. Nicht zuletzt die schwierige Einordnung der riesigen Menge der Derivate, bewog die Fed M3 fallen zu lassen. Siehe **Ehnts 2020, S. 73.**
11. Mark **Schieritz 2013, S. 39** liefert folgendes praktische Beispiel für die Volatilität von M3 und die dementsprechend geringe Aussagekraft für die Geldwertstabilität: In Europa wuchs die Giralgeldmenge im Jahr 2001 erheblich – für Monetaristen ein Zeichen von Inflationsgefahr. Tatsächlich hatten aber nur Anleger:innen nach dem Angriff auf die New Yorker Twin Towers aus Schreck ihre Portfolios umgeschichtet und ihre risikoreicheren Investments gegen sichere kurzfristige Anlageformen umgetauscht, die der Geldmenge zugerechnet werden. Als sich die Stimmung wieder beruhigte, floss das Geld in andere Vermögensanlagen. Beide Bewegungen hatten dementsprechend keinen Einfluss auf die Inflation.
12. **Schieritz 2013, S. 45.**
13. Ausführliche Widerlegung des Geldschöpfungsmultiplikators: **Wray, S. 165**
14. Deswegen hatten neoklassische Ökonom:innen nach der Finanzkrise 2008 eine Inflation befürchtet, als die Zentralbanken die Banken mit großen Mengen an Zentralbankgeld geflutet haben – die aber ausblieb, weil der Geldschöpfungsmultiplikator mit der Realität nichts zu tun hat.
15. Tatsächlich gibt es dafür zur Not sogar immer den Übernachtkredit der Zentralbanken, eine Art Dispokredit für Banken, über den sie sich noch eine halbe Stunde nach EZB-Feierabend Zentralbankgeld ziehen können. Allein daran sieht man: Die Zentralbank kann die Zentralbankgeldmenge nicht kontrollieren. Siehe **Ehnts 2020, S. 95.**
16. Tatsächlich muss die Zentralbank bei Vorliegen der entsprechenden Sicherheiten den Banken das Zentralbankgeld geben. Jede willkürliche Ungleichbehandlung ist untersagt, denn sie würde zu Wettbewerbsverzerrung führen. Siehe **Ehnts 2020, S. 75.**
17. Deswegen heißt es auch: Nicht Reserven schaffen Einlagen, sondern umgekehrt »Einlagen schaffen Reserven«, etwa bei **Binswanger 2015, S. 53.**

18. Limitierende Faktoren sind die Kreditnachfrage sowie die Notwendigkeit der Banken, die Geldschöpfung im Gleichschritt auszuweiten. Siehe **Bundesbank; Eurosystem 2017, S. 23.**
19. Der Monatsbericht der deutschen **Bundesbank 2017, S. 15–36** nimmt die völlig getrennte Entwicklung von Zentralbankgeldmenge und der Geldmenge M3 zum Anlass, die Bankengeldschöpfung zu erklären und explizit der Vorstellung des Geldschöpfungsmultiplikators und seiner Verkehrung von Reihenfolge und Kausalität zu widersprechen. Ebenso die **Bank of England 2014.**
20. Siehe zum Beispiel die Grafik auf Seite 16 der Bundesbankpublikation: https://www.bundesbank.de/resource/blob/614448/c0acb63e33120467bbb3615c63dc7e1a/mL/2017-04-geldschoepfungsprozess-data.pdf
21. Da die Zentralbank die Giralgeldmenge nicht direkt erhöhen kann, hat sie im äußersten Notfall noch ein weiteres schlechtes Werkzeug. 2016 sank in der Eurozone die Inflationsrate gegen null. Eine Deflation drohte, aber die Regierungen konnten oder wollten kein Geld schöpfen, obwohl die EZB insbesondere Deutschland dazu aufforderte. Und so versuchte sie schließlich Geld in den Giralgeldkreislauf zu schleusen, indem sie Wertpapiere und Firmenanleihen von Privaten zukaufte. In diesem Fall entsteht tatsächlich neues Giralgeld. Allerdings muss bezweifelt werden, dass Wertpapierverkäufe sich in realwirtschaftliche Nachfrage umsetzen. Viel wahrscheinlicher ist, dass Anleger nur ihr Portfolio umschichten und andere Wertpapiere kaufen. Dann wäre nicht nur keine zusätzliche realwirtschaftliche Nachfrage entstanden, man hätte zudem noch einen unerwünschten Umverteilungseffekt zugunsten der Anleger. Beim Kauf von neu ausgegebenen Unternehmensanleihen entsteht zwar zusätzliches Geld und auch realwirtschaftliche Nachfrage. Allerdings ist der Markt für in Frage kommende Anleihen begrenzt, viel Geld lässt sich so also nicht schaffen, gleichzeitig wird aber der Wettbewerb unter den Unternehmen durch die Auswahl verzerrt, zum Nachteil kleiner Unternehmen.
22. So hat die EZB Anfang der 2000er Jahre auch die durch Bankkredite erzeugten Immobilien-Blasen und die steigende Inflation in Ländern wie Spanien und Irland nicht beachtet. Siehe **Ehnts 2020, S. 204f.**
23. **Plumpe 2017, S. 77.** Ausführlich zum monetären Auseinanderdriften Europas außerdem **Teupe 2022, S. 82ff.**
24. **Blaich 1994, S. 51.**
25. **Plumpe 2017, S. 75.**
26. **Teupe 2022, S. 242.**
27. Die Historiker:innen sind sich über die Frage der Arbeitslosigkeit in den Inflationsjahren vor 2023 nicht einig, zumal es darauf ankommt, welcher Zeitraum betrachtet wird. **Teupe 2022, S. 200f.** dazu: »Die These einer flächendeckenden Vollbeschäftigung ist […] nicht haltbar. Die offiziellen Arbeitslosenzahlen erfassten einen großen Teil gar nicht. […] Dennoch hatte die Inflation insgesamt positive Auswirkungen auf den Arbeitsmarkt, was für die Anpassung der Löhne auch bitter nötig war.«
28. **Teupe 2022, S. 201f.**
29. Es ist schwer, für diese Jahre auseinanderzuhalten, welche Härten der Inflation und welche den Kriegsschäden geschuldet waren. **Teupe 2022, S. 205:** »Man kann den geringen Lebensstandard der deutschen Bevölkerung in den frühen 1920er Jahren sogar mit guten Gründen auf die defizitäre Landwirtschaft zurück-

führen, die durch den Mangel an Kunstdünger und Arbeitskräften hinter der Vorkriegsproduktion weit zurückblieb.«

30. **Holtfrerich 1980, S. 328.**
31. Die Franzosen wiederum hatten das Rheinland besetzt, weil Deutschland mit den Reparationen, die im Versailler Vertrag beschlossen worden waren, im Verzug war.
32. **Taylor, S. 282.**
33. Auf dem Höhepunkt der wollten die Landwirte ihre Produkte nicht mehr gegen Geld abgeben. **Taylor, S. 273.**
34. Zur Angleichung der Lohngruppen: **Teupe 2022, S. 202.** Das Fazit des Wirtschaftshistorikers Carl-Ludwig **Holtfrerich 1980, S. 330** lautet: »Nicht die mittleren oder kleineren Einkommen und Vermögen waren durch die Inflation vernichtet worden, sondern die ganz großen. Auch die Differenzierung der Einkommen untereinander wurde geringer, so daß die Inflation der Nachkriegsjahre als Prozeß angesehen werden muss, der eine stärkere Gleichverteilung der Einkommen und Vermögen [...] tendenziell förderte.«
35. Der Historiker Hans-Ulrich Wehler, zitiert nach **Schieritz 2013, S. 92**, erwägt, dass die Inflation in der kollektiven Erinnerung eine so große Rolle spielt, weil »die Meinungsmacher in Redaktionen und Universitäten« dem Bürgertum entstammten, und damit der kleinen, aber meinungsstarken Gruppe, die tatsächlich viel verloren hatte. Ebenso **Taylor 2013, S. 348.**
36. Historiker:innen haben dennoch immer wieder den weiten Bogen von der Inflationskrise der frühen 1920er und der Entstehung der nationalsozialistischen Bewegung zu Hitlers Aufstieg Anfang der 1930er Jahre geschlagen. Es spricht jedoch wenig für einen Kausalzusammenhang und noch weniger dafür den direkten Zusammenhang mit der deflationären Weltwirtschaftskrise zu leugnen. Siehe hierzu **Teupe 2022, S. 264.**
37. **Schieritz 2013, S. 13f.**
38. **Herrmann 2022 (25.3.)**
39. https://www.srf.ch/news/wirtschaft/inflationsrate-bei-55-prozent-was-zurzeit-in-argentinien-passiert (zuletzt abgerufen: 05.02.2023).
40. **Vogt 2022.**
41. https://de.statista.com/statistik/daten/studie/988114/umfrage/monatliche-infla tionsrate-in-argentinien/ zuletzt abgerufen: 05.02.2023).
42. Auch Venezuela, das nur Öl exportiert und alles andere importieren muss, hat Auslandskredite aufgenommen, als der Ölpreis einbrach und es seine Importe nicht mehr finanzieren konnte.
43. https://de.statista.com/statistik/daten/studie/1045/umfrage/inflationsrate-in-deutschland-veraenderung-des-verbraucherpreisindexes-zum-vorjahresmonat/ (zuletzt abgerufen: 11.02.2023).
44. Dass die Löhne in Deutschland in diesen Jahren endlich stiegen, war etwas, worauf die EZB seit langem hingearbeitet hatte.
45. Das neue Ziel der EZB ist nun ein »symmetrisches mittelfristiges Inflationsziel von zwei Prozent«. Dieses Beispiel zeigt, wie die EZB im Notfall ihren Handlungsspielraum erweitern und sich von ihrem engen Mandat emanzipieren kann.
46. https://www.fspiecker.de/2023/02/03/die-zinserhoehung-durch-die-ezb-ist-eine-grandiose-fehlentscheidung/#more-1810 (zuletzt abgerufen: 05.02.2023).
47. **Flassbeck; Spieker; Heidegger 2022, S. 112f.**

48. Im Juni 1973 lag die Inflationsrate bereits bei 7,8 Prozent. Nur im Dezember sie mit 7,9 Prozent noch einmal minimal höher. Siehe https://www.inflation.eu/de/inflationsraten/deutschland/historische-inflation/vpi-inflation-deutschland.aspx
49. Nach einer ersten kleineren Rezession 1967 ließen sich die Gewerkschaften in die sogenannte konzertierte Aktion einbinden, verzichteten auf höhere Löhne, gegen das Versprechen an der nächsten Wachstumsphase anteilig beteiligt zu werden. Siehe **Abelshauser 2011, S. 375 ff.**
50. **Herrmann 2019, S.162 f.**
51. Keynes' Befürchtung, dass das Bretton-Woods-System den zunehmenden Handelsungleichgewichten nichts entgegenzusetzen haben würde, sollte sich bewahrheiten. Er selbst war mit seinem Gegenvorschlag 1944 nicht durchgedrungen. In seinem immer noch hochaktuellen Konzept wäre nicht der Dollar die Leitwährung gewesen, sondern der sogenannte *Bancor*, eine reine Rechenwährung für den Außenhandel. Gleichzeitig hätte dieses System Länder bei Exportüberschüssen wie auch bei Importüberschüssen bestraft und so Handelsungleichgewichten entgegengewirkt. Siehe **Herrmann 2016, S. 202 f.**
52. Die Mark wertete gegenüber dem Dollar und anderen Währungen stetig auf. Einerseits verteuerten sich dadurch deutsche Exportprodukte im Ausland. Andererseits waren die Preissteigerungen beim Öl für Deutschland dadurch kleiner, weil Öl im nun billigeren Dollar gehandelt wurde.
53. https://www.thebalancemoney.com/u-s-inflation-rate-history-by-year-and-forecast-3306093
54. Deutsche Importeure kostete das Öl 1979 15-mal so viel wie noch 1971. Siehe **Abelshauser 2011, S. 401.**
55. https://www.finomgroup.com/history-of-fed-fund-rates-gdp-and-inflation/
56. **Costafreda; Galbraith 1977, S. 9.**
57. In den USA versuchten die Regierungen Kennedy und Johnson erfolgreich, die Tarifpartner mit einer nicht verbindlichen Lohn-Preis-Richtlinie zu Lohnabschlüssen entlang des Produktivitätswachstums zu bewegen, siehe **Davidson 2011, S. 108 f.** Kanzler Brandt hatte 1974 in Deutschland aufgrund der Inflation moderate Lohnabschlüsse zur Chefsache gemacht, konnte sich aber gegen die Gewerkschaften nicht durchsetzen, so dass er bereits stark geschwächt von der Guillaume-Affäre getroffen wurde, die ihn dann endgültig aufgeben ließ. Siehe **Herrmann 2019, S. 164.**
58. **Abelshauser 2011, S. 394.**
59. Der keynesianische Ökonom Sydney Weintraub schlug vor, Unternehmen grundsätzlich für zu starke Lohnerhöhungen mit höherer Besteuerung zu bestrafen. Siehe **Davidson 2011, S.106 ff.**
60. Galbraith machte sich damals auch explizit Gedanken dazu, welche Steuern um welchen Prozentsatz zu erhöhen sind. Siehe sein Interview in **Huffschmid; Kade; Ipsen 1975, S. 44.**
61. **Chang, S. 185 f., 195 f.**
62. Zur Entwicklung der Ungleichheit anhand des Gini-Koeffizienten in den USA und Großbritannien, siehe **Atkinson 2016, S. 29, 31.**
63. **Herrmann 2013, S.197.**
64. **Chang 2010, S. 86 f.**
65. Von Mitte der 80er bis Mitte der 90er Jahre lag die Inflation gemittelt bei knapp

6 Prozent. Siehe https://www.rivaluta.it/datifileinflazionemediaitalia.asp (zuletzt abgerufen: 09.02.2023).

66. Es gibt sogar Beispiele von Ländern mit sehr hoher Inflation über lange Zeiträume, die damit nicht schlecht gefahren sind. So lag die Inflationsrate in Brasilien in den 1960er und 1970er Jahren bei durchschnittlich 42 Prozent und dennoch war die brasilianische Wirtschaft in diesem Zeitraum eine der am schnellsten wachsenden weltweit. Südkorea wuchs zeitgleich kräftig bei einer Inflationsrate von fast 20 Prozent. **Chang 2010, S. 83.**
67. Erik S. **Reinert 2014, S. 212f.** berichtet von seinen eigenen durchaus positiven Erfahrungen als Unternehmer in den Inflationsjahrzehnten in Italien und wie die damalige Situation Investitionen begünstigte.
68. **Reinert 2014, S. 214.**
69. **Reinert 2014, S. 213.**
70. https://de.statista.com/statistik/daten/studie/155734/umfrage/wohneigentumsquoten-in-europa/ (zuletzt abgerufen: 11.02.2023).
71. So wie die selbst die traumatische deutschen Hyperinflation der frühen 1920er Jahre die Ungleichheit in Deutschland verringert hat. Siehe **Teupe 2022, S. 202** und **Schieritz 2013, S. 91.**
72. **Herrmann 2019, S. 169.**
73. »Mitte der 1990er Jahre waren Verbraucherinnen und Verbraucher mit außergewöhnlich hohen Preissteigerungen von bis zu 5 % konfrontiert, als im Zuge der deutschen Wiedervereinigung die Wohnungsmieten in den neuen Bundesländern stark anzogen«, https://www.destatis.de/DE/Presse/Pressemitteilungen/2019/05/PD19_193_p001.html (zuletzt abgerufen: 09.02.2023).
74. **Herrmann 2019, S. 169f.**
75. **Herrmann 2019, S.138.**
76. In absoluten Zahlen hat Deutschland den größten Niedriglohnsektor Europas, relativ zur Bevölkerung den größten Westeuropas. Nur in den baltischen Staaten, Polen und Bulgarien arbeiten prozentual mehr Menschen zum Niedriglohn. https://www.destatis.de/Europa/DE/Thema/Bevoelkerung-Arbeit-Soziales/Arbeitsmarkt/Qualitaet-der-Arbeit/_dimension-2/niedriglohnquote.html (zuletzt abgerufen: 09.02.2023).
77. Der erste Bundeskanzler Konrad Adenauer fürchtete einen Staat im Staat. Aber zunächst hatten die Amerikaner die Regeln für die Bundesbank aufgesetzt und später waren die Deutschen bereits völlig unkritisch begeistert von ihrer neuen unabhängigen Zentralbank, sodass keine Regierung es mehr wagen wollte, an ihrem Statut etwas zu verändern. Siehe **Herrmann 2019, S. 160f.**
78. Tatsächlich gerierte sich die Bundesbank autokratisch und legte ihr einseitiges Mandat engstmöglich aus. Schon bei niedrigen bis mittleren Inflationsraten erzeugte sie Rezessionen sowie Arbeitslosigkeit und trug damit auch zum Sturz einiger Kanzler bei. Siehe **Herrmann 2019, S.139ff., 164, 168.**
79. In den deflationären Jahren nach 2015 forderte man wiederholt, die Zentralbanken sollten die Möglichkeit bekommen, direkt die Nachfrage zu erhöhen, indem sie sogenanntes Helikoptergeld verteilen, das sie allen Bürger:innen unterschiedslos auf ihr Konto überweisen sollte, wie mit der Gießkanne – oder eben: wie aus dem Helikopter geworfen. Andere forderten, die Zentralbank solle ihre Geldschöpfung zugunsten der ökologischen Transformation einsetzen und Anleihen von Firmen mit klimafreundlichen Geschäftsmodellen kaufen. Die Verfechter dieser Ideen verkennen, dass wir längst eine Sorte unbegrenzter staatli-

cher Geldschöpfung haben, um dieselben Ziele zu erreichen: die Geldschöpfung der Regierung durch Defizitausgaben. Die Entscheidung, wer Geld bekommen soll, wie viel und aus welchem Grund, bedarf maximaler demokratischen Legitimation. Und genau die haben Zentralbanken nicht, sondern nur gewählten Parlamente und Regierungen.

80. **Kelton 2020, S. 57.**
81. Negativzinsen für Unternehmen und Haushalte, die Kredite aufnehmen, sind schwer vorstellbar, denn in diesem Fall müsste die Zentralbank den Banken einen deutlichen Negativzins auf Kredite gewähren – sie würden ihnen also Geld schenken. Wenn bisher von Negativzinsen für die Banken die Rede war, dann handelt es sich um den negativen Einlagezinssatz, den Banken der Zentralbank zahlen müssen, wenn sie Geld auf dem Zentralbankkonto parken.
82. Außerdem sind selbst Zinseinnahmen potentiell zusätzliche Nachfrage.
83. **Davidson 2011, S.102f.**
84. Diese angeblich notwendige Arbeitslosenrate wird NAIRU (»Non-Accelerating Inflationary Rate of Unemployment«) genannt. Da die Theorie aber nicht sagen kann, wie stark man die Arbeitslosigkeit senken darf, ohne Inflation zu erzeugen, ist sie praktisch wertlos. Zudem ist sie gefährlich, denn die Fed gibt zu, dass sie in der Vergangenheit zu sehr gebremst und zu viel Arbeitslosigkeit in Kauf genommen hat. Siehe **Kelton 2020, S. 50f., 53.**
85. Für eine Abbildung der komplizierten, schwer belegbaren Wirkungsmechanismen des Leitzinses, siehe **Bundesbank 2017, S.31.**
86. **Ehnts 2022.**
87. Zitiert nach **Kelton 2021, S. 74.**
88. Mosler, Warren, 2019, Entweder wir glauben an die Demokratie oder nicht, Interview: Mark Schieritz, 21. Mai 2019, Zeit Online
89. Die für eine Volkswirtschaft passende Nachfrage soll allein durch eine optimale Justierung von Staatsausgaben und Besteuerung, Defiziten und Überschüssen sowie gegebenenfalls die Ausgabe von Staatsanleihen erreicht werden. Siehe **Lerner 1943, S. 297–310.**
90. Höhere Zinsen werden erst durch den Verkauf von Staatsanleihen ermöglicht, unterbleibt diese Intervention, sinkt der Zins gegen null. **Forstater; Mosler 2005, S. 538f.**
91. **Kelton 2021, S.190**
92. **Herrmann 2013, S. 135f.**
93. **Tcherneva 2020, S. 48.**

VI. Zukunftschancen und Wachstumsschmerzen

1. Hyman Minsky, zitiert nach **Wray, 2018, S. 192,** schrieb schon 1986: »Das Problem der Politik ist die Entwicklung einer Strategie für Vollbeschäftigung, die nicht zu Instabilität, Inflation und Arbeitslosigkeit führt. [...] Da nur die Regierung das Angebot von Beschäftigung von der Wirtschaftlichkeit der Einstellung von Arbeitnehmern trennen kann, muss die unendlich elastische Nachfrage nach Arbeitskräften durch die Regierung geschaffen werden.«
2. Siehe **Wray 2018,** insbesondere Kapitel 6, und **Tcherneva 2020.** Letztere hat ihrer Tochter das Buch mit folgenden Worten gewidmet: »May you live in a world that is green and just.«

3. **Tscherneva 2012, S. 3:** »The difference between the nonprofit JG model and conventional fiscal policies is that the former is a long-run program that has an explicit objective to deal with the problem of unemployment directly, rather than treating it as a byproduct of growth.«
4. **Wray, S. 205ff.**
5. Zum Einfluss der Löhne auf die Preise in Deutschland, siehe **Deutsche Bundesbank 2019, S. 25.**
6. **Wray 2009, S. 2:** »[...] Keynes [...] provided the clearest explanation for the problem: firms produce only the quantity of output they expect to sell and it would be highly unlikely that this would happen to coincide with full employment.« Ausführlich zur Frage, warum der Markt die Arbeitslosigkeit nicht beseitigt, siehe **Flassbeck; Spieker 2007, S. 209ff., 243ff.**
7. **Ehnts, S. 223:** »Wenn also der Staat durch seine Ausgaben zusätzliches Einkommen erzeugen kann, dann sollte in einem Geldsystem der Staat bzw. die Regierung die Verantwortung haben für die Arbeitslosigkeit.«
8. **Flassbeck; Spieker 2007, S. 42ff.**
9. Siehe zu einer ausführlichen Darstellung und einer ökonomischen Kritik verschiedener Grundeinkommens-Modelle **Flassbeck; Spiecker; Meinhardt; Vesper 2012, S. 36ff., 42ff.** Bei manchen BGE-Modellen sollen bewährte, mühsam erkämpfte Institutionen wie die progressive Einkommenssteuer, Gesundheits- sowie Sozialversicherungssysteme abgeschafft werden und durch regressive Konsumsteuern, Flat-Tax-Einkommenssteuern sowie Pro-Kopf-Beiträge ersetzt werden. Welche Version des Grundeinkommens sich am Ende durchsetzen wird, ist unklar. Vor allem aber setzen alle Modelle voraus, dass die allermeisten Menschen das Grundeinkommen nicht dazu nutzen, ihr Leben und Arbeiten grundsätzlich zu verändern. Nehmen zu viele Menschen das neue Recht wahr, bricht der bisherige Output an Waren und Dienstleistungen zusammen. Es ist keine gute Idee, ein ganzes Sozialsystem mit der Hoffnung umzukrempeln, dass die gesetzlich eingeräumten Ansprüche nicht wahrgenommen werden, weil andernfalls die volkswirtschaftliche Basis zur Finanzierung ebendieser Ansprüche wegbrechen.
10. **Flassbeck; Spiecker; Meinhardt; Vesper 2012, S. 42:** »Die Idee, durch das Grundeinkommen wären die Menschen derart motiviert, dass sie mit ihrer frei gewählten Tätigkeit gerade die Dinge produzieren, die gebraucht werden [...], beziehungsweise, dass sie genau das nachfragen, was andere herzustellen Lust verspüren ist eine Illusion.« Für die Schaffung von mehr Verteilungsgerechtigkeit und sozialer Sicherheit gibt es bereits im bisherigen System bessere und weniger riskante Konzepte, wie zum Beispiel die Erhöhung der Lohnquote in der Primärverteilung, in Kombination mit der Erhöhung von Mindestlöhnen und Grundsicherung, sowie Steueranpassungen. Tatsächlich beinhaltet das BGE das Risiko, dass benachteiligte Gruppen mit höherem Bedarf am Ende schlechter gestellt werden als heute, weil eine bedürfnisunabhängige Umverteilung zugunsten einer sehr viel größeren Gruppe vorgenommen werden soll. Siehe auch **S. 53.**
11. **Ehnts 2020, S. 247.**
12. Zur Implementierung der Jobgarantie in der Eurozone siehe **Ehnts; Paetz 2020, S. 19f.** sowie **Ehnts 2020, S. 244ff.**
13. **Tcherneva 2012, S. 5** von mir übersetzt. Im Original: »This is a bottom-up approach in the truest sense of the phrase—powered by communities, localities, and individuals themselves. The projects [...] is an approach that fits fiscal policy

to people, communities, and their needs, rather than a policy that tries to fit people and communities to a ›macroeconomic agenda‹. Communities, nonprofits, and the unemployed themselves will participate in designing, proposing, and executing the projects.«

14. **Tcherneva 2020, S. 92 ff.**
15. **Herrmann 2013, S. 34 ff.**
16. Siehe dazu ausführlich **Binswanger 2019, S. 50 ff.**
17. **Binswanger 2019, S. 58.**
18. **Galbraith 2016, S. 264:** »Wachstum ist in der Regel das, was einem Unternehmen Gewinn einbringt. Wenn es insgesamt keine Gewinne zu machen gibt, dann wird die Wirtschaft bestenfalls zu einem Nullsummenspiel, und das bedeutet, dass es eine kleine Zahl an Gewinnern geben wird, deren Erfolg auf Kosten der zahlreichen Verlierern gehen wird. In solch einer Welt herrschen die Räuber«. Vor allem vergibt keine normale Bank in so einer Welt noch Kredit.
19. Hans Christoph **Binswanger 2006, S. 370** hat sich früh und intensiv mit der Frage des dynamisch wachsenden Kapitalismus beschäftigt. Seine Modelle ergeben, dass das kapitalistische System bei einer Wachstumsrate von weltweit um die 1,8 Prozent noch stabil wäre, da die Investitionsketten und die Motivation für Unternehmen bei dieser Rate noch funktionieren würden.
20. Die aktive Rolle der Unternehmer beim Wachstum hat bereits Joseph **Schumpeter 1993, S. 124 ff.** in den Fokus gerückt.
21. Daher können neoklassische Autoren wie Robert Solow, zitiert nach **Binswanger 2019, S. 38**, so beruhigende Sätze schreiben wie: »Es gibt keinen Grund, weshalb der Kapitalismus nicht auch mit langsamen oder ganz ohne Wachstum überleben kann [...]. Es gibt keinen intrinsischen Grund, weshalb eine Wirtschaft nicht glücklich in einem stationären Zustand verharren sollte. [...] Wachstum ist stets freiwillig und stellt keinen Zwang dar.« Das ist die Art guter Nachrichten, nach denen wir alle gieren und das macht die neoklassischen Modelle auch für Teile der Ökologischen Ökonomik und andere Transformationswillige attraktiv.
22. Mathias **Binswanger 2019, S. 128 ff.** beschreibt ausführlich die verschiedenen Fehlannahmen und Auslassungen, die es erlauben stabile Modelle zu entwerfen, die ohne Wachstum auskommen – aber eben nicht die dynamische kapitalistische Realität abbilden.
23. **Binswanger 2019, S. 181.**
24. In einem Interview räumt Hans Christoph **Binswanger 2018** ein, dass auch sein errechnetes systemisch nötige Wachstum von 1,8 Prozent »zu hoch [ist], um die Grenzen der Natur nicht zu sprengen. Ein anhaltendes Wachstum von zwei Prozent bedeutet, das Sozialprodukt verdoppelt sich innerhalb von 35 Jahren.«
25. Alle Parteien wollen nun grünes Wachstum, Zweifel an der Realisierbarkeit kommen nicht vor. Selbst Umweltinstitute wie Agora Energiewende oder das Potsdam-Institut für Klimafolgenforschung haben problemlose grüne Wachstumsraten errechnet. Allerdings ohne die makroökonoomische Dimension auch nur einzubeziehen – was die Wachstumsprognosen so absurd wie wertlos macht. Siehe **Herrmann 2022, S. 181 f.**
26. **Jackson 2013, S. 60 ff.**
27. Zum übertriebenen Technik-Optimismus und der Frage, wie lange es dauert neue Techniken zu entwickeln, zu Marktreife und breitem Einsatz zu bringen, siehe **Herrmann 2022, S. 184 ff.**

28. Damit Preissignale bei Energie Erfolg haben können, müsste in einem internationalen Abkommen ein stetiger Anstieg der Energiepreise für die nächsten Jahrzehnte vereinbart werden. Dazu müsste man aber auch dafür sorgen, dass die einzusparenden Öl- und Gasvorkommen im Boden bleiben und nie auf den Markt kommen. Es wären also Eingriffe in die Energiemärkte auf allerhöchster Ebene nötig. Siehe **Flassbeck 2020, S. 96.**
29. **Herrmann 2022, S. 222.**
30. **Binswanger 2013, S. 242.**
31. Wenn man nun in Zukunft zum Beispiel den Sektor Gesundheit wachsen lassen wollte, dann würde das nur bedeuten, dass man über den Staatshaushalt Geld zu den Krankenschwestern umverteilte, die daraufhin mehr konsumieren könnten. Das wäre ein Schritt hin zu mehr Gerechtigkeit – aber nicht zu weniger Wachstum oder einem geringeren CO2-Ausstoß. Siehe **Herrmann 2022, S. 198.**
32. Statistisches Jahrbuch 2019, zitiert nach **Herrmann 2022, S. 58**: »Großkonzerne machen nur 0,7 Prozent aller Firmen in Deutschland aus – kontrollieren aber 66,2 Prozent des Umsatzes.«
33. Die Idee, die Berechnung des Bruttoinlandsprodukts zu verändern, erfreut sich gerade großer Beliebtheit. Ulrike **Herrmann 2022, S. 96** dazu sehr nüchtern: »Das BIP hat [...] Macken und sollte dringend verbessert werden. Trotzdem wäre es ein Irrtum zu glauben, dass sich das Thema Wachstum von selbst erledigt, wenn nur die Wirtschaftsleistung anders gemessen würde [...]. Der Kapitalismus benötigt Wachstum, um stabil zu sein. Wie man dieses Wachstum statistisch erfasst, ist eine gänzlich andere Frage. [...] Man darf die Realität nicht mit den Messproblemen verwechseln [...].« Zur Kritik des BIP siehe ausführlich **Mazzucato 2019, S. 109.**
34. **Herrmann** beschrieb das Problem erstmals am Ende ihres Buches *Der Sieg des Kapitals*, 2013, und widmete ihm ihr neuestes Buch *Das Ende des Kapitalismus*, 2022.
35. **Herrmann 2022, S. 207 f., 214.**
36. **Herrmann 2022, S. 206 ff.**
37. Ausführlich zur englischen Kriegswirtschaft, siehe **Herrmann 2022, S. 253 ff.**
38. **Herrmann 2022, S. 253.**
39. **Herrmann 2022, S. 241.**
40. **Kelton 2020, 259 f.**
41. Siehe zum Beispiel den *Green New Deal* mit Jobgarantie bei **Ehnts 2020, S. 244 ff.**
42. **Novy; Bärnthaler; Heimerl 2020, S. 178 f.**
43. **Thomas Piketty 2022, S. 180** spricht in diesem Zusammenhang von einer notwendigen, allmählichen »Entmarktung«.
44. Der strahlende Vorreiter in dieser Hinsicht ist die Stadt Wien, wo 24 Prozent der Bevölkerung in Wohnungen der Stadt wohnen und noch einmal 14 Prozent in Genossenschaftswohnungen, 21 Prozent in Eigentumswohnungen, aber nur 28 Prozent in privatwirtschaftlichen Mietverhältnissen. Siehe **Land Wien 2022, S. 5.**